4.—

100 BAUWERKE
DIE SIE KENNEN SOLLTEN

FLORIAN HEINE UND ISABEL KUHL

PRESTEL
München · London · New York

INHALT

Vorwort 7
1 PYRAMIDEN VON GIZEH 8
2 GROSSER FELSENTEMPEL, ABU SIMBEL 10
3 CHINESISCHE MAUER 12
4 PARTHENON, ATHEN 14
5 THEATER VON EPIDAUROS 16
6 PETRA, JORDANIEN 18
7 KOLOSSEUM, ROM 20
8 PANTHEON, ROM 22
9 HAGIA SOPHIA, ISTANBUL 26
10 SAN VITALE, RAVENNA 30
11 HŌRYŪ-JI, NARA 34
12 FELSENDOM, JERUSALEM 36
13 TEMPEL I, TIKAL 38
14 MEZQUITA, CÓRDOBA 40
15 BOROBUDUR, JAVA 44
16 SAN MINIATO AL MONTE, FLORENZ 48
17 DOM ST. MARIA UND ST. STEPHAN, SPEYER 50
18 KATHEDRALE VON DURHAM 52
19 SAINT-ÉTIENNE, CAEN 56
20 WHITE TOWER, LONDON 58
21 SANTA MARIA ASSUNTA UND CAMPANILE, PISA 60
22 SAN MARCO, VENEDIG 62
23 KATHEDRALE VON SAINT-DENIS 64
24 KATHEDRALE NOTRE-DAME DE CHARTRES 66
25 ANGKOR WAT, KAMBODSCHA 68
26 CASTEL DEL MONTE, ANDRIA 72
27 WESTMINSTER ABBEY, LONDON 74
28 SAINTE-CHAPELLE, PARIS 78
29 ALHAMBRA, GRANADA 82
30 DOGENPALAST, VENEDIG 86
31 MACHU PICCHU, PERU 88
32 VERBOTENE STADT, PEKING 90
33 Filippo Brunelleschi, OSPEDALE DEGLI INNOCENTI, FLORENZ 92
34 DOM SANTA MARIA DEL FIORE, FLORENZ 94
35 Leon Battista Alberti, SANTA MARIA NOVELLA, FLORENZ 96
36 KREML, MOSKAU 98
37 Donato Bramante, TEMPIETTO VON SAN PIETRO IN MONTORIO, ROM 100
38 PETERSDOM, ROM 102
39 PALAZZO DELLA CANCELLERIA, ROM 106
40 SCHLOSS CHAMBORD 108
41 LOUVRE, PARIS 110
42 Andrea Palladio, LA ROTONDA, VICENZA 112
43 POTALA, LHASA 114
44 TAJ MAHAL, AGRA 118
45 Louis Le Vau und Jules Hardouin-Mansart, SCHLOSS VERSAILLES 120
46 Matthäus Daniel Pöppelmann, ZWINGER, DRESDEN 124
47 Johann Lucas von Hildebrandt, OBERES BELVEDERE, WIEN 126
48 George Bähr, FRAUENKIRCHE, DRESDEN 128
49 Balthasar Neumann, RESIDENZ, WÜRZBURG 130
50 Dominikus Zimmermann, WIESKIRCHE, STEINGADEN 134
51 Claude-Nicolas Ledoux, KÖNIGLICHE SALINE, ARC-ET-SENANS 136
52 Thomas Pritchard, IRON BRIDGE, IRONBRIDGE 138
53 William Thornton, KAPITOL, WASHINGTON 140
54 Karl Friedrich Schinkel, ALTES MUSEUM, BERLIN 142
55 Paul Abadie, BASILIKA SACRÉ-CŒUR, PARIS 144
56 KÖLNER DOM 146
57 Antoni Gaudí, SAGRADA FAMILIA, BARCELONA 150

58	Horace Jones und John Wolfe Barry, TOWER BRIDGE, LONDON 154	81	Ludwig Mies van der Rohe, SEAGRAM BUILDING, NEW YORK 208
59	John Roebling, BROOKLYN BRIDGE, NEW YORK 156	82	Oscar Niemeyer, KONGRESSGEBÄUDE UND KATHEDRALE, BRASÍLIA 210
60	Gustave Eiffel, EIFFELTURM, PARIS 158	83	Louis I. Kahn, SALK INSTITUTE FOR BIOLOGICAL STUDIES, KALIFORNIEN 212
61	Joseph Maria Olbrich, WIENER SECESSION 160	84	Hans Scharoun, PHILHARMONIE, BERLIN 214
62	Daniel Burnham, FLATIRON BUILDING, NEW YORK 162	85	Alvar Aalto, FINLANDIA-HALLE, HELSINKI 216
63	Charles Rennie Mackintosh, HILL HOUSE, HELENSBURGH 164	86	Günter Behnisch, OLYMPIAPARK, MÜNCHEN 218
64	Imail Traore, GROSSE MOSCHEE VON DJENNÉ 166	87	Jørn Utzon, OPERNHAUS, SYDNEY 222
65	Adolf Loos, LOOSHAUS, WIEN 170	88	Renzo Piano und Richard Rogers, CENTRE GEORGES POMPIDOU, PARIS 224
66	Walter Gropius, FAGUS-WERK, ALFELD 172	89	James Stirling, NEUE STAATSGALERIE, STUTTGART 226
67	Peder Vilhelm Jensen-Klint, GRUNDTVIGS-KIRCHE, KOPENHAGEN 174	90	Ieoh Ming Pei, PYRAMIDE, MUSÉE DU LOUVRE, PARIS 228
68	Fritz Höger, CHILEHAUS, HAMBURG 176	91	Daniel Libeskind, JÜDISCHES MUSEUM, BERLIN 230
69	Gerrit Rietveld, HAUS SCHRÖDER, UTRECHT 178	92	Álvaro Siza Vieira, PORTUGIESISCHER PAVILLON, EXPO, LISSABON 234
70	Erich Mendelsohn, EINSTEINTURM, POTSDAM 180	93	Frank Gehry, GUGGENHEIM MUSEUM, BILBAO 236
71	Walter Gropius, BAUHAUS, DESSAU 182	94	Shigeru Ban, JAPANISCHER PAVILLON, EXPO, HANNOVER 238
72	Ludwig Mies van der Rohe, BARCELONA-PAVILLON 186	95	Santiago Calatrava, AUDITORIO, SANTA CRUZ DE TENERIFE 240
73	Pierre Chareau, MAISON DE VERRE, PARIS 188	96	Zaha Hadid, MAXXI, ROM 242
74	William Van Alen, CHRYSLER BUILDING, NEW YORK 190	97	Ole Scheeren und Rem Koolhaas, ZENTRALE VON CHINA CENTRAL TELEVISION (CCTV), PEKING 246
75	Shreve, Lamb und Harmon, EMPIRE STATE BUILDING, NEW YORK 194	98	Herzog & de Meuron, NATIONALSTADION, PEKING 248
76	Frank Lloyd Wright, FALLINGWATER, PENNSYLVANIA 196	99	Adrian Smith, BURJ KHALIFA, DUBAI 250
77	Joseph B. Strauss, GOLDEN GATE BRIDGE, SAN FRANCISCO 198	100	David Childs, ONE WORLD TRADE CENTER, NEW YORK 252
78	Philip Johnson, GLASS HOUSE, CONNECTICUT 200		Glossar 254
79	Le Corbusier, NOTRE-DAME DU HAUT, RONCHAMP 202		
80	Frank Lloyd Wright, SOLOMON R. GUGGENHEIM MUSEUM, NEW YORK 204		

VORWORT

Architektur sei die ›Mutter aller Künste‹, heißt es häufig, denn sie vereint alle anderen Künste unter ihrem Dach. Das mag wohl sein, aber dennoch ist sie nicht mit den anderen Künsten zu vergleichen. Denn im Gegensatz zu diesen hat die Architektur auch sehr zweckmäßige, praktische Anforderungen, die in den anderen Künsten keine Rolle spielen. Jacques Herzog, der Miterbauer des Nationalstadions in Peking, meinte 2004 zum Thema Architektur und Kunst: »Architektur ist Architektur, Kunst ist Kunst. Architektur als Kunst ist unerträglich.«

Dementsprechend sind die hier vorgestellten 100 Bauwerke reine Architektur, allerdings in ihrer künstlerisch anspruchsvollsten Form. Über vier Jahrtausende, über den ganzen Globus verteilt und von verschiedensten Einflüssen geprägt, entsteht ein Überblick über die Entwicklung der Architektur, deren Aufgaben durch alle Zeiten und weltweit ähnlich von fundamentaler Bedeutung sind.
Die alltägliche ›Nutzarchitektur‹ spielt dabei in der ›Kunstgeschichte‹ der Architektur eine untergeordnete Rolle und wird kaum erwähnt. Die Geschichte der Architektur befasst sich häufig mit den ›Leuchtturmprojekten‹, die über die Jahrhunderte meist prestigeträchtig mit hohem künstlerischem wie finanziellen Aufwand errichtet wurden, wie Tempel, Kirchen, Residenzen und jüngst Fabriken und Museen. Dabei hatte und hat die Architektur oftmals mehr Einfluss auf ihr Umfeld, ja auch auf die Geschichte, als es den jeweiligen Beteiligten wohl bewusst war. So war beispielsweise der Petersdom in Rom letztlich ebenso der Auslöser für die Reformation wie die Chinesische Mauer für das Ende der Ming-Dynastie verantwortlich war. Ein neueres Beispiel ist das Guggenheim Museum in Bilbao, das eine enorm positive Wirkung auf die Wirtschaft der ganzen dortigen Region hatte und hat.
Die Architekten sind immer auch Innovatoren, die sich für die Umsetzung ihrer Ideen neue Möglichkeiten, Techniken und Materialien ausdenken, wie zum Beispiel die Baumeister der Gotik, Filippo Brunelleschi beim Bau der Domkuppel in Florenz, Thomas Pritchard, der die erste Eisenbrücke baute, Walter Gropius, dessen kleines Fagus-Werk eine gewaltige Erneuerung einleitete, oder Shigeru Ban, der die Pappe für die Architektur entdeckte. Dabei ist das Verhältnis von Bauherr und Architekt nicht zu unterschätzen. Regenten, kirchliche Würdenträger oder Firmenbosse haben oft großen Weitblick und auch Mut bewiesen, sich für den einen oder anderen Architekten zu entscheiden. Dass es ihnen dabei oft auch um die Demonstration von Macht und Einfluss geht, für die die Architekten eine Sprache entwickelt haben, liegt wohl in der Natur der Sache, oder wie es Shigeru Ban ausdrückte: »Wir sollen Macht und Geld durch monumentale Architektur sichtbar machen.«
Was auch immer die Beweggründe für einen Bauauftrag gewesen sein mögen, die Baumeister, Ingenieure und Architekten haben im Laufe der Jahrhunderte die Architektur immer weiter entwickelt. Die 100 Bauwerke, die in diesem Buch zusammengetragen wurden, geben einen Überblick über die Entwicklung der Architektur weltweit. Natürlich ist es bei einem Buch kaum möglich, mit ein paar wenigen Bildern dem Charakter und der Wirkung eines Gebäudes gerecht zu werden. *100 Bauwerke* soll daher auch Anregung und Einladung sein, sich das eine oder andere Gebäude in natura anzusehen, um die Vielfältigkeit der Architektur sozusagen am eigenen Leib zu spüren und kennenzulernen.

Florian Heine

»DIESE SYMMETRISCHE CHEOPSPYRAMIDE – DIESER MASSIVE
BERG AUS STEIN – DIESES MÄCHTIGE GRABMAL EINES
VERGESSENEN MONARCHEN...«

Mark Twain

PYRAMIDEN VON GIZEH, CIRCA 2620–2500 V. CHR.

1
PYRAMIDEN VON GIZEH

Das Erklimmen der Cheopspyramide sollte Mark Twain in schlechter Erinnerung behalten. Das gigantische Bauwerk am Westufer des Nils änderte seine Wirkung, je näher er ihm kam – aus dem »Märchenbild«, das er aus der Ferne sah, wurde schließlich »ein geriffelter, hässlicher Steinberg«.

Zweifelsohne hatte vor allem der beschwerliche Aufstieg zu diesem vernichtenden Urteil beigetragen, denn der größte Bau der antiken Welt dürfte selbst als Steinberg beeindruckt haben: Die imposanteste der ägyptischen Pyramiden, die Grabstätte des Pharaos Cheops, ist schließlich das einzige erhaltene der sieben antiken Weltwunder. Sie entstand um die Mitte des 3. Jahrtausends v. Chr. in Gizeh, nur wenige Kilometer südwestlich von Kairo. Über achtzig Pyramiden sind bislang im Niltal entdeckt worden, eine ganze Totenstadt, die in der flachen Landschaft am Rand der Libyschen Wüste schon von Weitem zu sehen ist. Während Cheops die größte der königlichen Grabstätten in Auftrag gab, stehen die benachbarten Pyramiden seines Sohnes Chephren und dessen Sohnes Mykerinos seiner jedoch kaum nach. In drei kleineren Pyramiden wurden die Königinnen bestattet, Hunderte weiterer Gräber und Tempel umgeben sie und machen das Pyramidenfeld zu einem gigantischen Friedhof. Allein mit dem Bau der ersten, der Grabstätte von Cheops, waren Tausende Arbeiter fast dreißig Jahre lang beschäftigt. Sie schichteten die unvorstellbare Menge von 2,5 Millionen Steinen auf. Tausende von Steinmetzen wiederum sorgten in den Steinbrüchen für Nachschub in Form von Blöcken aus Kalkstein, Basalt und Granit. Das Gesamtgewicht der Cheopspyramide wird auf über 6 Millionen Tonnen geschätzt. Diener und Transporteure mitgerechnet, dürfte etwa ein Prozent der damaligen Gesamtbevölkerung Ägyptens mit dem Bau der Cheopspyramide beschäftigt gewesen sein – 20 000 bis 25 000 Menschen. Unter den Architekten waren auch Experten für Mathematik, die die genaue Berechnung von Rauminhalten oder rechten Winkeln offenbar mühelos bewältigten. Ausgehend von einem quadratischen Grundriss laufen die Pyramidenseiten zu Dreiecken zusammen, die sich in der Spitze treffen. Ihre glatten Flächen laufen ohne eine Stufe zusammen – und das bei einer Kantenlänge von über 230 Metern. Der Eingang zur Pyramide lag im Norden, von dort führte ein niedriger Gang schräg in die Tiefe. Das Zentrum des Baukörpers bildet die Grabkammer, in die der steinerne Sarkophag mit dem einbalsamierten Körper des Pharaos gebracht wurde. Die Ägypter waren überzeugt, dass der tote Pharao bis in alle Ewigkeit in seiner Pyramide wohnte – entsprechend galt es, ihn auch bis in alle Ewigkeit zu versorgen und zu schützen. Schwere Steine schützten die Grabkammer vor Eindringlingen, die auf kostbare Grabbeigaben aus waren, während gleichzeitig dafür gesorgt war, dass dort Frischluft zirkulieren konnte. Allen Vorkehrungen zum Trotz wurde die Grabkammer möglicherweise noch zur Zeit der Pharaonen ausgeraubt – den Ruf der Pyramide als Weltwunder hat diese Tatsache nicht gefährdet.

2
GROSSER FELSENTEMPEL, ABU SIMBEL

Es muss ein erstaunlicher Anblick gewesen sein, als Jean Louis Burckhardt (1784–1817) 1813 den riesigen Steinkopf von Ramses II. aus einer Sanddüne herausragen sah. Der Schweizer Orientforscher, der kurz vorher als erster Europäer seit Jahrhunderten die Felsenstadt Petra gesehen hatte, konnte noch nicht ahnen, was er da an der Grenze zum Sudan entdeckt hatte: Es sind die Tempel des Pharaos Ramses II. (um 1303–1213 v. Chr.) und seiner Hauptgemahlin Nefertari, die anlässlich seines 30. Thronjubiläums entstanden.

Der große Tempel des Pharaos wurde zwischen 1290 und 1260 v. Chr. 63 Meter tief in den Fels geschlagen. An der 33 Meter hohen und 35 Meter breiten Fassade sind zwei Paare sitzender Kolossalstatuen zu sehen (je 22 Meter hoch), die den vergöttlichten Pharao darstellen. Im Inneren des Tempels befindet sich eine 8 Meter hohe, farbig ausgemalte Pfeilerhalle mit Statuen und Reliefs, die Kriegsszenen von der Eroberung Nubiens zeigen, gefolgt von einer Kammer, die das heilige Zentrum des Tempels bildet. Hier ist Ramses inmitten der göttlichen Dreieinigkeit dargestellt.

Das alles hat Burckhardt nicht gesehen, denn die Ausgrabungen begannen erst 1817 durch den Italiener Giovanni Battista Belzoni (1778–1823) und wurden 1909 weitgehend abgeschlossen. Auf frühen Fotografien um 1850 kann man die riesigen Steinköpfe noch tief im Sand stecken sehen.

Schon bevor Ramses II. den Tempel errichten ließ, befanden sich hier zwei heilige Grotten, die den lokalen Göttern der besiegten Nubier geweiht waren. Die Errichtung der Tempel ist somit auch als Symbol der weltlichen und religiösen Unterwerfung der Nubier unter das ägyptische Reich zu verstehen, als Symbol der Macht. Gleichzeitig waren sie eine ›Zweigstelle‹ des eigentlichen Königspalastes in Theben.

Eine besondere Bekanntheit und Bedeutung – abgesehen von der als Zeugnis der ehemaligen Größe des ägyptischen Reiches – bekam die Tempelanlage, als der Assuan-Staudamm geplant wurde und sie im Nassersee zu versinken drohte. Man kam auf die außergewöhnliche Idee, die Tempel zu versetzen. Es wurde ein internationales Konsortium gegründet und im November 1963 begann man mit der bis dahin wohl ungewöhnlichsten Aufgabe der Archäologie. Zunächst wurden die Bauten mit 33 Tonnen Epoxidharz verfestigt, um dann in 1 036 Blöcke zersägt zu werden, die ein Gewicht von 7 bis 30 Tonnen hatten. Die Tempel wurden Stück für Stück auseinandergenommen und 180 Meter nordwestlich und 65 Meter höher wieder zusammengesetzt. Besonderer Wert wurde dabei auf die exakte Ausrichtung zur Sonne gelegt, denn nur zur Tages- und Nachtgleiche in Frühjahr und Herbst wird das Innerste des großen Tempels durch die Sonne erleuchtet.

Da es sich um Tempel handelt, die in den Fels gehauen wurden, musste auch der Fels mit ›umziehen‹. Das Innere des großen Tempels wird dabei von einer 140 Meter hohen Stahlkuppel gehalten. Sie ist nicht mehr sichtbar, denn sie wurde unter Sand, Geröll und 1 112 Felsstücken der originalen Umgebung verborgen. Die Prozedur dauerte bis zum September 1968. Das circa 80 Millionen US-Dollar teure Projekt war einer der Hauptanlässe für die Schaffung der UNESCO-Welterbekonvention von 1972 und der Aufstellung der Weltkulturerbe-Liste. Die Tempelanlage von Abu Simbel ist sowohl ein Zeugnis der Genialität der antiken Ägypter als auch der Ingenieurskunst des 20. Jahrhunderts sowie ein Beweis dessen, was eine einige Weltgemeinschaft zum Erhalt des Erbes der Menschheit zuwege bringen kann. Sie selbst schaffte es erst 1979 auf die Liste.

»O IHR ARBEITER, AUSGEWÄHLT, STARK, IN DEN HÄNDEN TÜCHTIG, DIE IHR FÜR MICH DENKMÄLER ERRICHTET IN JEDER ZAHL, ERFAHREN MIT DER ARBEIT AN KOSTBAREN STEINEN, GRANITSORTEN ERKENNEND UND MIT SANDSTEIN VERTRAUT. O IHR TÜCHTIGEN UND FLEISSIGEN BEIM BAUEN VON MONUMENTEN! SOLANGE WIE SIE WERDE ICH LEBEN!«

Würdigung seiner Arbeiter von Ramses II.

GROSSER FELSENTEMPEL, ABU SIMBEL, 1290–1260 V. CHR.

3
CHINESISCHE MAUER

Die Chinesische Mauer oder die Große Mauer ist kein einzelnes Bauwerk, sondern die Summe vieler Teile, deren Bauzeit sich über zweitausend Jahre erstreckt hat, deren ungefähre Länge zwischen 4 000 und 6 500 Kilometer beträgt und die etwa 25 000 Türme beinhaltet, in Hunderten von Einzelteilen über China verteilt ist und bei all diesen Superlativen vom Weltraum aus doch nur zu erkennen ist, wenn man das Fernglas nicht vergessen hat.

Der chinesische Name der Großen Mauer ist auch »Die 10 000 Li lange Mauer«. Ein Li sind 575,5 Meter, wonach also 10 000 Li 5 755 Kilometer wären, was einigen Schätzungen nahekommt. Die Zahl 10 000 bedeutet im Chinesischen aber auch »unendlich viel« beziehungsweise »unvorstellbar lang«, was natürlich auch auf die Mauer zutrifft. Die Mauer, die allgemein als Chinesische Mauer bekannt ist, ist der Teil, der während der Ming-Dynastie (1368–1644) errichtet wurde. Die ältesten Teile sind aber wohl schon 214 v. Chr. vom ersten Kaiser Chinas, Qin Shihuangdi, als Schutz gegen die Völker des Nordens errichtet worden. Manche Forscher nehmen sogar das 7. Jahrhundert v. Chr. als Baubeginn an. Bei diesen sehr alten Teilen der Mauer handelt es sich eher um Erdwälle, die mit Lehm und Naturstein befestigt wurden. Sie wurden über die Jahrhunderte immer wieder erweitert.

Die Mauer aus der Zeit der Ming-Dynastie entstand ab 1493, spätestens ab 1555. Der Grund war einerseits der Schutz gegen die Mongolen, andererseits die Überwachung des Handels. Sie verläuft vom westlichten Teil, dem Jade-Tor, über Berge, Flüsse und Seen und endet in ihrem östlichsten Teil am Drachenkopf bei Shanhaiguan im Meer. Von den etwa 6 000 Kilometern Mauer sind allerdings nur etwa 500 Kilometer halbwegs gut erhalten. Der Rest ist verfallen oder wurde über die Jahrhunderte als Baumaterial abgetragen. In den etwa neunzig Jahren Bauzeit entstand die Mauer mit einer Dicke von 6 bis 10 Metern und einer Höhe von bis zu 16 Metern. Alle paar hundert Meter wurde einer der 25 000 Türme errichtet, die als Wehrtürme, aber auch als Signaltürme effektiv eingesetzt wurden.

2012 hat das chinesische Kulturministerium noch einmal genau nachgemessen und die allerneuesten Zahlen bekanntgegeben, die weitaus höher liegen als die bisherigen. Bei den Messungen, die vier Jahre dauerten, an denen zweitausend Wissenschaftler und Techniker in insgesamt fünfzehn Provinzen beteiligt waren, wurde eine Länge von genau 21 196,18 Kilometer ermittelt. Wie lang die Mauer tatsächlich ist und was alles dazugerechnet wird, scheint also offenbar niemand wirklich zu wissen. Aber letztlich spielt das nicht die entscheidende Rolle. Klar ist, dass die Mauer das längste Bauwerk der Welt ist, dessen Geschichte 1644 mit dem Untergang der Ming-Dynastie durch den Einfall der Mandschu im Osten endete. Natürlich entstand die Mauer auch aus Schutz vor Angriffen von außen. Tatsächlich war sie jedoch lange auch ein Monument einer hermetischen Weltsicht, mit der sich China in der Gewissheit der eigenen Großartigkeit lange Zeit vom Rest der Welt abgeschottet hatte.

Die Große Mauer spielte für die Chinesen selbst erst wieder nach Maos Kulturrevolution eine Rolle, da sie als ideales Identifikationssymbol angesehen wurde und immer noch wird.

»EINE VIERHUNDERT MEILEN LANGE MAUER WURDE ZWISCHEN DEN BERGKÄMMEN VOM KÖNIG VON CHINA GEGEN DIE INVASIONEN DER TATAREN IN DIESEM GEBIET ERSTELLT.«

Aus Abraham Ortelius, *Theatrum Orbis Terrarum*, 1584, mit der ersten westlichen Karte Chinas

CHINESISCHE MAUER, BEGONNEN 214 V. CHR.

»DER PARTHENON ... WAR EINES DER ANMUTIGSTEN UND SCHÖNSTEN BAUWERKE, DIE JE ERRICHTET WURDEN.«

Mark Twain

PARTHENON, ATHEN, GEWEIHT 438 V. CHR.

4
PARTHENON, ATHEN

Fünf Tonnen Silber verschlang der Bau des zentralen Tempels auf der Akropolis. Das mächtige Athen setzte seiner Stadtgöttin ein prachtvolles Denkmal: Aus weißem Marmor entstand in nur fünfzehn Jahren ein riesiger Tempel, der innen wie außen mit Skulpturen geschmückt war.

Athen entwickelte sich im 5. Jahrhundert v. Chr. zu einem der größten Stadtstaaten im antiken Griechenland. Unter der Führung des Perikles florierte die Stadt: Sie wurde ein wichtiges Handelszentrum, das seine Macht durch eine große Flotte untermauerte, und wandelte sich zu einer Demokratie. Diese Blütezeit spiegelte sich auch im Städtebau. Auf der Akropolis, dem Burgberg, trieb Perikles den Wiederaufbau der im Perserkrieg zerstörten Tempel voran, besonders des Parthenon. 447 v. Chr. begannen die Arbeiten unter dem Architekten Iktinos: Auf einer Grundfläche von etwa 30 mal 70 Metern entstand eine Halle aus monumentalen Säulen – jede von ihnen über 10 Meter hoch. Acht Säulen stehen an der Ost- und Westfront, jeweils siebzehn Säulen befinden sich an den Längsseiten – diese Proportionen bestimmen den gesamten Bau. Auf den Säulen ruht ein horizontales Gebälk, an den Fronten trägt es ein Giebeldreieck.

Geweiht war der imposante Marmortempel der Schutzgöttin der Stadt, Athene. In der Cella, dem Allerheiligsten des Tempels, stand ihr 10 Meter hohes Standbild. Vom hölzernen Kern abgesehen, bestand die Figur vor allem aus Gold – und zwar weit über 1 000 Kilogramm – und Elfenbein, sie war zudem mit Edelsteinen geschmückt. Diese kostbaren Materialien waren ebenfalls Teil des Athener Staatsschatzes: Der Parthenon war nicht nur ein Tempel, sondern auch die Schatzkammer des Attischen Seebunds, den die Griechen zur Abwehr der Perser gegründet hatten. Etwa 11 Tonnen Silber trieb Athen Jahr für Jahr bei seinen Bundesgenossen ein.

Mit dem Bau des Parthenon unterstrich der Stadtstaat seine politische Bedeutung. Entsprechend aufwendig fiel auch die mit der Architektur verbundene Plastik aus: Perikles beauftragte den schon zu Lebzeiten berühmten Bildhauer Phidias mit dem bildlichen Schmuck des Tempels. Reliefs und Skulpturen zeigten Szenen aus historischen Schlachten und Belagerungen, Prunkzügen und Prozessionen. Bis ins 17. Jahrhundert hielt der Tempel den Zeiten stand, doch dann traf ein venezianisches Geschoss das dort untergebrachte Pulvermagazin und beschädigte den Bau. Vom Skulpturenschmuck sind nur Teile erhalten, und diese sind längst nicht mehr an Ort und Stelle: Um 1800 ließ der englische Botschafter Lord Elgin große Teile abnehmen und verkaufte sie nach London. Die sogenannten Elgin Marbles sind bis heute im British Museum zu bewundern – die Debatte um ihre Rückkehr nach Athen dauert an. Allen Verheerungen zum Trotz gehört der Parthenon zu den berühmtesten Denkmälern des antiken Griechenland.

Die griechischen **TEMPEL DER ANTIKE** standen meist auf einem Sockel mit rechteckigem Grundriss. Ihr Kern war ein lang gestreckter Innenraum, die Cella, um die ein Säulenumgang angelegt war. In der Cella stand das Kultbild, im Fall des Parthenon eine monumentale Athena-Statue. Auf den sich nach oben verjüngenden Säulen dieser Ringhallentempel lag schweres Gebälk, waagrechte Bauelemente wie tragende Balken, Friese und Gesimse. Angestrebt war ein harmonisches Verhältnis von vertikalen und horizontalen Linien. Bauplastik, also Skulpturen oder Relieffriese, zierten die sonst schlichten Bauten, oft waren die Tempel und ihr bildhauerischer Schmuck bemalt.

»DIE ΞPIDAURER HABEN IN DEM HEILIGTUM EIN THEATER, DAS MEINER MEINUNG NACH BESONDERS SEHENSWERT IST.«

Pausanias

THEATER VON EPIDAUROS, UM 330 V. CHR.

5
THEATER VON EPIDAUROS

In der Tat ist das Theater von Epidauros auch heute noch sehenswert – wie schon der römische Schriftsteller Pausanias (um 155–180 n.Chr.) in seiner *Beschreibung von Hellas* schrieb –, denn es ist das besterhaltene antike griechische Theater.

Das Theater war allerdings nur ein Teil des antiken Asklepios-Heiligtums, das ab dem 4. Jahrhundert v. Chr. hier, an dem mythologischen Geburtsort des Gottes der Heilkunst, errichtet wurde. Epidauros war ein Pilger- und Heilzentrum. Der griechische Historiker Strabo (um 63 v. Chr.–23 n. Chr.) schrieb in seiner *Erdbeschreibung*: »Auch diese Stadt ist nicht unbedeutend, besonders wegen der Berühmtheit des Asklepios, von welchem geglaubt wird, dass er allerlei Krankheiten heile, und dessen Tempel stets gefüllt ist mit Kranken […].« Zu den Tempeln und Kuranlagen gab es noch ein Stadion und ein Theater. Die dargebotenen Tragödien und wahrscheinlich auch Komödien sollten die Menschen berühren, ihr Mitempfinden fördern und damit ihre Seele reinigen.
Die meisten Gebäude von Epidauros sind den Erdbeben 522 und 551 n. Chr. zum Opfer gefallen. Einzig das Theater hat die Zeit überstanden und ist größte erhaltene Theater der griechischen Antike. Pausanias nennt Polykleitos d. J. als Baumeister, was allerdings nicht als gesichert gilt. Das Theater wurde um 330 v. Chr. in einen Nordhang bei Epidauros gebaut und fasste 6 500 Zuschauer. Im ›theatron‹, also den Zuschauerrängen, waren 34 Reihen um die kreisförmige ›orchestra‹, die Spielfläche für den Chor in 12 keilförmigen Segmenten angelegt, zwischen denen sich die Treppenaufgänge befinden. Die ›skene‹, das zweigeschossige Bühnengebäude, ist heute nur mehr im Grundriss zu erkennen, ebenso wie das ›proskenion‹. Es war die eigentliche, erhöhte Spielfläche (22 mal 2,17 Meter) und wurde von einer Halle mit 14 ionischen Halbsäulen hinterfangen. Von hier konnte man schon ›special effects‹ wie fliegende Götter und ähnliches in Szene setzen und verschiedene Tafeln zwischen den Säulen als Bühnenbild einhängen.
Das Theater bekam erst in einer zweiten Bauphase in der ersten Hälfte des 2. Jahrhunderts seine heutige Gestalt. Der Publikumsandrang war offensichtlich so groß, dass weitere 21 Sitzreihen dazugebaut wurden. Jetzt konnte das Theater 14 000 Menschen fassen. Das Besondere an diesem Theater ist neben und wegen seiner Größe die außergewöhnlich gute Akustik. Schon ein Flüstern in der kreisförmigen ›orchestra‹ kann oben in der letzten Reihe, also in circa 60 Metern Entfernung, gut vernommen werden. Dafür gibt es mehrere Gründe. Zum einen die Anordnung der Sitzreihen, die vor allem in der zweiten Bauphase steiler ansteigen und nach innen gewölbt sind. Zum anderen wurden in die ersten Reihen Tonschalen offensichtlich als Resonanzkörper eingearbeitet und der wohl wichtigste Grund ist: Die Oberflächen der Sitzreihen sind nicht glatt, sondern rau. Das führt zu einem kurzen Nachhall der Töne, die sich auf dem langen Weg bis in die oberen Sitzreihen nicht mit ihren eigenen Echos überlagern.
267 n. Chr. wurde das Asklepios-Heiligtum durch die Goten zerstört und anschließend wieder neu aufgebaut. 426 n. Chr. wurde es dann endgültig von dem christlichen Kaiser Theodosius II. geschlossen. Heute dient es wieder als Aufführungsort klassischer antiker Stücke.

»IM ROTEN SANDSTEIN, AUS DEM DAS GANZE TAL BESTEHT, FINDEN SICH UM DIE ZWEIHUNDERTFÜNFZIG GRÄBER, VOLLSTÄNDIG AUS DEM FELS GESCHLAGEN ... DARUNTER IST EIN MAUSOLEUM IN DER FORM EINES TEMPELS, DAS KOLOSSALE DIMENSIONEN HAT UND AUCH DAS IST AUS DEM FELS GESCHLAGEN ...«

Jean Louis Burckhardt

PETRA, JORDANIEN, 1. JAHRHUNDERT V. CHR. (?)

6
PETRA, JORDANIEN

Das ›Schatzhaus des Pharao‹ hat die bekannteste Fassade der antiken Felsenstadt Petra: Der amerikanische Regisseur Steven Spielberg machte sie zur Kulisse, hinter der Indiana Jones den Heiligen Gral vermutete. Nicht nur Cineasten, auch Forscher versetzt die imposante Kulisse aus rötlichem Sandstein bis heute in Staunen.

Einziger direkter Zugang zur antiken Siedlung in der Wüste Jordaniens ist der Sik: Zwischen hohen Felsen führt die über einen Kilometer lange und enge Schlucht in die Stadt. Petra war ein wichtiger Stützpunkt der Nabatäer. Das Wüstenvolk ließ sich vor rund zweitausend Jahren in festen Siedlungen nieder und betrieb Handel entlang der Weihrauchstraße im Norden der Arabischen Halbinsel. Ein Verkehrsknotenpunkt zweier Wüstenstraßen war Petra, das von der Bewässerungskunst der Nabatäer profitierte. Eine in den Fels gehauene Leitung versorgte die Stadt mit Wasser, das für die Trockenzeiten in Becken und Tanks gespeichert wurde. Aus der natürlichen Festung wurde so eine Oase in der Wüste, die rasch Aufschwung nahm: Karawanen machten dort halt, aus dem Handelsposten mitten in den Felsen wurde ein wirtschaftliches und politisches Zentrum. Mit dem Aufschwung einer gingen große Bauvorhaben, allesamt umgesetzt mit dem rötlich schimmernden Sandstein der Gegend – der Name der Stadt bedeutet Fels.

In den Felsen gehauen sind etwa ein komplettes Theater, in dem circa 8 000 Zuschauer Platz fanden, aber auch Tempel und Ladengalerien entlang der einstigen Hauptstraße. Nur einen Bruchteil des Stadtgebietes haben Archäologen erkundet, seit der Schweizer Orientreisende Jean Louis Burckhardt die Ruinen der Nabatäerstadt entdeckt hat. Begeistert schrieb er im Herbst 1812 von seiner Reise an »einen Ort, den […] kein europäischer Reisender je besucht hat«, und berichtete von den unzähligen Gräbern im griechischen und ägyptischen Stil. Die Grabbauten, oft über Felstreppen zu erreichen, beeindrucken schon durch ihre monumentalen Ausmaße: Ihre Fassaden reichen nicht selten über zwei Geschosse, oft tragen sie Säulen und Giebel, Zinnen oder Bogen, oder sind mit reichem bildhauerischem Schmuck verziert, der aus der glatten Felsfläche gehauen wurde. Manche der meterhohen Grabfassaden waren sogar farbig bemalt.

Die bekannteste Fassade der Wüstenstadt liegt an einem großen, von Felsen umschlossenen Platz. Die zweigeschossige Schauseite des ›Schatzhauses‹, das vermutlich ebenfalls ein Tempel oder ein Grabbau war, ragt fast 40 Meter in die Höhe. Die mittleren vier der sechs Säulen des Erdgeschosses sind von einem Giebel zusammengefasst, im oberen Stockwerk ist ein pavillonartiger Rundbau zwischen die Seiten eines gesprengten Giebels gesetzt. Hinter der prachtvollen Fassade verbirgt sich eine geschlossene Grabkammer, in der vermutlich steinerne Sarkophage standen. Den direkten Weg zu den Gralshütern hingegen konnte dort bislang nur Indiana Jones entdecken.

7
KOLOSSEUM, ROM

Den »König aller europäischen Ruinen« nannte Mark Twain das Kolosseum. Als der amerikanische Schriftsteller das römische Theater besuchte, blickte es auf rund 1 800 Jahre Geschichte zurück. Und imponierte trotz des angeschlagenen Zustands mit seinen monumentalen Dimensionen: Im antiken Rom fanden bis zu 70 000 Zuschauer auf seinen Rängen Platz und verfolgten die Kämpfe zwischen todesmutigen Gladiatoren und wilden Tieren.

Das riesige Theater am Rand des antiken Stadtzentrums ist der bekannteste Bau von Kaiser Vespasian, der beim Eintreiben von Geldmitteln für seine architektonischen Vorhaben durchaus erfinderisch war: Mit dem berühmt gewordenen Ausspruch »Geld stinkt nicht!« erklärte er eines Tages seinem Sohn die neueste Einnahmequelle – und führte kurzerhand die Latrinensteuer ein. Nicht zuletzt dank solch innovativer Finanzierungsmaßnahmen konnte das Kolosseum in Rekordzeit erbaut werden: Im Jahr 72 n. Chr. begonnen, war es schon nach acht Jahren vollendet. Der äußerste Ring des Rundtheaters, das auf ovalem Grundriss steht, ist fast 50 Meter hoch. Und die Arena selbst dehnt sich auf etwa 80 mal 50 Meter aus. Die Fassade ist mit Bogenreihen geschmückt, die sich von Geschoss zu Geschoss unterscheiden.

Im Inneren öffnen sich im Erdgeschoss achtzig Bogen zu den Treppen: Durch die vier Zugänge in den Hauptachsen des Theaters durften nur hohe Besucher schreiten, das gemeine Volk betrat das Theater durch die übrigen Eingänge. Die vier Geschosse des Baus waren in Ränge und Blöcke eingeteilt, zu denen ein bis ins Detail durchdachtes Wege- und Zugangssystem die Besucher leitete. Eine ausgeklügelte Logistik garantierte reibungslose Veranstaltungen – und das bei freiem Eintritt! Die Platzwahl allerdings war alles andere als frei, vielmehr wurde streng nach Herkunft, Stand und Beruf getrennt. Die erste Reihe hinter der Kaiserloge etwa war den Senatoren vorbehalten, Frauen mussten mit den hinteren Rängen vorliebnehmen.

Bis ins 5. Jahrhundert war das Kolosseum Kulisse für die populären Spiele: Gladiatorenkämpfe und Tierhatzen fanden regelmäßig vor großem Publikum statt, und sogar Seeschlachten wurden dort inszeniert, zu denen die riesige Arena geflutet wurde. Dann wurde es still um Rom und auch um sein Kolosseum. Erst während der Renaissance erinnerte man sich an das inzwischen zur Ruine gewordene Bauwerk: Für ihre gewaltigen Bauvorhaben brauchten die Päpste schließlich Material. Und davon bot das Kolosseum reichlich – von den rund 100 000 Kubikmetern Travertin über Marmor, mit dem die unteren Sitzreihen verkleidet waren, bis hin zu etwa 300 Tonnen Eisen: Die einzelnen Steinblöcke wurden mit metallenen Stiften zusammengehalten und auch die waren beliebtes Baumaterial späterer Generationen. Trotz seiner Karriere als Steinbruch, trotz Erdbeben und Bränden haben sich etwa zwei Fünftel der Fassade bis heute gehalten. Und beeindrucken nicht erst seit Mark Twains Besuch die Romreisenden.

»JEDERMANN KENNT DAS BILD DES KOLOSSEUMS; JEDERMANN ERKENNT SOFORT DIESE ›MIT SCHIESSSCHARTEN UND FENSTERN VERSEHENE‹ HUTSCHACHTEL, DEREN EINE SEITE HERAUSGEBISSEN IST.«

Mark Twain

KOLOSSEUM, ROM, 72–80 N. CHR.

8
PANTHEON, ROM

Die Inschrift, die am Giebel des am besten erhaltenen Bauwerks der römischen Antike prangt, ist irreführend. Denn nicht Marcus Agrippa ist der Bauherr, sondern Kaiser Hadrian, der diesen außergewöhnlichen Bau zwischen 118 und 125 n. Chr. ausführte – also knapp einhundert Jahre nach Agrippas Vorgängerbau.

Wie der Name schon sagt, war das Pantheon ein Tempel für alle römischen Götter. Durch die Umweihung in Santa Maria ad Martyres durch Papst Bonifatius IV. im Jahre 609 wurde es eine christliche Kirche, die so vor größeren Zerstörungen durch die Barbaren oder auch Römer, die Baumaterial benötigten, bewahrt wurde. Eine prominente Ausnahme machte Papst Urban VIII. Barberini, als er 1632 den Bronzebeschlag aus der Vorhalle entfernen ließ. Aus den immerhin zweihundert Tonnen Bronze ließ er achtzig Kanonen für die Engelsburg gießen und stellte den Rest Gian Lorenzo Bernini für dessen *Baldacchino* im Petersdom zur Verfügung. Daher rührt das geflügelte Wort der Römer über die Zerstörung Roms: »Was die Barbaren nicht schafften, schafften die Barberini.«
Im Gegensatz zur griechischen Tempelarchitektur, deren Innenräume für das Volk tabu waren, zielte das Pantheon genau darauf ab. Das ist ein wesentlicher Unterschied zwischen der griechischen und der römischen Sakralarchitektur: Die Griechen hatten vornehmlich Interesse am perfekten Außenbau, für die Römer dagegen war der Innenraum wesentlich. Und das Pantheon war und ist einer der faszinierendsten Innenräume der Architekturgeschichte.
Durch den dreischiffigen Portikus mit seinen sechzehn korinthischen Kolossalsäulen gelangt man durch die 6 Meter hohe Bronzetür in den fensterlosen Innenraum, der einzig durch ein 9 Meter großes Loch in der Decke belichtet wird. Anders als der zylindrische Außenbau suggeriert, ist hier das Größenverhältnis ausgeglichen. Genau in halber Höhe beginnt das Kuppelrund, das mit fünf kassettierten Ringen, die sich nach oben hin verjüngen, auf dem zylindrischen Unterbau aufliegt. Der Innenraum teilt sich also in einen Zylinder, auf dem eine halbkugelförmige Kuppel ruht. Der Innenraum umschließt eine gedachte Kugel mit einem Durchmesser von 43,2 Metern. Die Wände sind abwechselnd durch rechteckige und halbrunde Nischen gegliedert. Das Pantheon war bis ins 20. Jahrhundert der größte Kuppelbau der Welt. Die römischen Baumeister verwendeten eine frühe Form des Zements, bei dem Mörtel mit kleingehauenen Steinen und Ziegeln sowie Vulkangestein vermischt wurde. Dies ermöglichte eine leichtere und flexiblere Bauweise, was dem Kuppelbau insofern zugutekam, als die über 6 Meter dicken Wände des Untergeschosses nach oben hin immer dünner und leichter werden konnten. Die Schubkräfte der Wölbung wurden in die Wände und die den Bau umgebenden Stützbogen abgeleitet.
Wenn man sich statt der christlichen Gemälde und Statuen römische vorstellt, kann man sich im antiken Rom wähnen. Denn im Innenraum hat sich das Pantheon im Prinzip die letzten knapp zweitausend Jahre kaum verändert. Verändert hat sich allerdings der Platz um das Pantheon, denn das Bodenniveau stieg im Laufe der Jahrhunderte an. Zur Erbauungszeit musste man fünf Stufen zur Vorhalle hinaufsteigen. Entsprechend gewaltiger wirkte der zylindrische Baukörper, der heute etwas gedrückt aussieht.
Das Pantheon war immer wieder eine Inspiration für nachfolgende Architekten, wie Bramante oder Michelangelo, deren Idee des Petersdoms (siehe Seite 102) war, das Pantheon auf die Maxentius-Basilika zu setzen.

»SCHLICHT, AUFRECHT, ERHABEN, GESTRENG ... GLORREICHE KUPPEL! / ... HEILIGTUM UND HEIMATSTATT / DER KUNST UND DER FRÖMMIGKEIT – PANTHEON! STOLZ ROMS!«

Lord Byron

PANTHEON, ROM, UM 118–125 N. CHR.

Das Pantheon war zur Erbauungszeit über dem Platzniveau erhaben und war über fünf Stufen zugänglich. Das von außen eher unspektakuläre Gebäude und seine Proportionen lassen kaum seinen außergewöhnlichen Innenraum erahnen.

»AN LICHT UND SONNENGEFUNKEL HAT SIE ÜBERFLUSS. MAN KÖNNTE NÄMLICH MEINEN, DER PLATZ WERDE NICHT VON AUSSEN HER DURCH DIE SONNE ERLEUCHTET, SONDERN EMPFANGE SEINE HELLIGKEIT VON SICH AUS, EINE SOLCHE LICHTFÜLLE IST ÜBER DAS HEILIGTUM AUSGEGOSSEN.«

Prokop

HAGIA SOPHIA, ISTANBUL, 532–537

9
HAGIA SOPHIA, ISTANBUL

Der amerikanische Schriftsteller Mark Twain ließ kein gutes Haar an ihr: »Die Hagia Sophia ist eine mächtige Kirche, dreizehn oder vierzehnhundert Jahre alt und hässlich genug, um noch viel älter zu sein.« Auf einer ausgedehnten Reise machte er sich als Reisejournalist ein – mitunter trübes – Bild von den Sehenswürdigkeiten rund um das Mittelmeer.

An der Kirche zur Heiligen Weisheit im Herzen von Istanbul nötigte ihm immerhin die riesige Kuppel Bewunderung ab: Sie sei schöner als die des römischen Petersdoms. Aber: »[…] ihr Schmutz ist noch sehr viel wunderbarer als ihre Kuppel, obwohl er niemals erwähnt wird.« Anders als Twain hatten frühere Besucher des Bauwerks sich vor allem in Lobeshymnen ergangen. Von »unaussprechlicher Schönheit« berichtete etwa der Historiker Prokop im 6. Jahrhundert. Als sie errichtet wurde, war die Kirche im Kultur- und Handelszentrum Konstantinopel, dem heutigen Istanbul, die mit Abstand größte Kirche der Christenheit. Im Mittelalter zählte die monumentale Anlage zu den sieben Weltwundern. Insbesondere die monumentale, scheinbar frei schwebende Kuppel und das Gewölbe nötigen auch heutigen Betrachtern Respekt ab: Die Hauptkuppel ist fast 56 Meter hoch und hat einen Durchmesser von 31 Metern – es bleibt ein Rätsel, wie die Baumeister des 6. Jahrhunderts sie zuwege gebracht haben.
Immerhin sind die Namen der Architekten bekannt: Anthemios von Tralleis und Isidor von Milet. Und bekannt ist auch, wer sie beauftragt hat: Kaiser Justinian I. wollte sich mit dem gewaltigen Bauvorhaben als Kaiser verewigen. Seine Kirche in der Hauptstadt des Oströmischen Reiches entstand in der rekordverdächtigen Bauzeit von nur sechs Jahren, von 532 bis 537. Zehntausend Arbeiter, berichten zeitgenössische Quellen, haben den riesigen Bau vorangetrieben und dabei rund 145 Tonnen Gold verbaut. Das Gold wurde unter anderem für den gemaserten Marmor und die Goldmosaiken verwendet, die Boden und Wände der Kirche schmückten: Der Innenraum der Kuppelbasilika mit seinen Pfeilern, Seitenschiffen und Emporen war über und über verziert mit kostbaren Materialien. Doch von diesem reichen Raumeindruck ist nicht viel erhalten: Als die Türken Konstantinopel 1453 einnahmen, machten sie aus der Hagia Sophia die Hauptmoschee des Osmanischen Reiches. Die Ausstattung wurde weitgehend abgeräumt, die Mosaiken wegen des islamischen Bilderverbotes verhüllt oder unter Putz gelegt. Und auch das Äußere änderte seine Gestalt: Bis heute bestimmen die vier bald hinzugefügten Minarette den Eindruck des Baus. 1934 wurde aus der Moschee dann ein Museum. Twains abschätzige Beschreibung der Hagia Sophia hat ihrer Karriere als Besuchermagnet keinen Abbruch getan. Vielleicht fehle ihm ja auch nur das Verständnis, räumte der Reisende seinerzeit noch ein …

links Die Hagia Sophia in Istanbul gilt als Prototyp des überkuppelten Zentralbaus. Kaiser Justinian ließ sie ab 532 in nur sechs Jahren Bauzeit errichten. Ihre Kuppel ruht auf massiven Pfeilern und überspannt mehr als 30 Meter.

oben Die große Kirche aus frühchristlicher Zeit wurde nach der Eroberung der Stadt durch die Osmanen zur Moschee umgeweiht. Von der ursprünglich reichen Innenausstattung ist vieles verloren. Einige Mosaiken und Wandgemälde wurden wieder freigelegt, seit die Hagia Sophia 1934 zum Museum wurde.

HAGIA SOPHIA, ISTANBUL, 532–537

SAN VITALE, RAVENNA, 526–547

10
SAN VITALE, RAVENNA

Ravenna war ein bedeutendes Kulturzentrum des Römischen Reichs – das kleine Städtchen an der Adria wirkt heute wie ein Freilichtmuseum für frühchristliche Kunst. Als die Byzantiner die florierende Hafenstadt im Jahr 540 einnahmen, begann eine weitere Blütephase. Große Bauten wurden in Auftrag gegeben. Der aufwendigste von ihnen ist San Vitale.

Keine Kirche in Italien komme ihr gleich, fasste ein mittelalterlicher Geschichtsschreiber zusammen, »weder in architektonischer noch in künstlerisch-technischer Hinsicht«. 120 Kilogramm Gold, auch das ist überliefert, flossen in den Bau, dessen Grundstein 526 Bischof Ecclesius legte. Von außen stellt sich San Vitale in rötlichem Ziegelmauerwerk eher schlicht dar. Erst im Inneren wird deutlich, weshalb die Kirche schon die Zeitgenossen beeindruckte. Bereits der Bautyp war ungewöhnlich: San Vitale steht auf achteckigem Grundriss, eine hohe Kuppel überwölbt den Zentralraum. Vermutlich wurde diese Bauform aus Konstantinopel importiert, die Hagia Sophia (siehe Seite 26) etwa ist ebenfalls ein überkuppelter Zentralbau. Um das zentrale Achteck ist in Ravenna ein Umgang gelegt, der sich zum Innenraum in hohen Rundbogen öffnet. Er erstreckt sich über zwei Geschosse, im oberen befinden sich Emporen, die wiederum von Halbkuppeln überfangen werden. Im Südosten schließt sich ein lang gestreckter Chor an, der in einer halbrunden Apsis endet. Gerade dieser Bauteil ist ein beeindruckendes Beispiel für die Mosaikkunst der byzantinischen Spätantike.

Den Chorabschluss bedeckt ein kompletter Mosaikteppich von der Sockelzone bis zur Decke. Bunt und golden schimmern die unzähligen Teilchen aus buntem Glas, Halbedelsteinen oder mit Oberflächen aus Blattgold. Auf der Abschlusswand des Altarraums thront Christus zwischen Heiligen und weiß gewandeten Engeln in einem Paradiesgarten. In der Fensterzone darunter sind zu beiden Seiten auf großen Mosaikfeldern weltliche Herrscher samt Gefolge dargestellt, vermutlich Kaiser Justinian und seine Gemahlin Theodora, beide in prunkvollen Gewändern. Auch das sich anschließende Gewölbefeld ist komplett mit Mosaiken geschmückt: Engel und Heilige bevölkern die Wände, Architekturdarstellungen, pflanzliche und geometrische Ornamente überziehen die Wände, Nischen und das Deckengewölbe. Szenen aus dem Alten und Neuen Testament sind einander gegenübergestellt und machen das Programm als Heilsgeschichte lesbar.

Ursprünglich war der gesamte Innenraum der Kirche bunt: Mosaiken schmückten Wände, Decken und Böden, farbige Glasscheiben in Blau-, Lila-, Grün- und Brauntönen verstärkten den prächtigen Farbeindruck. Einen illustren Besucher scheint dennoch weniger die Ausstattung beeindruckt zu haben als die Grundform der Kirche: Karl der Große griff beim Bau der Kapelle seiner Aachener Pfalz in den Jahren um 800 auf San Vitale zurück.

Bei einem **ZENTRALBAU** sind alle Teile auf den Mittelpunkt bezogen. Der Grundriss eines Zentralbaus kann zum Beispiel aus einem Kreis, einem Oval oder Quadrat bestehen. Er kann sich aber auch aus einem Vieleck, etwa einem Oktogon, oder einem Kreuz mit gleich langen Seitenarmen entwickeln. Der zentrale Raum kann sich zu einem Umgang öffnen, wie in Ravenna, den oberen Abschluss bildet meist eine Kuppel. Einer der ältesten erhaltenen Bauten mit zentralem Grundriss ist das Pantheon in Rom. Häufig sind Zentralbauten Grabes- oder Taufkirchen, vor allem in der byzantinischen Architektur spielte dieser Bautypus eine große Rolle. Während der italienischen Renaissance nutzte der Architekt Andrea Palladio den zentralen Grundriss auch für profane Bauten.

oben San Vitale ist reich geschmückt mit Mosaiken, in denen Szenen aus dem Alten und dem Neuen Testament einander gegenübergestellt sind. In der Apsis der Kirche thront Christus zwischen Engeln sowie dem hl. Vitalis und Bischof Ecclesius. Da er den Grundstein für den Bau legte, hält Ecclesius ein Modell von San Vitale in den Händen.

rechts Die Kirche besteht aus einem Achteck, das von einer Kuppel bekrönt wird. Sie wird von acht Pfeilern getragen, zwischen denen sich der Säulenumgang öffnet. Auch der zentrale Kuppelraum ist mit figürlichen und ornamentalen Darstellungen geschmückt.

SAN VITALE, RAVENNA, 526–547

11
HŌRYŪ-JI, NARA

Den Grundstein für den Hōryū-ji legte Prinz Shōtoku im 7. Jahrhundert. Damit ist die japanische Tempelanlage das einzige vollständig erhaltene Bauwerk aus der Frühzeit buddhistischer Architektur. Und nicht nur das: Das Gebäudeensemble beherbergt einige der ältesten Holzgebäude der Welt.

Um die Mitte des 6. Jahrhunderts gelangten die Lehren des Buddhismus nach Japan. Vor allem Prinz Shōtoku trug dazu bei, dass sie Verbreitung fanden: Während seiner Regierungszeit entstanden zahlreiche buddhistische Tempel. Einer von ihnen ist der Hōryū-ji, der Tempel des erhabenen Gesetzes. Die Tempelanlage steht zehn Kilometer südwestlich der Stadt Nara auf der japanischen Hauptinsel. Begonnen wurde der Bau im Jahr 607, umgesetzt in der traditionellen japanischen Holzbauweise. Mit der Tempelhalle, der fünfstöckigen Pagode und dem Mittleren Tor stehen auf dem großen Tempelgelände die ältesten noch erhaltenen Holzgebäude der Welt. Sie haben dem Hōryū-ji die Aufnahme in die Liste des Weltkulturerbes beschert. Die Holzbauweise hat sich als widerstandsfähig erwiesen und ist darüber hinaus dem Klima angepasst. Aber Holzgebäude sind feuergefährdet: Auch die frühesten Bauten des Hōryū-ji fielen 670 einem Brand zum Opfer. Bis 714 wurde die Tempelanlage dann im ursprünglichen Stil wieder aufgebaut, verwendet wurde dazu Zypressenholz.

Eine bedachte Mauer umgibt das gesamte Gelände. Im Süden führt ein zweigeschossiges Torgebäude ins Innere, das zwei voneinander getrennte Tempelbereiche umfasst. Die wichtigsten Gebäude des Hōryū-ji befinden sich im Westen der Anlage. Das Zentrum des Tempels bildet die Goldene Halle, ›Kondō‹. Sie erhebt sich auf rechteckigem Grundriss über zwei Stockwerke, das obere Geschoss schließt in einem großen und an den Ecken nach oben gebogenen Dach. In der Goldenen Halle stehen auf einer erhöhten Plattform die wichtigsten Heiligtümer des Tempels, Andachtsbilder und Buddhastatuen, an denen die Gläubigen im Uhrzeigersinn entlangziehen. Gänge und Veranden führen um den Zentralraum herum und werden von zwei weit überhängenden Dächern überfangen. Links von der ›Kondō‹ erhebt sich die fünfstöckige Pagode – auch sie ist ein wesentlicher Bestandteil jeder buddhistischen Tempelanlage. Die Pagode des Hōryū-ji ist auf allen vier Seiten mit Tonskulpturen geschmückt, die Szenen aus dem Leben Buddhas schildern. Den inneren Bereich des Tempels schließt im Norden die Große Predigthalle ab; der heutige Bau stammt aus dem 10. Jahrhundert. Weitere Gebäude reihten sich im Lauf der Jahrhunderte in das Hōryū-ji-Ensemble ein, darunter zwei moderne Schatzhäuser. Der östliche Tempelbereich hingegen wurde bereits im 8. Jahrhundert errichtet und entstand an der Stelle des einstigen Prinzenpalastes. Er besteht ebenfalls aus mehreren Bauten, sein Zentrum bildet die achteckige Halle des Traums, ›Yumedono‹. In ihr steht eine Holzskulptur aus dem 7. Jahrhundert, die zum japanischen Nationalerbe zählt.

HŌRYŪ-JI, NARA, JAPAN, BAUBEGINN 7. JAHRHUNDERT

»ERBAUT HAT DIESE KUPPEL DER DIENER GOTTES ABD [AL-MALIK], DER BEFEHLSHABER DER GLÄUBIGEN, IM JAHRE ZWEIUNDSIEBZIG, MÖGE IHN GOTT ZU GNADEN ANNEHMEN.«

Inschrift über dem Kranzgesims an der Kuppel

FELSENDOM, JERUSALEM, FERTIGGESTELLT 691/692

12
FELSENDOM, JERUSALEM

Es gibt wohl kaum einen Ort auf der Welt, der für so viele Menschen von religiöser Bedeutung ist, wie der Tempelberg in Jerusalem, auf dem sich der Felsendom erhebt. Den Legenden nach ist dieser Ort und vor allem der Heilige Fels Schauplatz bedeutender Momente der drei großen monotheistischen Weltreligionen, Judentum, Christentum und Islam.

Der alttestamentarische Abraham wollte hier seinen Sohn Isaak opfern und hier stand der Tempel Salomons, in dem sich die Bundeslade befand. Nach der Babylonischen Gefangenschaft bauten die Juden an dieser Stelle einen weiteren Tempel, den Herodes prachtvoll ausbaute und der 70 n. Chr. von den Römern zerstört wurde. Seine Reste bilden heute die Klagemauer. Und hier trat Mohammed seine nächtliche Himmelfahrt mit dem Pferd an, das ihm der Erzengel Gabriel gegeben hatte. Während der Kreuzzüge wurde der Felsendom von 1099–1187 von den Christen besetzt und trug ein goldenes Kreuz auf der Kuppel, das Saladin nach der Rückeroberung durch einen goldenen Halbmond ersetzte.

Im Arabischen wird der Felsendom nur ›Die Kuppel‹ (›qubba‹) genannt. Der manchmal verwendete Name ›Omar-Moschee‹ ist eigentlich falsch, denn zum einen war nicht Omar der Bauherr, sondern Kalif Abd al-Malik, und zum anderen ist der Felsendom keine Moschee, sondern ein Schrein für den Heiligen Fels im Zentrum des Baus. Der Felsendom wurde im Jahr 72 nach islamischer Zeitrechnung fertiggestellt, was 691/692 n. Chr. entspricht, und ist damit einer der ältesten und bedeutendsten islamischen Sakralbauten. Er wurde im umayyadischen Stil errichtet, wobei sich das architektonische Konzept an frühchristlich-byzantinischen Zentralbauten wie San Vitale in Ravenna (siehe Seite 30) oder der Rotunde der konstantinischen Grabeskirche in Jerusalem orientiert. Im Zentrum befindet sich der Heilige Fels, umgeben von einer zentralen Rotunde, die ihrerseits von einem achteckigen Arkadengang umfangen wird. Die Säulen stammen aus verschiedenen christlichen Kirchen und werden hier als Spolien eingesetzt. Der gesamte Komplex befindet sich in einem gleichmäßigen Achteck mit einem Durchmesser von etwa 55 Metern. Der Heilige Fels selbst hat eine Fläche von 18 mal 13 Meter und wird von der namensgebenden Kuppel (Durchmesser: 20 Meter) überwölbt, die außen nicht mehr wie früher aus schwarzem Blei ist, sondern seit 1993 mit goldgalvanisierten Blechen in der Sonne glänzt.

Die Fassadengestaltung mit verschiedenfarbigem Marmor in der Sockelzone stammt noch aus der Gründungsphase. Die charakteristische Fliesenverkleidung entstand zwischen 1545 und 1566 unter Sultan Suleiman dem Prächtigen und besteht aus rund 45 000 Fliesen. 1960/61 wurden die originalen Fliesen entfernt und durch Reproduktionen ersetzt. Der umlaufende, insgesamt 240 Meter lange Schriftenfries enthält Koranzitate. Schriften sind in der islamischen Architektur integraler und sinnbestimmender Bestandteil, denn anders als in der christlichen Kunst herrscht in der islamischen ein weitgehendes Bilderverbot. Durch seine exponierte Lage, seine goldene Kuppel und vor allem seine Bedeutung ist der Felsendom das wichtigste Wahrzeichen Jerusalems.

TEMPEL I, TIKAL, GUATEMALA, VOLLENDET 734

13
TEMPEL I, TIKAL

Als die sagenumwobenen Maya in Mittelamerika herrschten, war Tikal eines ihrer mächtigen Zentren: In ihrer Blütezeit zählte die Stadt im Norden des heutigen Guatemala 80 000 Einwohner. Ruinen der steinernen Pyramiden, Tempel und Skulpturen erzählen noch heute vom Leben in der bedeutenden Maya-Siedlung.

Tikal, das inmitten der Regenwälder der Provinz Petén liegt, gilt als eine der am besten erforschten Maya-Städte. Über dreitausend verschiedene Baustrukturen sind dort bislang entdeckt worden, darunter Tempel und Palastanlagen, aber auch einfache Wohnhäuser. Manches ist bekannt über die zahlreichen Fürsten der Stadt, die so klangvolle Namen trugen wie »Rauchfrosch«, »Dunkle Sonne« oder »Große Jaguarpranke«.
Die Hochzeit von Tikal begann im 5. Jahrhundert: Tempel und Pyramiden für die Götter wurden damals errichtet, Hunderte von steinernen Stelen aufgestellt, auf denen die Geschichte der Stadt und ihrer Herrscher erzählt wird. Das Zentrum war der von Altären und Tempeln gesäumte Große Platz. Seine prunkvollen Bauten gab der 26. Fürst von Tikal in Auftrag. Dazu gehörten die hohen Zwillingspyramiden an den Schmalseiten: Der Tempel I an der Ostseite schraubt sich in neun steinernen Stufen empor. In der reich verzierten Pyramide wurde der Herrscher selbst im Jahr 734 prunkvoll bestattet – zu seinen Grabbeigaben gehörten auch mehr als 180 Schmuckstücke aus Jade. Der Fürst mit den vielen Namen, Ah Cacau oder auch Hasaw Kan K'awil sind nur zwei davon, gab auch die Pyramide an der Westseite des Großen Platzes in Auftrag. Wie ihr Pendant, besteht auch sie aus hohen Terrassen mit Vor- und Rücksprüngen in den Wänden, auf der dem Platz zugewandten Seite führt eine steile Treppe empor. Eine riesige Göttermaske schmückt das Dach. Im Norden des Platzes liegt das größte Bauensemble Tikals: Auf der Nord-Akropolis sind auf mehreren Ebenen Tempel und Gräber versammelt, die über Treppen zu erreichen waren. Vor der großen Plattform stand eine lange Reihe von Stelen und Rundaltären, die an die verstorbenen Fürsten Tikals erinnerten. Die lebenden Herrscher bewohnten eine Palastanlage im Süden des Großen Platzes. Dort breiteten sich verschiedene Residenzen rund um insgesamt sechs Innenhöfe aus, die teils mehrstöckigen Gebäude beherbergten Audienzhallen und Wohnräume. Von Tribünen aus konnten Zuschauer das rituelle Ballspiel verfolgen, das die die Herrscher zu Ehren der Göttern auf eigens dafür gebauten Plätzen veranstalten ließen und bei dem ein Gummiball über Leben Tod der Spieler entschied. Die höchste Tempelpyramide Tikals – und zugleich Mittelamerikas – ist der fast 65 Meter hohe Tempel IV im Westen der Anlage. Er ist das Symbol der Herrschaft des 27. Fürsten von Tikal, Yaxkin Caan Chak, und entstand in der Mitte des 8. Jahrhunderts. Zu dieser Zeit war die Blüte Tikals bereits vorüber. Die Stadt zerfiel, ihre Bevölkerung wanderte ab, die Stadt wurde schließlich verlassen. Der Urwald von Petén überwucherte bald Tempel und Paläste. Erst in den 1880er-Jahren begann die systematische Erforschung Tikals.

14
MEZQUITA, CÓRDOBA

Mitten in der Altstadt von Córdoba steht einer der größten Sakralbauten der islamischen Welt. Von außen gleicht die Anlage der Mezquita dabei vor allem einer Festung: Hohe Sandsteinmauern, auf denen Zinnen sitzen, umgeben den Bau. Erst im Inneren zeigt sich die ganze Pracht, die sich unter islamischer Herrschaft auf der Iberischen Halbinsel entfaltete.

Als die Mauren das südspanische Córdoba im Jahr 711 zu ihrer Hauptstadt erklärten, begann für die Stadt eine Blütezeit: Schulen, Bibliotheken und Hochschulen entstanden, Moscheen wurden gebaut, Hospitäler und öffentliche Badeanlagen eröffnet. Im 10. Jahrhundert zählte Córdoba über eine halbe Million Einwohner. Die Baugeschichte der Großen Moschee spiegelt die Entwicklung der Stadt. Den Grundstein für die Mezquita legte der erste Emir von Córdoba, Abd ar-Rahman I. Innerhalb von nur einem Jahr entstand 785 die elfschiffige Moschee mit einem offenen Hof. Während die islamische Gemeinde rasch wuchs, wurde der Bau bald zu klein. Die nachfolgenden Herrscher erweiterten die Anlage: Der Gebetssaal wuchs um ein Vielfaches, der Hof der Moschee wurde vergrößert, ein neues Minarett errichtet. Die Gesamtfläche der Mezquita betrug nach insgesamt vier Erweiterungen schließlich gigantische 22 000 Quadratmeter.

Der Haupteingang, die Puerta del Perdón, liegt an der Nordseite der Anlage. Sie führt in den von Arkaden gesäumten Hof, den Patio de los Naranjos. Dessen Orangenbäume wurden erst im 19. Jahrhundert dort gepflanzt, in maurischer Zeit war der Hof palmenbestanden, in seiner Mitte standen Brunnen für die rituelle Reinigung der Gläubigen vor dem Gebet. Der Innenraum ist ein regelrechter Säulenwald aus endlosen Arkadenreihen, verziert mit kunstvollen Ornamenten und Kalligrafie. Die hufeisenförmigen doppelten Bogen sind zweifarbig, Blöcke aus rotem Ziegel und hellem Sandstein wechseln sich ab. Etliche der ursprünglich über eintausend Säulen sind allerdings den späteren Umbauten zum Opfer gefallen. 1236 zogen die katholischen Könige in die Stadt ein. Sie ließen die Großen Moschee zwar stehen, weihten sie aber zur christlichen Kathedrale und bauten zahlreiche Kapellen an. Im 16. Jahrhundert schließlich wurde mitten im ehemaligen Betsaal eine riesige Kathedrale errichtet. Das wichtigste Bauglied der Gebetshalle, der Mihrab, ist jedoch erhalten. Die achteckige Gebetsnische ist reich verziert und von einer muschelförmigen Kuppel bekrönt. Für den kunstvollen Bauschmuck sorgte der zweite Kalif von Córdoba, Al-Hakam II. Er ließ sich vom byzantinischen Kaiser einen Mosaikkünstler empfehlen, der die einheimischen Handwerker in diese Technik einweihen sollte. Einer Inschrift nach war der reich geschmückte Mihrab 965 vollendet. Ein hufeisenförmiger Bogen bildet den Durchgang in die Nische. Über ihm breitet sich eine goldgrundierte Schmuckfläche aus, auf der buntes Mosaik Ornamente und Schriftzeichen bildet. Da der Islam bildhafte Darstellungen Gottes verbietet, waren sowohl Schrift als auch geometrische und florale Ornamente die wesentlichen künstlerischen Ausdrucksformen. Auch die Wände und Decken der Großen Moschee zieren vielfarbige Baumaterialien, filigrane Ornamente in Stein und Stuck sowie zahlreiche Inschriften.

»DIE MASERUNG EINER SÄULE DER MEZQUITA IST EINE SCHATTIERUNG DER WIRKLICHKEIT, DENJENIGEN, DER SIE EINMAL BETRACHTET HAT, LÄSST SIE NIE WIEDER LOS, SIE BEMÄCHTIGT SICH SEINES GESAMTEN GEDÄCHTNISSES.«

Jorge Luis Borges

MEZQUITA, CÓRDOBA, AB 785

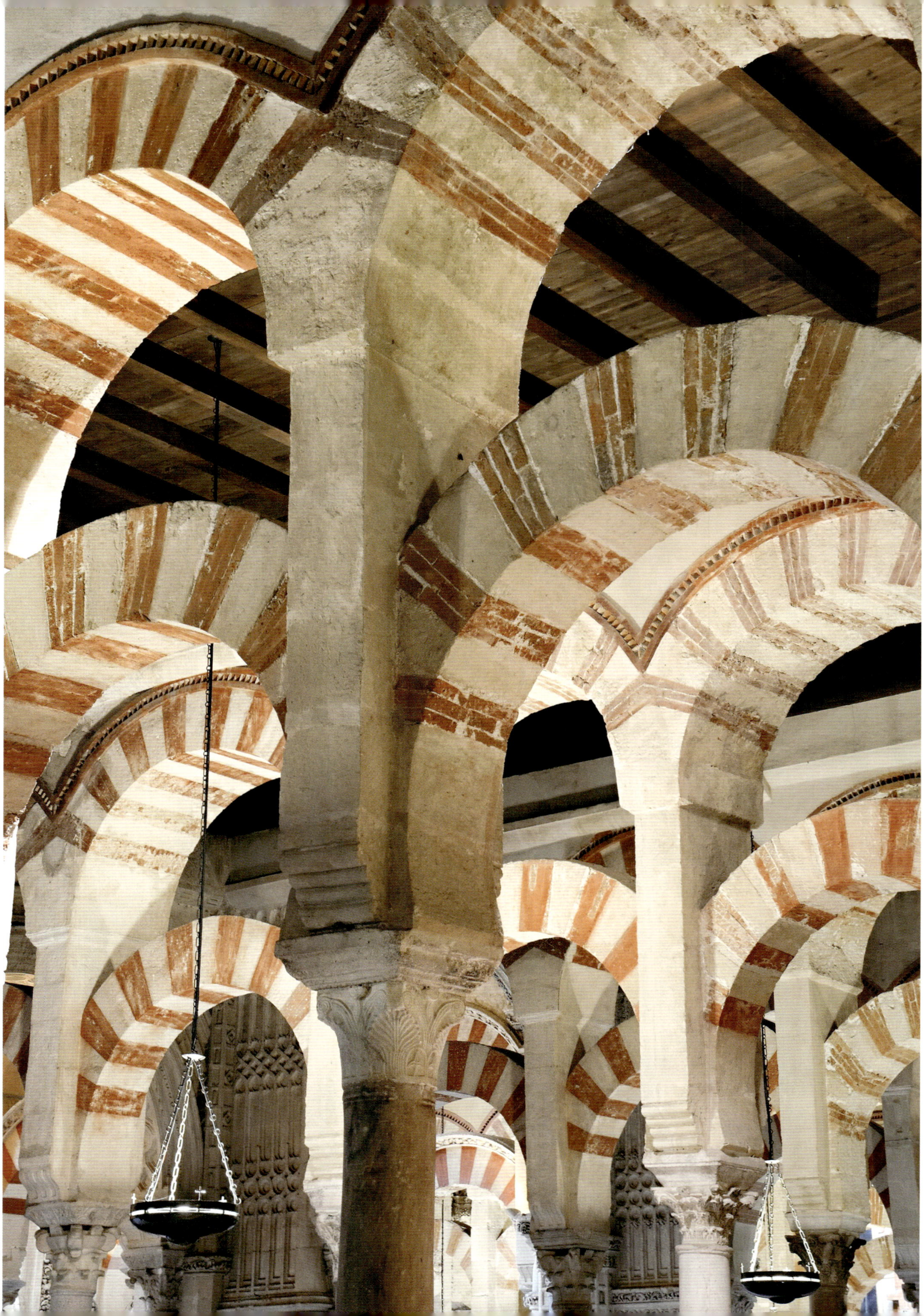

links Die doppelten Hufeisenbögen der Mezquita bestimmten den optischen Eindruck des Betsaals der einstigen Moschee. Sie ziehen sich in langen Reihen durch den imposanten Raum. Die hufeisenförmigen Bögen fanden in der islamischen Architektur Spaniens häufig Verwendung.

oben Unter der Rippenkuppel der Maksura hatte der Herrscher seinen Gebetsplatz. Nach der Rückeroberung Córdobas durch die Christen wurde die Mezquita zur Kirche geweiht, bauliche Veränderungen aber wurden kaum vorgenommen. Erst im 16. Jahrhundert ließ der Bischof von Córdoba ein Kirchenschiff ins Innere der Mezquita setzen.

MEZQUITA, CÓRDOBA, AB 785

BOROBUDUR, JAVA, INDONESIEN, CIRCA 750–850

15
BOROBUDUR, JAVA

Im Jahr 1814 entdeckten Archäologen in den Reisfeldern der indonesischen Insel Java ungewöhnlich viele behauene Steinquader. Der Fund sollte sich als spektakulär erweisen: Verborgen unter einer Schicht Vulkanasche und der üppigen Pflanzenwelt der tropischen Gegend, schlummerte einer der größten buddhistischen Tempel der Welt vor sich hin – der Götterberg Borobudur.

Entstanden ist der Tempel von Borobudur zwischen 750 und 850, während der Regierungszeit der Shailendra-Könige. Die buddhistischen Herrscher untermauerten ihre Macht über Zentral-Java mit imposanten Tempelbauten: Zum größten von ihnen, dem Borobudur, führte eine mit Tempeln gesäumte Pilgerstraße. Der Borobudur selbst erhebt sich in seiner pyramidenähnlichen Form auf einem natürlichen Hügel. Er wächst auf quadratischem Grundriss empor, seine Seiten sind jeweils 110 Meter lang. Rund zwei Millionen Steinquader bilden seine sieben Stufen. Das Bauwerk ist dabei massiv, keinerlei Hohlraum ist angelegt. Treppen und stufenartige Tore verbinden die verschiedenen Ebenen miteinander, die alle aus unverputztem Stein errichtet sind. Die untere Zone besteht aus vier quadratischen Galerien, darüber liegen drei runde Terrassen. Die drei konzentrischen Kreise oben tragen 72 Stupas, steinerne Denkmäler, in denen jeweils eine Buddhaskulptur sitzt. Auf der höchsten Stufe des Tempels erhebt sich der massive Zentralstupa mit einem Durchmesser von gut 10 Metern.
Das buddhistische Ritual sieht vor, dass die Gläubigen die Terrassen des Bauwerks im Uhrzeigersinn abschreiten. Dabei wandern sie entlang der in Stein gehauenen Reliefs, die auf einer Gesamtlänge von mehr als fünf Kilometern die Innenwände der galerieartigen Umgänge schmücken. Das komplexe Bildprogramm umfasst etwa 1 300 szenische Darstellungen und unzählige weitere dekorative Reliefs. Auf der unteren Stufe des Tempels ist das Leben des historischen Buddha erzählt, verbunden mit vielen Darstellungen des höfischen und bäuerlichen Lebens im Java des 8. und 9. Jahrhunderts. Weiter oben sind die über fünfhundert früheren Existenzen von Buddha dargestellt. Die drei höchsten Terrassen schließlich kommen ohne bildliche Erzählungen aus: Dort stehen die 72 kleineren Stupas mit ihren sitzenden Buddhafiguren. Sie weisen dem Pilger den Weg in die ewige Glückseligkeit, das Nirwana – der große Hauptstupa im Zentrum des Tempels symbolisiert die Erleuchtung. In seiner quadratischen Grundform und Anlage entspricht der Tempel von Borobudur einem buddhistischen Meditationsbild – wenn auch von kolossalen Ausmaßen. Insoweit herrscht Einigkeit unter den Forschern. Doch die Entstehungsgeschichte und Funktion des Tempels liegen noch immer weitgehend im Dunkeln: Ob es sich um ein Kloster handelte, vielleicht auch um eine Grablege oder ob der Tempel vor allem der Machtdemonstration diente, ist bis heute umstritten.

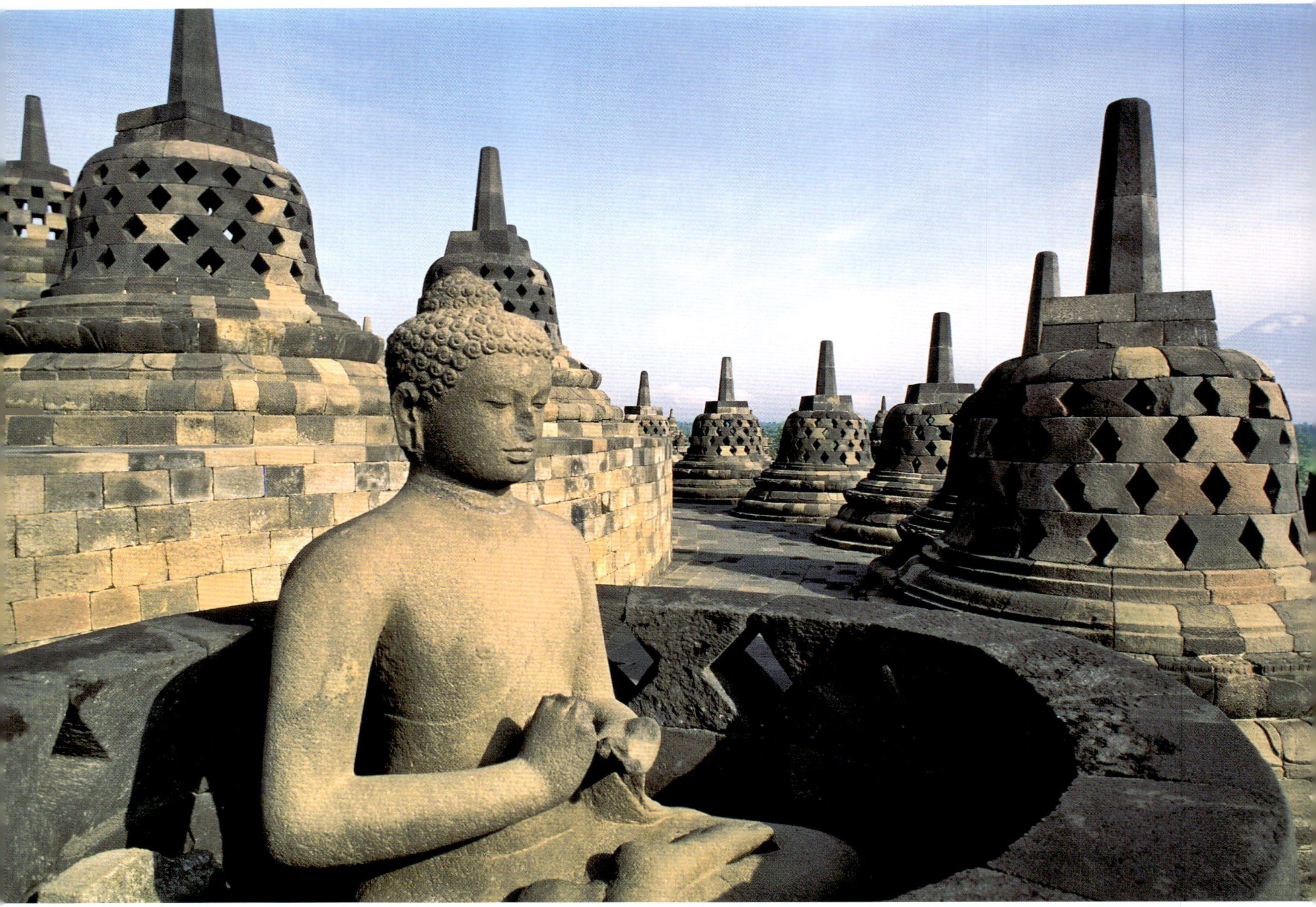

links In den Stupas werden Reliquien oder Darstellungen Buddhas aufbewahrt. Im Borobudur, dem größten aller buddhistischen Sakralbauten, umstehen 72 solcher steinernen Denkmäler die drei konzentrischen Terrassen des Tempels.

oben Ein ausgefeiltes Bildprogramm lässt den Götterberg Borobudur zu einem Bilderbuch werden: In über 1300 Szenen wird nicht nur aus dem Leben Buddhas erzählt – auch der Alltag auf Java im 8. und 9. Jahrhundert kommt zu Sprache.

BOROBUDUR, JAVA, INDONESIEN, CIRCA 750–850

SAN MINIATO AL MONTE, FLORENZ, 11./12. JAHRHUNDERT

16
SAN MINIATO AL MONTE, FLORENZ

Die kleine Kirche San Miniato al Monte ist dem hl. Minias geweiht, einem armenischen Prinzen, der um 250 wegen seines Glaubens von Kaiser Decius gefoltert und anschließend geköpft wurde. Florenz' erster Märtyrer nahm der Legende nach daraufhin seinen Kopf unter den Arm und lief auf den Mons Fiorentius hinauf, wo er schließlich begraben wurde.

Die heutige Kirche entstand ab 1013 nach der Zerstörung des Vorgängerbaus. Die Fassade ist eines der schönsten und ausgewogensten Beispiele der italienischen Romanik, für die der Schweizer Kunsthistoriker Jacob Burckhardt (1818–1897) den Begriff ›Protorenaissance‹ prägte. Dabei wurden vor allem in der Toskana, aber auch in der Provence altrömische Architekturmotive verwendet und mit einer anmutigen Eleganz kombiniert, wie sie bei den eher wehrhaften Bauten der Romanik im übrigen Europa kaum zu finden ist. San Miniato ist dafür, neben dem Baptisterium in Florenz, eines der herausragenden Beispiele.

Die Fassade ist mit weißem Marmor und grünem Serpentin reich und doch ausgewogen verkleidet. Über fünf Blendarkaden auf korinthischen Halbsäulen erhebt sich das Obergeschoss, dessen Mitte ein Mosaik von 1260 einnimmt, das Christus als Weltenrichter zeigt. Das Obergeschoss ist mit kannelierten Pilastern rhythmisiert und schließt mit einem Giebel ab, auf dessen Spitze ein Adler seine Krallen in einen Wollballen schlägt. Dies ist das Symbol der Tuchhändlerzunft, die ab 1288 für den Unterhalt der Kirche verantwortlich war.

Die ganze Fassade ist mit geometrischen Mustern reich verziert, bis hin zur Blendzwerggalerie am Giebel und den fein ziselierten Mustern darüber. Dieses grafisch-geometrische Dekor setzt sich auch im Innenraum fort, der dem dreischiffigen Schema mit offenem Dachstuhl der frühchristlichen Basiliken folgt. Die stärkeren Pfeiler unterbrechen die gleichmäßige Folge von korinthischen Säulen und tragen die ebenfalls geometrisch verzierten Schwibbogen. Auch im Obergaden setzen sich die marmornen Einlegearbeiten fort. Es ist ein ausgesprochen harmonischer und leicht wirkender Raum, dessen Seitenwände aufgrund von Restaurierungen heute kahl sind.

Vor der halbrunden Apsis befindet sich der erhöhte Chor, unter dem in der Krypta wohl der größte Teil der sterblichen Überreste des Märtyrers bestattet ist (im 10. Jahrhundert wurden Teile der Reliquien nach Metz verbracht). An der Ausstattung arbeiteten immer wieder bedeutende Florentiner Künstler, wie Michelozzo, der 1488 die Capella dello Crocefisso ungewöhnlicherweise im Zentrum des Mittelschiffs gebaut hat, oder Luca della Robbia, der die Terrakotta-Dekoration schuf. In der Krypta finden sich Fresken von Taddeo Gaddi. Das Gebäude, das rechts von der Kirche nach einem Verbindungsbau angrenzt, ist die Landvilla der Florentiner Bischöfe, die zwischen 1294 und 1320 erbaut wurde.

San Miniato, dieses Kleinod der Florentiner Vorrenaissance, thront hoch über Florenz und hatte gerade mit seinem grafischen Reichtum und seiner gleichzeitigen Strenge großen Einfluss auf spätere florentinische Architekten, wie Filippo Brunelleschi, Michelangelo und vor allem Leon Battista Alberti.

Das **ZUNFTSYSTEM** in Florenz entstand Ende des 12. Jahrhunderts und hatte großen Einfluss auf Gesellschaft und Wirtschaft der Stadt. Es gab sieben Große Zünfte (Arti maggiori) in denen sich die Ärzte, Juristen und Händler organisierten, zu denen auch die Tuchhändlerzunft (Arte di Calimala) gehörte, und vierzehn Kleine Zünfte (Arti minori) in denen Handwerker, Wirte und Einzelhändler organisiert waren. Die Aufgaben der Zünfte waren – neben der Einhaltung der spezifischen Regelungen, die das jeweilige Metier betrafen – eine Art Interessenvertretung in der Stadtregierung und die Übernahme gemeinschaftlicher Arbeiten, wie etwa Bau und Unterhalt diverser Gebäude, vom Baptisterium bis zum Dom Santa Maria del Fiore.

17
DOM ST. MARIA UND ST. STEPHAN, SPEYER

Die deutschen Kaiser seit Karl dem Großen ließen die Idee des römischen Kaisertums wieder aufleben. Nach den Karolingern und den Ottonen folgte mit Konrad II. (990–1039) das Geschlecht der Salier auf dem Kaiserthron des Heiligen Römischen Reiches. Auch er sah seine Legitimation in der Tradition des Römischen Reiches und ließ sich 1027 in Rom zum Kaiser krönen.

Um diesen imperialen Anspruch auch möglichst wirkmächtig nach außen zu demonstrieren, ließ Konrad die Domkirche St. Maria und St. Stephan in Speyer errichten. Aber der Dom zu Speyer, der mit 134 Meter Länge zum größten Kirchenbau des Heiligen Römischen Reiches wurde, sollte eben nicht nur Bischofskirche sein, sondern auch Grablege der Salier, also ein Kaiserdom.
Begonnen wurde der Bau 1025 als dreischiffige, flach gedeckte Basilika mit ausgeschiedener Vierung und mächtigem Westbau. In nur etwa dreißig Jahren wurde der riesige Dom fertiggestellt und von Konrads Enkel, Heinrich IV. (1150-1106), im Jahr 1061 geweiht. Schon in diesem ersten Bau, in der Architekturgeschichte ›Speyer I‹ genannt, manifestiert sich der kaiserlich-römische Anspruch. Nicht nur in der Größe, sondern vor allem auch in dem modernen, richtungsweisendem Konzept: War das Mittelschiff der bisherigen romanischen Kirchen in Erdgeschossarkaden und eine flächige Obergadenwand geteilt, wurden in ›Speyer I‹ die beiden Stockwerke mittels monumentaler Rundbogenblenden zusammengefasst. Dadurch entstand ein völlig neuer Vertikalakzent, der zum architektonischen Leitmotiv von Speyer wurde. Es entsteht der Eindruck von Riesenarkaden, die in ihrer zwölfmaligen Reihung an römische Aquädukte erinnern. Dabei sind die Blendarkaden nicht nur aufgesetzt, sondern entstehen aus den Vierkantpfeilern und setzen diese nach oben fort. Die Arkaden- und Obergadenwand tritt dadurch zurück und wird zur Füllung zwischen einem Gerüst. Es ist dies eine frühe Form des Skelettbaus, dem bald die Zukunft gehören sollte.
Konrads Enkel, Heinrich IV., erneuerte den Dom von 1082 bis 1106 (›Speyer II‹). Es entstand die Vierungskuppel, der Chor bekam eine halbkreisförmige Apsis und am Außenbau wurde eine umlaufende Zwerggalerie eingesetzt. Die wichtigste Neuerung entstand allerdings im Mittelschiff. Waren bisher nur die Seitenschiffe gewölbt, wurde nun auch das Mittelschiff gewölbt. Dazu legte man jedem zweiten Mittelschiffspfeiler einen Pilaster mit einer Halbsäulenvorlage vor. Dadurch entstanden ein rhythmisierender Stützenwechsel und quadratische Joche, die mit Kreuzgratgewölben überwölbt wurden. Auch das hat es seit der Antike nicht gegeben und war richtungsweisend. Der Anspruch des römischen Kaisererbes wurde nicht mehr durch eine Kopie römischer Bauten erhoben, sondern durch einen eigenständigen Bau, der Rom übertreffen sollte. Der Aufwand und die technischen Neuerungen, die im Dom von Speyer über die Jahrhunderte immer wieder umgesetzt wurden, sind eines Kaiserdoms durchaus würdig.
Der Dom zu Speyer, wie wir ihn heute sehen, ist in weiten Teilen das Ergebnis jahrhundertelanger Bau- und Umbautätigkeiten. Dabei waren die Bauherren jedoch glücklicherweise immer bemüht, den ursprünglichen Bau nicht zu entstellen. Sogar eine Renovierung im 18. Jahrhundert durch den Sohn Balthasar Neumanns wurde nicht zur Barockisierung genutzt, sondern wurde zum ersten Beispiel einer wiederherstellenden Denkmalpflege.

»DER DOM LIEGT EINSAM AM STROM, VON WIPFELN UMFASST, EINEM SCHIFF GLEICH, DAS IN GRAUER ZEIT EINMAL HIERHER GETRIEBEN WURDE, UND NUN NICHT MEHR ZURÜCKGETRAGEN WIRD AUF DIE WELLEN DES LEBENS: VIELLEICHT WEIL SEINE ZEIT VORÜBER IST; VIELLEICHT AUCH WEIL ES ZU SCHWER WURDE VOM FRACHTGUT DES SCHICKSALS.«

Reinhold Schneider

DOM ST. MARIA UND ST. STEPHAN, SPEYER, GEWEIHT 1061

»IHR GRAUEN TÜRME VON DURHAM
WIE LIEBE ICH EURE WUCHT UND MACHT
HALB KIRCHE SEID IHR UND HALB BOLLWERK GEGEN DIE SCHOTTEN«

Sir Walter Scott

KATHEDRALE VON DURHAM, AB 1093

18
KATHEDRALE VON DURHAM

Fans von Harry Potter werden die Kathedrale von Durham sofort wiedererkennen: In den Verfilmungen der Fantasyromane ist dort die Hogwarts-Schule für Hexerei und Zauberkunst zu Hause. Der talentierte Zauberlehrling Harry lernt in der spektakulären Kulisse etliche Tricks und Kniffe seines Handwerks.

Im schneebedeckten Innenhof der Kreuzgänge etwa lässt Harry Potter Eulen fliegen, im Kapitelhaus der Kathedrale gehen die Zauberschüler der Kunst der Verwandlung auf den Grund. Die mittelalterliche Kirche im nordenglischen Städtchen Durham ist dabei eine Kulisse mit langer Geschichte: Im 10. Jahrhundert gründeten Benediktinermönche die Abtei auf einem Felsen oberhalb des Flusses Wear. In ihrer Kirche sollten die Gebeine des heiligen Bischofs Cuthbert ihre Ruhestätte finden. Ein großer Pilgerstrom zog zu den damals bedeutendsten Reliquien der Insel.

Nachdem die Normannen England 1066 eingenommen hatten, begannen sie, das ganze Land mit Bauten zu überziehen, die ihre Macht spiegeln sollten. 1093 begannen auch die Arbeiten an der monumentalen Kathedrale von Durham, die an der Stelle des Vorgängerbaus entstand. Bis weit ins 13. Jahrhundert wurde auf der großen Baustelle gearbeitet. Den Außeneindruck des über 140 Meter langen Baus bestimmen die starken Mauern. Die imposante Westfront beherrschen zwei Türme. Ein hoher Vierungsturm erhebt sich an der Stelle, wo sich ein breiter Querriegel in das dreischiffige Langhaus schiebt. Von außen gleicht die Kirche durchaus einer Festung, was kein Zufall ist – schließlich waren die aufständischen Schotten nicht weit entfernt.

Das Grab des hl. Cuthbert liegt im Osten des Baus, dem Chor. Dort entwickelten die Baumeister um 1100 eine neue Deckenlösung, die in deutlichem Kontrast steht zu den wuchtigen Formen der Romanik, die den Bau sonst bestimmen. An die Stelle der bislang üblichen flachen Decken traten jetzt hohe Gewölbe. Grate unterteilen die Decke in vier Gewölbefelder. Unter diesen Kanten sind schmale Rippen eingezogen, zwischen die die Gewölbekappen gespannt sind. Diese Form der Einwölbung, wie sie in Durham Premiere hatte, wird als Kreuzrippengewölbe bezeichnet. Die Kathedralarchitekten trieben die Gewölbekunst nicht nur im Chor voran: Vielmehr ist die Kirche von Durham der erste große und vollständig überwölbte Bau der Hochromanik. Die Formen im Inneren des gewaltigen Bauwerks zeigen viele Anleihen an die normannische Kunst, die mit der Kathedralbautechnik der französischen Eroberer nach England gelangte. Die Wand des Mittelschiffs ist in drei Zonen gegliedert: Die Bogen des unteren Abschnitts tragen kräftige Pfeiler, die bis zu 6 Meter Umfang haben. Verziert sind sie mit verschiedenen Mustern, darunter den Karos und Zickzackformen, die typisch sind für den normannischen Stil. Die Kathedrale von Durham sei das perfekte Denkmal für die normannische Architektur in England, fand die UNESCO und setzte die Kirche mit dieser Begründung 1986 auf ihre Liste des Weltkulturerbes.

Ihren Namen verdankt die Epoche der **ROMANIK** den Rückbezügen auf die römische Antike, wie etwa den Rundbogen – seine Konstruktion war bereits in der römischen Baukunst bekannt. Die wichtigsten Bauaufgaben der Romanik waren Kirchen und Klöster: Dabei wurde auf den Bautyp der Basilika zurückgegriffen – mit einem Mittelschiff, zwei Seitenschiffen und einem halbrunden Abschluss. Die Portale und Fassaden der Kirchen wurden mit reicher Bauplastik verziert: große Wand- und Mauerflächen, nur von wenigen kleinen Fenstern durchbrochen, boten dafür viel Platz. Eine wichtige Neuerung der Romanik stellt die Deckenkonstruktion dar: Die Kirchenschiffe wurden nach und nach eingewölbt. Der Begriff Romanik setzte sich im 19. Jahrhundert als Epochenbezeichnung für die Kunst des 11. bis zur Mitte des 13. Jahrhunderts durch.

Die Kathedrale von Durham ist ein frühes Beispiel für die Gewölbekunst der Romanik. Die eingewölbten Decken geben ihre Lasten auf die Pfeiler und Säulen der Wände ab. Der Raum zwischen ihnen wurde weitgehend aufgelöst und ebenfalls reich geschmückt.

KATHEDRALE VON DURHAM, AB 1093

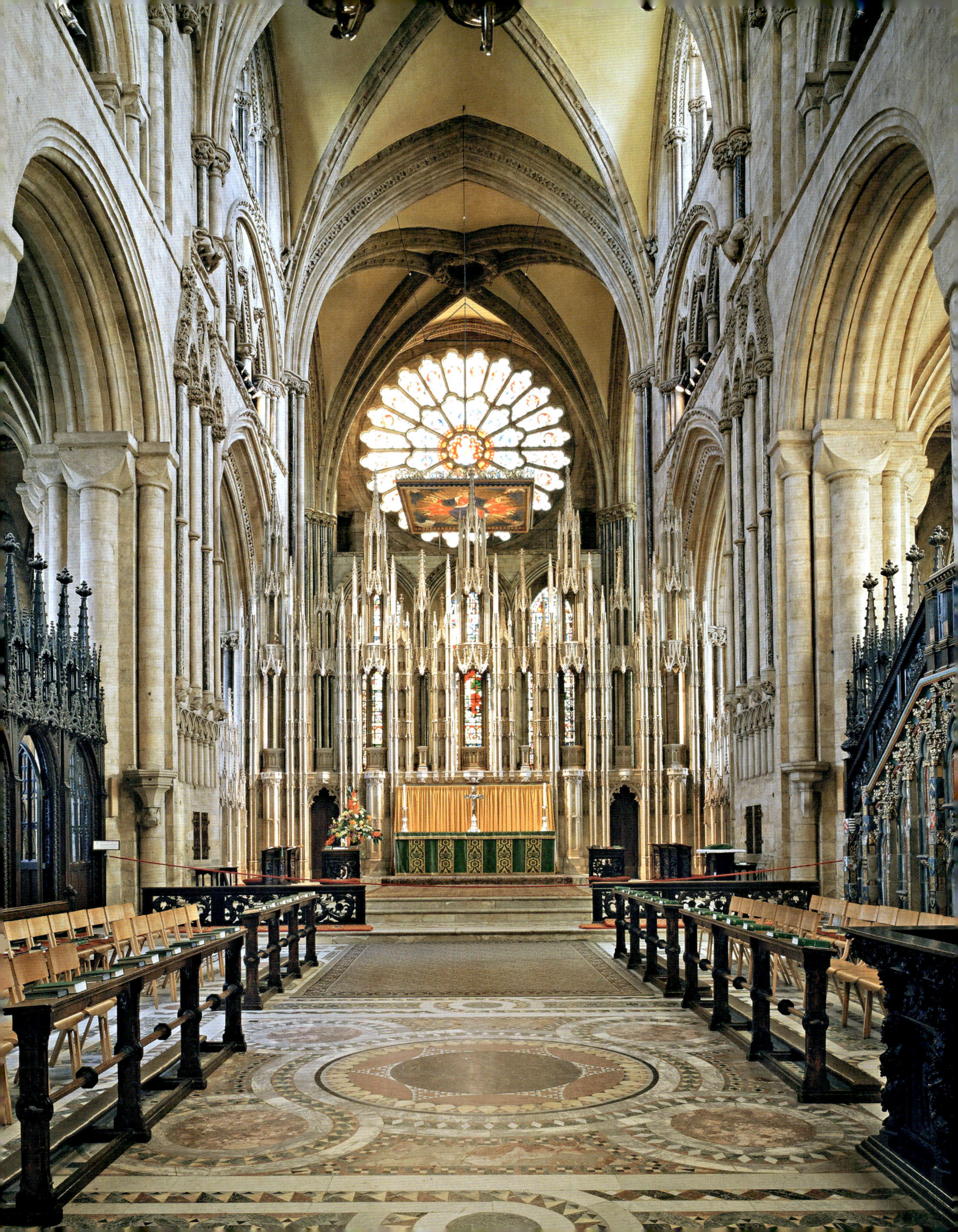

SAINT-ÉTIENNE, CAEN, GEWEIHT 1081

19
SAINT-ÉTIENNE, CAEN

Wilhelm (1027–1087), Herzog der Normandie und späterer Eroberer und König von England, plante 1049 seine Hochzeit mit Mathilde von Flandern (um 1030/31–1083). Papst Leo IX. verbot die Ehe jedoch wegen der angeblich zu nahen Verwandtschaft der beiden. Sie heirateten 1051 trotzdem und fielen unter den Kirchenbann. Erst 1059 wurde die Ehe von Papst Nikolaus II. genehmigt. Zur Buße für ihr Vergehen stifteten sie in Caen das Männerkloster Saint-Étienne und das Frauenkloster Sainte-Trinité.

Wie meist bei königlichen Stiftungen war auch hier der Anspruch sehr hoch und wurde intern wahrscheinlich noch einmal verstärkt durch die Konkurrenz der beiden Bauhütten. Und dieser Anspruch wurde, vor allem was Saint-Étienne angeht, mehr als erfüllt: Die Kirche, geweiht 1081, wurde zum »Haupt- und Staatsbau« und zur Vollendung der romanischen Architektur in der Normandie.

Über dem Grundriss einer dreischiffigen Basilika mit vorspringendem Querhaus erhebt sich ein dreigliedriger Wandaufbau mit Arkaden, Emporen und einem doppelschaligen Obergaden. Dieser Aufbau mit den Emporen über den Seitenschiffen verleiht dem anspruchsvollen Bau im Vergleich mit einfacheren romanischen Kirchen einen neuen Raumcharakter. Das Mittelschiff wirkt weniger dominierend und die Arkadenpfeiler mit ihren halbrunden Wandvorlagen werden dadurch betont. Das führte zu einer zunehmenden ›Auflösung der Wand‹ zugunsten der Betonung der Skelettbauweise, die im Dom von Speyer (siehe Seite 50) mit dem dortigen System von Stütze und Füllung begonnen hatte. Mit Speyer im Osten und Saint-Étienne im Westen nimmt diese Entwicklung der ›Auflösung der Wand‹, die ihre höchste Steigerung in der Hochgotik erreicht, ihren richtungsweisenden Anfang. Um 1120 wurde dann die ursprünglich flache Decke durch das erste Kreuzrippengewölbe Frankreichs ersetzt.

Auch der Außenbau mit seiner imposanten Doppelturmfassade im Westen wurde zum Prototyp der klassischen Zweiturmfassade und löste das frühromanische Westwerk ab. Die Stirn des Mittelschiffs und die Türme stehen in einer gemeinsamen Flucht und die drei Kirchenschiffe finden ihre äußere Entsprechung in den drei Portalen. Die geschossweise Gliederung stimmt horizontal überein und die vorgelegten Strebepfeiler zur Aufnahme der Turmlasten gliedern die Fassade in der Vertikalen. Über dem Fassadenblock erheben sich die beiden Türme, die ihrerseits auch vertikal stark gegliedert sind. Dabei nimmt die Wanddurchbrechung durch Fenster nach oben hin zu. Die spitzen Turmhelme stammen aus dem 13. Jahrhundert, als auch der ursprüngliche Staffelchor durch einen gotischen Umgangschor ersetzt wurde.

Durch diese Kombination von Turm- und Längsbau wurde mit Saint-Étienne die für Basiliken adäquate Fassadenform gefunden. Auch sie setzte sich schnell durch und erlebte ihre Vollendung in den aufwendigen Westfassaden der gotischen Kathedralen. Wie schon beim Dom von Speyer wurde man auch bei Saint-Étienne in Caen dem Anspruch einer Herrscherkirche wohl mehr als gerecht. Wilhelm der Eroberer, wie er nach 1066 genannt wurde, fand schließlich hier seine Grabstelle.

WILHELM DER EROBERER wurde um 1027 in Falaise (Calvados) als illegitimer Sohn Robert I. geboren. 1035 wurde er zum Herzog der Normandie. Er landete 1066 mit seinem Heer in Sussex und besiegte den angelsächsischen König Harold II. Godwinson am 14. Oktober in der Schlacht bei Hastings. An Weihnachten 1066 ließ er sich zum König von England krönen. Im berühmten, 70 Meter langen *Teppich von Bayeux* ließ er die Eroberung beeindruckend darstellen.

»WENN DIE RABEN DEN TOWER VERLASSEN,
WIRD BRITANNIEN UNTERGEHEN.«

Alte Volksweisheit

WHITE TOWER, LONDON, BEGONNEN 1078

20
WHITE TOWER, LONDON

Nach der Eroberung Englands durch Wilhelm (1027–1087), den Herzog der Normandie und späteren König von England, machte sich dieser daran, ganz England zu unterwerfen, was ihm bis 1071 gelang. Da er sich trotzdem nicht allzu sicher fühlen konnte, ließ er auf einem Hügel am südöstlichen Rand des damaligen London eine Festung »gegen die Wankelmütigkeit der großen und wilden Masse« errichten, den Tower von London.

Die Vorzüge dieses Ortes lagen auf der Hand. Von hier hatte man einen freien Blick auf die Themse und konnte schnell auf die Bedrohung durch flussaufwärts segelnde Schiffe reagieren. Wilhelm holte sich aus seiner Heimat einen Spezialisten für diese Aufgabe: Gundulf, ein normannischer Mönch und der spätere Bischof von Rochester, der einige Erfahrungen im Bauen von Kirchen und Burgen in der Normandie gesammelt hatte. Er errichtete eine Burg, die den Wohn- und Wehrburgen der Normannen entsprach.

Auf einer nahezu quadratischen Grundfläche von 36 mal 32,5 Meter erheben sich über dem Erdgeschoss mit Wirtschaftsräumen und dem lebenswichtigen Brunnen zwei Hauptgeschosse. Der Eingang befindet sich im ersten Obergeschoss und war über eine Holztreppe zugänglich. Die Strebepfeiler in den Mauern verstärken den Bau und gliedern die Fassade. Bekrönt wird der 27,5 Meter hohe White Tower durch die Ecktürme und den dazwischenliegenden Zinnen. In seiner gesamten Erscheinung ist der Tower, zumal zu seiner Entstehungszeit, ein Symbol von Macht und Stärke.

Wie auch bei den normannischen Burgen des Festlandes gibt es hier eine Kapelle an der Südostecke, die wie ihre Vorbilder zweigeschossig ist. Nach zwanzig Jahren Bauzeit war der Tower fertig, wurde allerdings immer wieder erweitert und den Notwendigkeiten angepasst, wobei aber stets die Verteidigungsfähigkeit des Kernbaus im Vordergrund stand. Den Namen White Tower bekam er nach einem Anstrich im 13. Jahrhundert. Zu dieser Zeit wurde von Heinrich III. ein erster Mauerring gezogen, den sein Sohn Eduard I. vollendete und mit einem zweiten zur heutigen Ausdehnung erweiterte. Dieser zweite Mauerring hatte eine wichtige Funktion, denn nach dessen Überwindung wären die Angreifer damit in einer Falle gelandet. Auch dadurch wurde der Tower uneinnehmbar.

Bis zum Tode König Wilhelms war der ›Norman Style‹ in der englischen Baukunst bestimmend. Für die normannischen Eroberer war die Architektur nicht nur Zweck, sondern auch Symbol für ihre militärische und kulturelle Überlegenheit. Was sie leider nicht in England einführten, war die französische Küche. Unter diesem Mangel leidet das Königreich bis heute.

Der **WHITE TOWER** ist der erste bedeutende Profanbau Englands, seit die Römer die Insel verlassen haben. Er war jahrhundertelang nicht nur der königliche Palast, sondern auch Arsenal, Gefängnis, Münze, und seit Heinrich III. ein Tiergehege, das als der erste öffentliche Zoo gilt. 1853 wurde es aufgelöst und die letzten Tiere in den 1828 gegründeten Londoner Zoo überführt. Ab 1841 beherbergte der Tower auch die Kronjuwelen. Seit 700 Jahren gibt es die Ceremony of the Keys, während der das Haupttor täglich um 21:35 Uhr von den Wächtern geschlossen wird. Sie werden ›Beefeaters‹ genannt, was auf eine englische Verballhornung des französischen Begriffs ›Bouffetier‹ für Mundschenk zurückgeht, sowie auf die Tatsache, dass die Wächter als Lohn auch Rindfleisch bekamen.

»IN PISA KLETTERTEN WIR AUF DIE SPITZE DES
SELTSAMSTEN GEBÄUDES, VON DEM DIE WELT KENNTNIS HAT –
DER SCHIEFE TURM.«

Mark Twain

SANTA MARIA ASSUNTA, GEWEIHT 1118, UND **CAMPANILE,** AB 1173, **PISA**

21
SANTA MARIA ASSUNTA UND CAMPANILE, PISA

Nie wurde ein Gebäude wegen seines völlig ungeeigneten Untergrundes so berühmt wie der Schiefe Turm von Pisa. Wäre er auf normalen Untergrund errichtet worden und nicht im Pisaner Schwemmland, wäre er nur schön, aber nicht schief.

Dabei ist der Campanile nur ein Teil einer beeindruckenden sakralen Gesamtanlage, die in Gebäuden den nach mittelalterlichem Glauben symbolischen Weg vom Eintritt in die Gemeinschaft der Gläubigen bis zum Paradies vermitteln soll. Dazu gehören das Baptisterium (1152–1380), der Dom, der Campanile und der Friedhof (1278–1283). Nicht umsonst hat der italienische Dichter Gabriele D'Annunzio das Gelände »Piazza dei Miracoli« (»Platz der Wunder«) genannt.

Die erste Bauphase des Domes reichte von 1063 bis zur Weihe 1118. Dabei entstand eine dreischiffige, flach gedeckte Basilika, die von 1150 bis 1200 zur heutigen Größe erweitert wurde. So entstand die aufwendige, fünfschiffige Basilika mit einem dreischiffigen Querhaus und einem Chor. Ungewöhnlich sind dabei nicht nur die monolithischen Granitsäulen des Mittelschiffs, sondern auch die zweischiffigen Emporen, die sich über zwei Stockwerke erstrecken. Noch ungewöhnlicher für diese Zeit ist die ovale Vierungskuppel.

An der Fassade erheben sich über sieben Blendarkaden mit drei eingelassenen Bronzetüren vier Säulenreihen, die wie ein Gitter vor der eigentlichen Wand liegen. Neben dem blendend weißem Marmor sind es diese Bogengalerien, die den Bauten der »Piazza dei Miracoli« trotz der langen Bauzeit einen einheitlichen Charakter verleihen. Der Bau des Campanile zog sich ab 1173 mit mehreren Unterbrechungen insgesamt über rund zweihundert Jahre hin. Der Turm wurde mit den gleichen Blendbogenarkaden wie der Dom versehen. Als 1178 das 4. Stockwerk fast vollendet war, neigte er sich schon um 90 Zentimeter. Ursache war der Boden, der sich unter dem Gewicht verdichtete und damit absank. Man wartete einhundert Jahre, um dann mit einer leichten Korrektur weiterzubauen. Als man am 1278 das 7. Stockwerk fertigstellte, hatte der Turm sich noch einmal geneigt und man wartete wieder, bis der Boden sich gesetzt hatte, um schließlich von 1360 bis 1370 den Turm mit dem Glockenstuhl zu vollenden. Die jeweiligen korrigierenden Begradigungen sind sowohl außen zu erkennen, als auch an den Treppen innen. Im Lauf der Zeit ist der 14 500 Tonnen schwere Turm circa 3 Meter eingesunken. 1838 wurden die Turmplinthe und die Stufen der Grundmauern freigelegt (so wie er eigentlich aussehen sollte), wobei er sich noch mehr geneigt hat. 1990 hatte er eine Neigung von 3 Metern und wurde bis 2001 geschlossen, um ihn zu stabilisieren. Durch Bodenentnahmen senkte man den Campanile wiederum ab, um ihn dadurch zu begradigen. Theoretisch lässt sich diese Prozedur wiederholen, nachdem der Untergrund aber immer unsicherer bleiben wird und der Bau an sich extrem anfällig ist, ist es vielleicht nur eine Frage der Zeit, wann er von außen gestützt werden müsste – oder doch umfällt.

GIOVANNI PISANO (um 1250–nach 1314) stammt aus einer berühmten Bildhauerfamilie und war einer der größten Bildhauer seiner Zeit. Mit seiner realistischen und auch dramatischen Gestaltung schuf er neue Möglichkeiten des plastischen Gestaltens. Von ihm stammt unter anderem die Domkanzel in Pisa (1302–1311).

22
SAN MARCO, VENEDIG

Wie in vielen anderen Städten sind auch in Venedig die Reliquien des Stadtheiligen auf eher dubiosem Weg in die Stadt gelangt. Der Legende nach kam der Evangelist Markus auf einer seiner vielen Missionsfahrten Jahrhunderte zuvor auch in die Lagune von Venedig und erfuhr von einem Engel, dass seine Gebeine dereinst hier begraben sein werden.

828 war es dann soweit: Kurz nach der Gründung Venedigs entwendeten venezianische Kaufleute die Reliquien des Heiligen in Alexandria und brachten sie auf abenteuerlichem Weg (unter Schweinefleisch versteckt, damit die Muslime nicht nachsahen) nach Venedig. Hier wurde ihm sofort eine Kirche gebaut und er löste den hl. Theodor als Stadtpatron ab. Seither regierte der venezianische Löwe, Symbol des Evangelisten und nun auch Venedigs, über das östliche Mittelmeer. 976 brannte die Kirche nieder und 1063 wurde mit dem Bau des heutigen Doms begonnen. Die Gebeine des Evangelisten hatte man zwischenzeitlich verlegt und auf wundersame Weise wiedergefunden und so konnte der Kirchenneubau im Jahr 1094 geweiht werden.

Der Markusdom ist eine Kreuzkuppelkirche auf dem Grundriss eines griechischen Kreuzes, dessen klar strukturierter Baukörper anfangs frei stand. In seiner heutigen Form ist San Marco ein Spiegel einer langen und von verschiedenen Einflüssen sowie An- und Umbauten geprägten Baugeschichte. Alles an dieser Kirche weist auf die architektonische Orientierung nach Osten, die durch die wirtschaftliche Ausrichtung der Stadt gleichsam vorgegeben war. Das Vorbild war die von den Osmanen im 15. Jahrhundert zerstörte Apostelkirche Justinians in Konstantinopel. San Marco ist die einzige byzantinische Großkirche, die erhalten blieb.

Die zweistöckige Westfassade mit ihren fünf säulengeschmückten Portalen und die schmale Vorhalle (›Narthex‹) im Norden wurden im 13. Jahrhundert hinzugefügt und untermauerten den Anspruch als Staatskirche und venezianisches Nationalheiligtum. Die vielen Säulen, die die Portale schmücken, sind meist Beutestücke verschiedener Eroberungen. In der gleichen Zeit wie die Vorhalle entstanden auch die halbkugelförmigen Kuppeln nach byzantinischem Vorbild, mit denen die Kirche den Blick von der Piazza San Marco beherrscht. Auf den Mosaiken des ersten Narthexportals, der Porta Sant'Alipio, ist das Aussehen des Domes zur Mitte des 13. Jahrhundert exakt überliefert.

Durch die mit Mosaiken geschmückte Vorhalle betritt der Besucher den völlig mit Marmor und Mosaiken geschmückten Kirchenraum. Mit mehr als 8 000 Quadratmetern ist es eine der größten zusammenhängenden Mosaikflächen weltweit. Durch die komplexe Architektur mit ihren Pfeilern, Säulen, Nischen und Kuppeln, die überreiche Ausstattung mit Marmor und Mosaik und das schummerige Licht hat man tatsächlich das Gefühl, in einer überdimensionierten Schatztruhe gelandet zu sein.

Die berühmte **QUADRIGA** über dem Hauptportal war ein Beutestück aus dem Sieg über Byzanz 1204. Ursprünglich zierte sie wahrscheinlich Neros Triumphbogen in Rom. Nach der Besetzung Venedigs durch Napoleon 1797 brachte dieser sie nach Paris, musste sie nach einem Beschluss des Wiener Kongresses aber 1815 wieder an Venedig zurückgeben. Es ist die einzige erhaltene antike Quadriga und befindet sich heute im Museo San Marco – auf der Fassade steht stattdessen eine Kopie.

»ZUNÄCHST WIRKT SIE ... WIE EINE WUNDERHÖHLE, SO ETWA WIE DIE SCHATZKAMMER EINES ALT GEWORDENEN PIRATENKÖNIGS, DEM SCHON LEICHT MAGISCHE FÄHIGKEITEN ANGEWACHSEN SIND. ALLES STROTZT VOR GOLD, UND DAS LICHT IST WARM UND BRÄUNLICH.«

Herbert Rosendorfer

SAN MARCO, VENEDIG, GEWEIHT 1094

23
KATHEDRALE VON SAINT-DENIS

In der Geschichte der Architektur gibt es immer wieder Bauwerke, die es in sich haben, den Lauf der Entwicklung maßgeblich zu beeinflussen. Die Kathedrale der ehemaligen Benediktinerabtei Saint-Denis bei Paris ist ein solches Werk.

Saint-Denis war im Mittelalter das religiöse, mitunter auch politische Zentrum der französischen Krone. Hier werden hier die Reliquien des Apostels und Schutzpatrons Frankreichs, des hl. Dionysius, aufbewahrt. Es war die Grablege französischer Herrscher und unterstand als königliche Abtei unmittelbar der Krone. Der Abt des Klosters, Suger (1081–1151), war einer der einflussreichsten Männer seiner Zeit. Er war Freund und Berater Ludwigs VI. und sogar zeitweise Regent des Reiches. Auf seine Initiative hin wurde der karolingische Bau aus dem 8. Jahrhundert einer revolutionären Neuerung unterzogen. Unter Abt Suger wurde Saint-Denis zum Initialbau der Gotik. Die Gotik zeichnet sich bekanntermaßen durch drei wesentliche Elemente aus: Kreuzrippengewölbe, Spitzbogen und das System der Strebepfeiler und -bogen. Keines dieser prägenden Elemente war jedoch eine Erfindung der Gotik, all dies gab es auch schon in vorigen Bauten. Neu und revolutionär in Saint-Denis ist die Kombination dieser Elemente mit dem Ziel der Verwirklichung einer völlig neuen Bauidee. Suger bezieht sich dabei auf die Schriften zur Lichtmetaphysik des Mystikers Dionysius Aeropagita (5. Jahrhundert), für den Licht die unmittelbare Erscheinung des Göttlichen war.

Zuerst wurde von 1137 bis 1140 die Fassade erneuert. Sie orientiert sich an dem Doppelturmkonzept der normannischen Kirchen wie Saint-Étienne in Caen (siehe Seite 56), interpretiert es aber neu: Türme und Fassadenblock wirken nicht mehr getrennt, sondern bilden eine Einheit. Zum ersten Mal wird die zentrale Rosette ebenso zum Fassadenmotiv wie die Säulenfiguren am Eingangsportal. Dieser Fassadentyp wurde vorbildlich für die kommenden gotischen Kirchen und Kathedralen.

1140 wurden die Arbeiten an den Türmen unterbrochen und es wurde mit dem liturgisch und auch ästhetisch wichtigsten Teil der Kathedrale, dem Chor, begonnen. Suger plante einen doppelten Umgangschor mit Kapellenkranz, der nur durch die Gewölbepfeiler gegliedert war. Hier wurden zum ersten Mal in Mitteleuropa die für die Gotik so typischen Spitzbogen eingesetzt und es wurde der erste Chor, der mit Kreuzrippengewölben ausgestattet wurde. In erstaunlich kurzer Zeit, von Juli 1140 bis Oktober 1143 wurde dieser außergewöhnliche Chor fertiggestellt. Erhalten hat sich allerdings nur der doppelte Chorumgang mit dem Kapellenkranz, da der Chor selbst zugunsten des hochgotischen Umbaus der Kirche (1231–1281) abgerissen wurde.

Abt Suger und seinem leider unbekannten Architekten gelang hier das, was Saint-Denis für die Architekturgeschichte so bedeutend macht. Er kombinierte die einzelnen Teile des Baukörpers zu einem neuen Gesamtkonzept, bei dem das Licht sowohl theologisch wie auch als gestaltendes Prinzip eine zentrale Rolle einnimmt. Suger wollte »wunderbares und ununterbrochenes« Licht im ganzen Kirchenraum und genau für diesen Zweck war das gotische Skelettsystem ideal. Mit der dadurch möglichen ›Auflösung der Wand‹ hatte Suger Platz für Glasflächen für den diaphan durchlichteten Raum, mit dem er die ›Theologie des Lichts‹ in eine ›Architektur des Lichts‹ verwandeln konnte.

»SUCHT MAN NACH EINEM IDEALEN ANSATZPUNKT, VON DEM AUS SICH DIE GOTIK IN IHRER WESENHEIT ENTFALTET HAT, SO MUSS MAN AUF DEN CHORRAUM ALS KULTISCHES ZENTRUM VERWEISEN.

Hans Jantzen

KATHEDRALE VON SAINT-DENIS, GEWEIHT 1144

»IN DIESEM JAHRE ZUM ERSTEN MAL SAH MAN ZU CHARTRES
DIE GLÄUBIGEN SICH VOR KARREN SPANNEN, DIE MIT STEINEN,
HOLZ, GETREIDE UND WESSEN MAN SONST BEI DEN ARBEITEN AN
DER KATHEDRALE BEDURFTE, BELADEN WAREN. WIE DURCH ZAUBERMACHT
WUCHSEN DIE TÜRME IN DIE HÖHE.«

Robert von Torigni, Abt von Mont-Saint-Michel

KATHEDRALE NOTRE-DAME DE CHARTRES, GEWEIHT 1260

24
KATHEDRALE NOTRE-DAME DE CHARTRES

Man hätte die Vorgängerbauten, die schon seit dem 4. Jahrhundert an der Stelle der heutigen Kathedrale von Chartres gestanden hatten, wohl besser dem hl. Florian, dem Schutzpatron der Feuerwehr, geweiht. Unter seinem Patrozinium wären vielleicht nicht alle fünf Kirchen durch Feuer zerstört worden.

1134 brannte die ganze Stadt Chartres, von der romanischen Kathedrale wurden aber nur der Nordturm und die Vorhalle zerstört. Den Turm baute man sofort wieder auf und setzte zwischen die beiden Türme das dreiflügelige Königsportal. 1194 zerstörte ein weiterer Brand das Langhaus der romanischen Kirche fast komplett und so wurde schließlich mit dem Neubau der gotischen Kathedrale begonnen. Die Westfassade, die erhaltene romanische Krypta und das Fundament legten die Maße des Neubaus dabei von vornherein fest. Bis 1260 entstand mit dieser Kathedrale ein Schlüsselwerk der klassischen Gotik.
Im Grundriss gelingt dem Architekten die Verbindung einer dreischiffigen Basilika mit einem fünfschiffigen Langchor mit doppeltem Umgang und einem Kapellenkranz. Viele Kathedralen gehörten keinem Kloster, sondern der Stadt und wurden nicht nur zum höheren Ruhme Gottes, sondern auch als Ausdruck des Bürgerstolzes gebaut. Die Kathedrale von Chartres ist der hl. Maria geweiht und beherbergt mit dem Gewand, das die Mutter Jesu bei der Verkündigung getragen haben soll, eine bedeutende Reliquie des Christentums. Reliquien und die dadurch entstehenden Wallfahrten waren von jeher eine wichtige Einnahmequelle der Städte und Kathedralen im Mittelalter. Ein ausreichend großer Umgangschor war dabei wichtig, denn damit konnten die Pilgerströme gut geleitet werden.
Im Innenraum verzichtete der Architekt auf Emporen zugunsten eines neuen dreiteiligen Wandaufbaus, bestehend aus Arkade, Triforium (ein zum Mittelschiff offener Gang in der Hochwand) und Obergaden, der Schule machen sollte. Dadurch erreicht er eine starke Vertikalität, die durch die Zusammenfassung und Vereinfachung der Bauglieder noch einmal gesteigert wird. Dazu kommt das neu konzipierte System des offenen Strebewerks, das eine weitergehende Durchbrechung der Wand ermöglicht, wodurch die Ideen einer ›Lichtarchitektur‹ von Abt Suger noch besser verwirklicht werden konnten (siehe Seite 64).
In Chartres kann man wohl am besten den ursprünglichen Eindruck einer gotischen Kathedrale nachvollziehen, was die Architektur und vor allem die Glasfenster angeht. Denn statt wie in früheren Jahrhunderten regelmäßig abzubrennen, wurden sogar in der Zeit der Französischen Revolution der reiche Skulpturenschmuck und die Glasfenster nicht zerstört. 186 der originalen Fenster haben die Zeit überstanden, circa 3 000 Quadratmeter Glasfläche. Zwischen 1939 und 1944 wurden sie zur Sicherheit demontiert und eingelagert.
Ursprünglich sah der Plan der Kathedrale insgesamt neun Türme vor, deren Bau jedoch, wie bei vielen anderen Kathedralen, nicht mehr verwirklicht wurde. Offensichtlich konzentrierte man sich mehr auf hohe Kirchenschiffe und wachsende Strebewerke, durch die die Kathedralen auch ohne zusätzliche Türme die Städte dominierten. Dazu kamen aufwendig gestaltete Portale, die mit komplexen Bildprogrammen die Bauplastik in den Vordergrund stellten. Die Kathedrale von Chartres ist eines der Vorbilder des gotischen Stils, der sich im 13. Jahrhundert über ganz Europa verbreitete.

»DIESE ANHÄUFUNG VON BAUTEN LEUCHTET HERRLICH UNTER DEM
FEUER DER SENGENDEN SONNE, DIE VOM ZENITH STRAHLT, WÄHREND UM UNS
HERUM BUNT DURCHEINANDER ZERBROCHENE STEINE, STATUEN
UND LÖWENKÖRPER IM GRAS VERBORGEN LIEGEN.«

Louis Delaporte

ANGKOR WAT, KAMBODSCHA, 1. HÄLFTE 12. JAHRHUNDERT

25
ANGKOR WAT, KAMBODSCHA

Der berühmteste Sakralbau Kambodschas hielt sich lange im dichten Urwald versteckt. Erst im 19. Jahrhundert machte der französische Forscher Henri Mouhot die Tempelanlage von Angkor Wat in Europa bekannt. Und entfachte damit eine Woge der Begeisterung für die Kultur der Khmer, die den gigantischen Tempel im Zentrum ihres Reichs bauten.

In ihrer Blütezeit herrschten die Khmer über das heutige Kambodscha, Teile Vietnams und Thailands. Sie etablierten den Reisanbau als wirtschaftliche Basis und perfektionierten ihn durch ein ausgeklügeltes Bewässerungssystem aus Flüssen, Kanälen und Stauseen. Mit dem Handel wuchs der Reichtum, die Khmer weiteten ihr Reich aus. Und bauten eine ganze Reihe von Tempeln. Der größte von ihnen ist Angkor Wat. Die Tempelanlage nahm in der ersten Hälfte des 12. Jahrhunderts Gestalt an. Südlich der alten Hauptstadt Angkor Thom legten die Khmer die gewaltigen Dimensionen des Bauprojektes fest, mit dem König Suryavarman II. seine Machtfülle unterstrich. Namentlich bekannt ist keiner der Baumeister, die das rechteckige Areal auf einer Gesamtfläche von fast 200 Quadratkilometern entwarfen. Und auch keiner der Arbeiter, die zu Tausenden die riesige Anlage aus Sandstein errichteten.

Den Tempel umgeben insgesamt elf Kilometer Wassergräben und -becken, die von der ausgefeilten Ingenieurskunst der Khmer zeugen. Die Hauptachse der Anlage verläuft von West nach Ost, im Westen liegt auch das Hauptportal. Der zentrale Tempelturm steht auf einer Plattform von beeindruckenden 365 mal 250 Metern und wächst in drei Stufen auf 65 Meter Höhe empor, vier weitere Türme umgeben ihn. Monumental ist auch der Skulpturenschmuck der Anlage. Das reich geschmückte Portal bildet den Eingang zu einer Welt aus steinernen Reliefs, Balustraden und Säulen, verzierten Portalen, Ecktürmen, Sockeln und Dächern. Wie die Hauptfassade sind auch die kilometerlangen Umfassungsmauern mit Steinreliefs verziert. An ihnen zogen Prozessionen entlang, deren Teilnehmer in den bewegten Szenen, die hinduistische und buddhistische Themen bebildern, lesen konnten. Die mythologischen Darstellungen von Himmel und Hölle beherrscht der Hindugott Vishnu, dem der Tempel geweiht war. Historische Kriege und Schlachten vervollständigen das umfangreiche Bildprogramm.

Die Tempelstadt war auch ein Ausdruck königlicher Macht – und die war groß, schließlich musste der König die universelle Ordnung garantieren. Diese Lesart erklärt nicht zuletzt die Dimensionen der Tempelanlage. Viele Details zur Funktion des Baus und seinem symbolischen Kontext geben allerdings bis heute Anlass zu Spekulationen. Ohne jeden Zweifel jedoch handelt es sich bei der gigantischen Tempelanlage um ein großartiges Zeugnis für die Baukunst der Khmer.

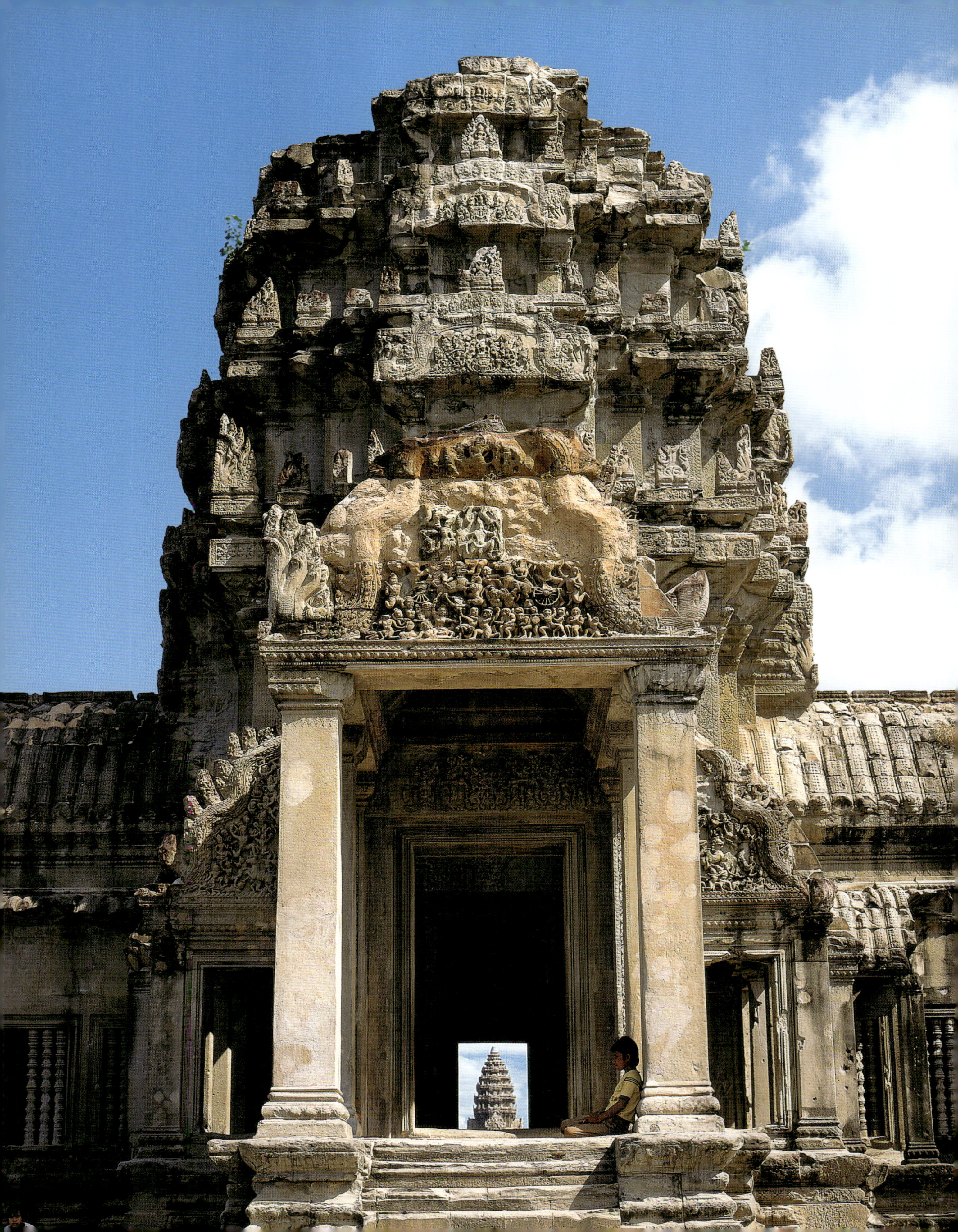

links Fünf monumentale Türme erheben sich über dem Tempelkomplex von Angkor Wat. Die riesige Anlage aus dem 12. Jahrhundert stellt den Höhepunkt der Baukunst der Khmer dar.

oben Über Hunderte von Metern erstrecken sich steinerne Reliefs. Sie zeigen Szenen aus der hinduistischen Mythologie, Prozessionen und zahlreichen ornamentalen Schmuck.

ANGKOR WAT, KAMBODSCHA, 1. HÄLFTE 12. JAHRHUNDERT

26
CASTEL DEL MONTE, ANDRIA

Ob Bauherr Friedrich II. sein Kastell auf dem Berg je betreten hat, ist bis heute nicht geklärt. Dabei lag die Burg im Süden Italiens ihm offenbar am Herzen, der Stauferkaiser soll sogar an ihrer Planung beteiligt gewesen sein.

Friedrich beauftragte auch andere Bauten, unter seiner Herrschaft entstand in Süditalien ein ganzes Netz von Burganlagen. Doch die größten Rätsel gibt der Forschung sein Castel del Monte auf. Es liegt auf einer Hügelspitze in der kargen Landschaft Apuliens, einige Kilometer von der Adriaküste entfernt. Errichtet wurde die Burg um 1240. Ihr Grundriss ist ein Achteck. Acht Ecktürme, ebenfalls auf achteckigem Grundriss, umgeben den Zentralbau. Der Eingang zur Burganlage liegt im Osten, durch einen Raum hindurch geht es in den achteckigen Innenhof. Um ihn herum sind in zwei Geschossen je acht gleich große Räume angeordnet, die von Gewölben überspannt werden. Das Gangsystem ist dabei sorgfältig ausgeklügelt: Nicht alle Räume sind direkt miteinander verbunden.

Die geglätteten Sandsteinquader des Mauerwerks verstärken den massiven Eindruck des Baus. Mit dem gelblich schimmernden Stein kontrastieren die wenigen Schmuckelemente: Das Eingangsportal etwa zeigt mit seinem Giebel und der plastischen Rahmung antike Formen – über seinen Herrschaftsanspruch ließ der Kaiser seine Gäste nicht im Zweifel. In die Mauerflächen zwischen den Türmen sind wenige und kleine Fenster eingeschnitten, im Oberschoss sind sie von Spitzbogen geschmückt, die auf schmalen Säulen ruhen. Wie auch das Portal ließ Friedrich sie aus einem besonderen Stein meißeln, dem rötlichen Marmor ›Breccia corallina‹: Weißes Gestein verschiedener Größen und Formen ist bei dieser Steinart in korallenfarbene Erde eingeschlossen und bildet ein lebendiges Muster.

Ähnlich eingeschlossen in den Tiefen der Geschichte ist wohl auch der tiefere Sinn des Bauwerks: Was der Herrscher mit seiner apulischen Burg bezweckte, ist nach wie vor ein Rätsel. Die Tatsache, dass die Zahl Acht dem ganzen Bau zugrunde liegt, verwirrt die Forscher bis heute. Sie nennen das architektonische Unikat abwechselnd die »Krone Apuliens« und ein »Ärgernis der Wissenschaft«, da es sich jeder Deutung durch eine Gegendeutung entziehe. Der oktogonale Grundriss wurde typischerweise für Taufhäuser, Grabmäler oder Mausoleen verwendet – diese Nutzungen fallen hier aber aus. Für einen Wehrbau wiederum ist die Burg zu schlecht zu verteidigen: Zwar liegt sie erhöht, aber weder ein Wassergraben noch eine Zugbrücke waren angelegt, ganz im Gegenteil – der Zugang war verhältnismäßig bequem und offen. Handelt es sich etwa um einen Stein gewordenen Himmelskalender? Schließlich interessierte sich Friedrich für die Wissenschaften und Künste, gründete eine Universität in Neapel und besprach sich mit Magiern und Philosophen – er beherrschte sogar die arabische Sprache. Ob die Idee für das Castel del Monte wirklich auf astronomische Berechnungen zurückgeht, bleibt genauso unklar wie die Anwesenheit des Bauherrn vor Ort. Das formvollendete Bauwerk ist aber omnipräsent, nicht zuletzt auf der Rückseite der italienischen 1-Cent-Münze.

CASTEL DEL MONTE, ANDRIA (APULIEN), 1240 – UM 1250

27
WESTMINSTER ABBEY, LONDON

Am Weihnachtstag 1066 ließ sich Wilhelm der Eroberer in der Abtei von Westminster zum König krönen. Erst knapp zwei Jahrhunderte später wurde die Kirche auch Grablege der englischen Herrscher – und parallel dazu ein architektonisches Meisterwerk: Heinrich III. entschied, die Kirche im gotischen Stil neu zu bauen. Und setzte sich damit auch gleich selbst ein prachtvolles Denkmal.

1245 begannen die Arbeiten am Neubau der Londoner Abteikirche. Die baulichen Vorbilder standen auf der anderen Seite des Ärmelkanals: Den französischen Kathedralen der Gotik eiferte man nach. Als Architekten bestellte der König Henry de Reyns – möglicherweise stammte der erste Baumeister aus der nordfranzösischen Stadt Reims, zumindest aber kannte er die dortige Kathedrale gut. Die dreischiffige Abteikirche von Westminster entstand auf kreuzförmigem Grundriss. Der östliche Abschluss, der Chor, wurde als Umgang mit Kapellenkranz gestaltet, wie ihn Frankreichs Kathedralen zeigten. Steinernes Maßwerk schmückt die hohen Fensteröffnungen; die Wände und Decken, Pfeiler und Strebebogen zeigen Muster in Hülle und Fülle. Da sie so reich ist an verspielten Formen, heißt diese Phase der englischen Gotik auch ›Decorated Style‹.
Anfang des 16. Jahrhunderts setzte König Heinrich VII. dem Ornamentreichtum in der Abteikirche die Krone auf. Er erweiterte den Bau nach Osten: Im Scheitel des Chors ließ er eine prachtvolle Kapelle anlegen, deren Wände 95 Heiligenstatuen zieren. Neben den zahlreichen Skulpturen beeindruckt vor allem die Decke des Raums, über die eine kleinteilige Fächerstruktur gespannt ist. Die einzelnen Felder des palmettenförmigen Gewölbes ragen weit in den Raum hinein. »Beim Eintritt ist das Auge von der Pracht der Architektur und der künstlerischen Schönheit der Bildhauerarbeiten wie geblendet«, erinnerte sich der amerikanische Schriftsteller Washington Irving an seinen Besuch in diesem »prunkvollsten aller Grabmäler«. Denn Heinrich ließ sich schließlich auch in seiner Kapelle beerdigen. Nicht ohne genau festgelegt zu haben, wie sein ewiges Leben auf Erden gesichert werden sollte: 10 000 Messen sollten an Ort und Stelle zu seinem Seelenheil gelesen werden. Während seine Kapelle den Formenreichtum der englischen Spätgotik zeigt, fiel der Westabschluss der Kirche vergleichsweise schlicht aus. Ohnehin sollte es noch zwei weitere Jahrhunderte dauern, bis auf die eindrucksvolle Kapelle auch die Westfassade folgte. Erst im 18. Jahrhundert wurden die beiden sie flankierenden Türme vollendet.
Als Grablege war Westminster Abbey da längst etabliert: Vom Mittelalter bis ins 20. Jahrhundert fanden dort über zwei Dutzend englische Könige und Königinnen ihre letzte Ruhe. Die Royals teilen ihre letzte Ruhestätte inzwischen mit rund dreitausend illustren Persönlichkeiten wie dem Komponisten Georg Friedrich Händel, Autoren wie Charles Dickens und Rudyard Kipling oder den Naturwissenschaftlern Isaac Newton und Charles Darwin. Eines der meistbesuchten Gräber ist das des Unbekannten Soldaten, errichtet zum Gedenken an die Gefallenen des Ersten Weltkriegs.

»DER STEIN SCHEINT WIE DURCH ZAUBERKRAFT FREI ZU SCHWEBEN, UND DIE GITTERFÖRMIG VERZIERTE DECKE IST MIT DER WUNDERBAREN GENAUIGKEIT UND LUFTIGEN SICHERHEIT EINES SPINNGEWEBES AUSGEFÜHRT.«

Washington Irving

WESTMINSTER ABBEY, LONDON, AB 1245

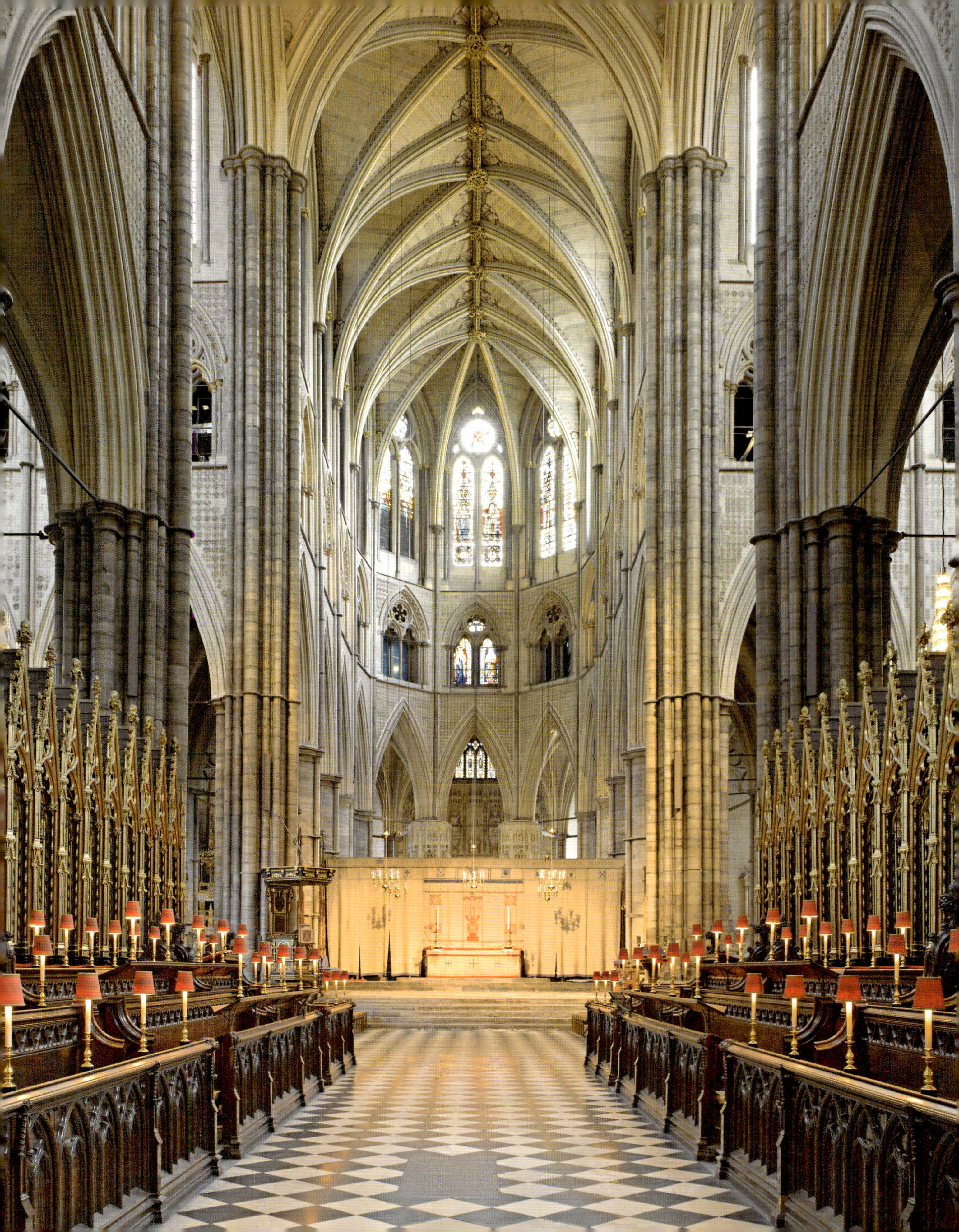

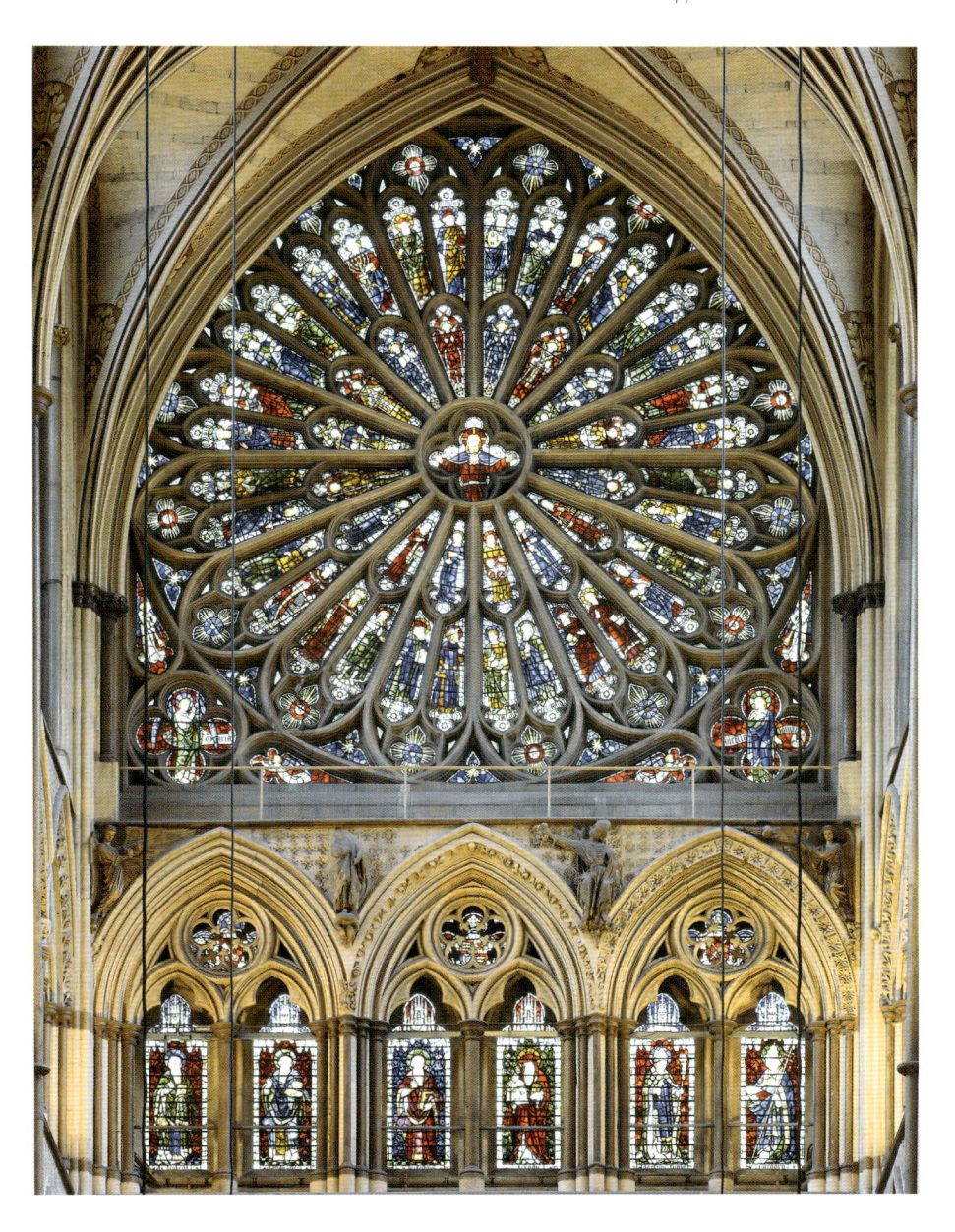

links Mit dem Neubau der Abteikirche von Westminster halten Elemente der französischen Gotik Einzug in London: Der erste Baumeister stammte vermutlich aus Reims und brachte die Architekturideen aus der Île-de-France mit. In der Raumhöhe kommt der Bau zwar nicht an die französischen Vorbilder heran – überragt mit 32 Metern aber alle englischen Kirchen.

oben Überaus reich ist auch die Gestaltung der Fenster in Westminster Abbey: Feine geometrische Ornamente schmücken die großen Flächen, dazwischen ist buntes Glas gesetzt. Auch in diesen Maßwerkfenstern zeigt sich der Einfluss der französischen Kathedralgotik.

WESTMINSTER ABBEY, LONDON, AB 1245

28
SAINTE-CHAPELLE, PARIS

Die Rolle, die Reliquien im Mittelalter spielten, ist heute kaum mehr nachvollziehbar. Ganze Pilgerströme zogen durch Europa, um die sterblichen Reste der Heiligen anzubeten. Je näher die Reliquien Maria oder Jesus selbst waren, desto heiliger, aber auch teurer waren sie. König Ludwig IX. von Frankreich (1214–1270) war ein großer ›Fan‹ von Reliquien. Man sagt, er habe schon als Kind das Kopfkissen des hl. Franz von Assisi geschenkt bekommen.

1239 kaufte Ludwig IX. die Dornenkrone Jesu von seinem Neffen Balduin II. von Courtenay, Kaiser des Lateinischen Reichs. Die Dornenkrone hat im Zusammenhang mit dem Königtum in Frankreich und Ludwig IX. eine besondere Bedeutung. Ludwig begriff sich als Menschwerdung des monarchischen wie auch des religiösen Ideals. Als Abbild Christi verstand er sich als Mittler zwischen der göttlichen und der menschlichen Welt. Mit dem Erwerb der Dornenkrone untermauerte er diesen Anspruch und stellte sich zugleich in die Nachfolge des leidenden Erlösers.

Ludwig brachte die Dornenkrone und einen Splitter vom Kreuz sowie die Lanzenspitze des Longinus nach Paris und ließ von 1243 bis 1248 die Palastkapelle Sainte-Chapelle auf der Île de la Cité errichten. Dem Stifter und dem Heiligtum angemessen, entstand einer der prächtigsten und ›reinsten‹ Bauten der gesamten Gotik. Die Unterkirche der Sainte-Chapelle, die von außen wie ein Sockel wirkt, hat ungewöhnliche Proportionen: 33 Meter lang, 10,7 Meter breit und nur 6,6 Meter hoch. Um sie nicht wie eine dunkle Krypta wirken zu lassen, schuf der Architekt ein 6 Meter breites, kreuzrippengewölbtes Mittelschiff und überspannte die schmalen Seitenschiffe, die als solche kaum wahrnehmbar sind, mit Strebebogen. Die Wände umstellte er mit Blendarkaden über die reich geschmückte Maßwerkfenster das Licht einlassen.

Die Oberkirche ist wie ein überdimensionierter Reliquienschrein. Es ist eine Saalkirche, deren Wände scheinbar nur noch aus Glas bestehen. Die Fenster sind in einem Gerüst von 12 Meter hohen, aber nur 25 Zentimeter schmalen Stäben eingelassen. Der Schub der reich verzierten Kreuzrippengewölbe wird durch die Strebepfeiler außen abgeleitet, die man von innen ebenso wenig sieht wie die Eisenanker hinter den Fensterarmaturen. Die Blendarkaden und die abgeschrägten Fensterbänke der Sockelzone täuschen eine geringere Wandstärke als die tatsächlichen 1,5 Meter vor.

All dieser architektonische Illusionismus soll den Eindruck entrückter Vergeistigung vermitteln. Es ist wie ein »Hinübergleiten von Politik in Theologie«, die hier durch die Architektur Gestalt findet. Im Chor befindet sich der Hauptaltar und ein aufwendiger Baldachin, der den Schrein mit den Reliquien beschirmte. Denn für sie wurde die Sainte-Chapelle geschaffen. Sie ist die Bühne, auf der die Reliquie bis zur Französischen Revolution regelmäßig präsentiert wurde. Um sich den ideellen Wert der Reliquie zu vergegenwärtigen, hilft es, sich auch den materiellen vor Augen zu führen. Der Bau der Sainte-Chapelle hat 40 000 Livres gekostet, die Dornenkrone Jesu kostete 135 000 Livres.

Ludwig IX. galt schon zu Lebzeiten als Idealtypus des christlichen Herrschers und wurde 1297 heiliggesprochen. Und wie die Dornenkrone wurde auch König Ludwig der Heilige selbst zur Reliquie, um genau zu sein zu mehreren Reliquien, die hier, in Saint-Denis, in Notre-Dame und vielen anderen Kirchen aufbewahrt wurden und werden.

SAINTE-CHAPELLE, PARIS, 1243–1248

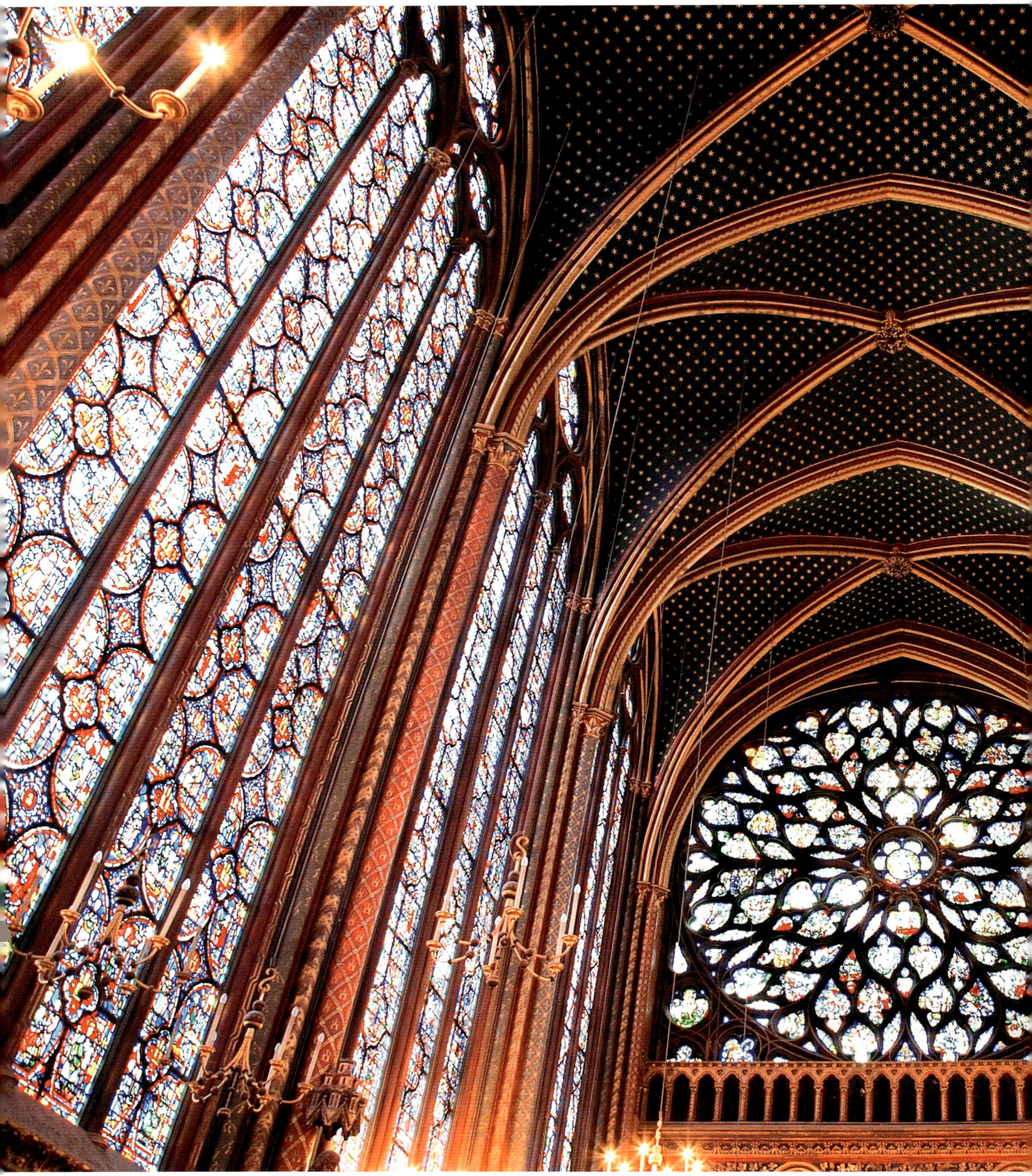

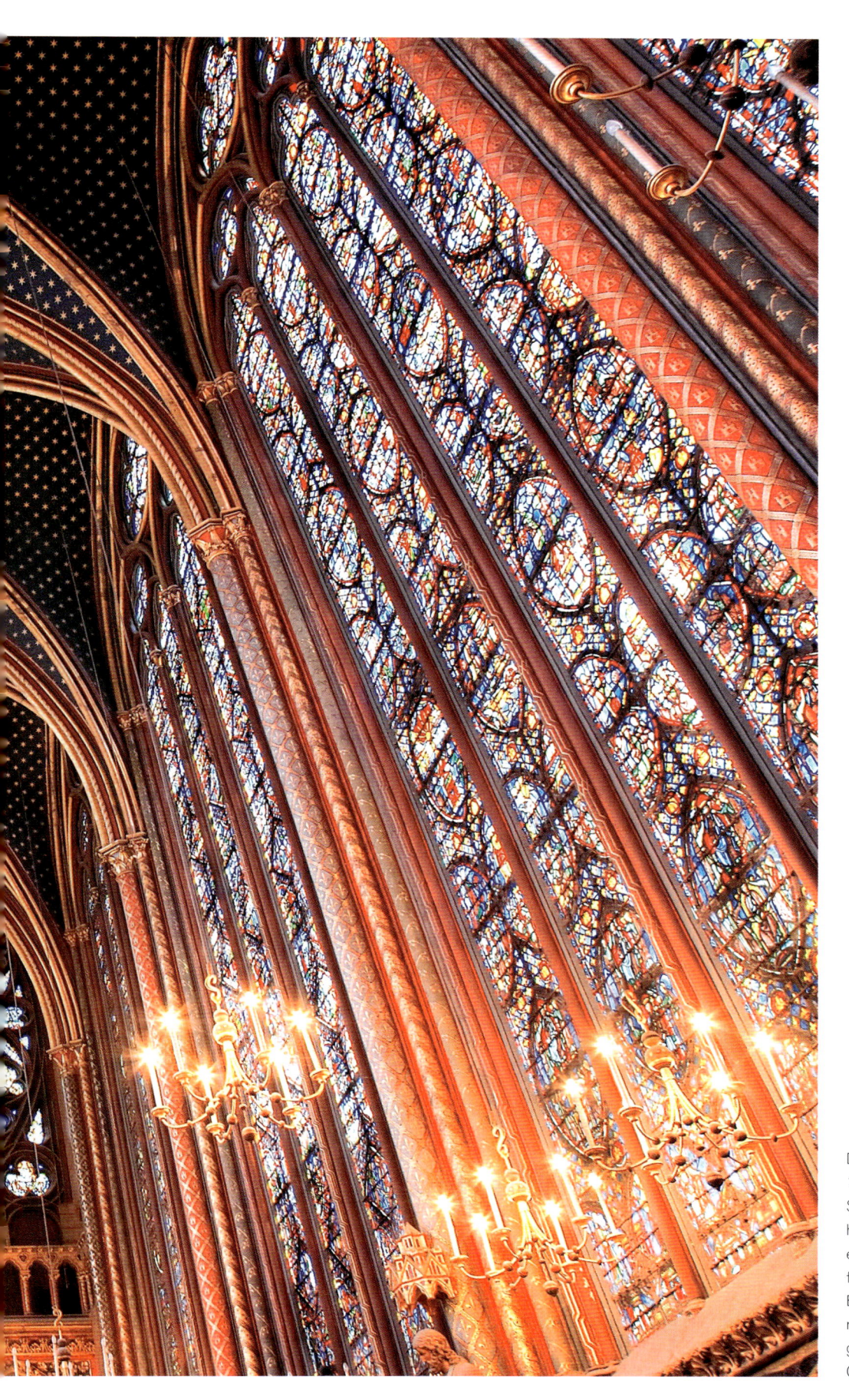

Die kunstvollen Glasmalereien der 15 großen Fenster schildern in 1113 Szenen die Geschichte der Menschheit von der Schöpfung bis zur Auferstehung Christi. 14 der Kirchenfenster illustrieren Episoden aus der Bibel und werden von links nach rechts und von unten nach oben gelesen. Ein Fenster erzählt die Geschichte der Passionsreliquien.

»JE HEISSER ES IST, DESTO REICHLICHER SPRUDELN DIE QUELLEN, DENN SIE WERDEN VOM SCHNEE GESPEIST. DIESE MISCHUNG VON WASSER, SCHNEE UND FEUER MACHT GRANADA ZU EINEM PARADIES AUF ERDEN MIT EINEM KLIMA, DAS AUF DER GANZEN WELT SEINESGLEICHEN NICHT HAT.«

Théophile Gautier

ALHAMBRA, GRANADA, AB 1238

29
ALHAMBRA, GRANADA

Auf einem Hügel oberhalb der südspanischen Stadt Granada thront die imposante Palastanlage der Alhambra – »dieser zu Stein gewordene Traum aus den Märchen von 1001 Nacht«. Die Burg hinter turmbewehrten Mauern ist ein Gesamtkunstwerk aus Architektur und Gartenbaukunst, Kalligrafie, Kunsthandwerk – und der Kunst, mit Wasser zu bauen.

Die Iberische Halbinsel war fast acht Jahrhunderte lang ein Vorposten islamischer Kultur und Zivilisation in Europa. Ein beeindruckendes Monument der arabischen Kultur im spanischen Andalusien ist die Rote Burg, so heißt die Übersetzung des arabischen Namens Alhambra – je nach Tageszeit schillern ihre wuchtigen Ziegelmauern in rötlichen Tönen. Zu ihrer heutigen Gestalt fand die Anlage, nachdem die Nasriden Granada 1238 zu ihrer Hauptstadt gemacht hatten. Die eigentliche Festung, die Alcazaba im Westen, ist dabei nur ein Teil der Burganlage. Das Herzstück bildet der königliche Palast, in dem neben den Wohn- und Repräsentationsräumen der Herrscher auch Regierung und Verwaltung Platz fanden. Bunte Kacheln mit geometrischen Mustern, arabische Inschriften, pflanzliche Ornamente aus Gips – der Sitz der nasridischen Herrscher ist über und über geschmückt. Zentrales Element der gesamten Palaststadt ist jedoch das Wasser: Durch einen umgeleiteten Kanal wurde es aus dem Fluss Darro auf den Hügel geleitet. So konnten die blühenden Gärten und weitläufigen Badeanlagen der Alhambra und des gegenüberliegenden Sommerpalastes mit Wasser versorgt werden. Plätschernde Brunnen und große Wasserbecken kennzeichnen auch die drei Königshöfe im Inneren der Alhambra. Als Inbegriff ara-bischer Architektur gilt der Löwenhof, der aus der zweiten Hälfte des 14. Jahrhunderts stammt: 124 Marmorsäulen, die einst mit Gold verziert waren, umstehen den Hof. In seiner Mitte tragen steinerne Löwen eine Brunnenschale, ihnen verdankt der Patio seinen Namen. Vom Brunnen weg laufen vier schmale Kanäle in alle Himmelsrichtungen und fließen von dort in die Hauptgemächer. Durch den gesamten Palast würde Wasser fließen, berichtete im 16. Jahrhundert der venezianische Gesandte Andrea Navagero. Er war begeistert: »Dieses Schloss ist, wenn auch nicht sehr groß, doch ein vortrefflicher Bau mit wundervollen Gärten und Wasserwerken, das schönste, was ich in Spanien gesehen habe.« Als Navagero sich in der Alhambra aufhielt, war das Emirat von Granada längst Geschichte. Die Rückeroberung des islamischen Andalusien durch die Spanier endete 1492, als der letzte Emir von Granada kapitulierte. Die glanzvolle Epoche der maurischen Architektur in Spanien war damit vorbei.
Gebaut wurde in späteren Jahrhunderten dennoch: 1526 hielt sich erstmals Kaiser Karl V. in der Alhambra auf. Er plante, Granada zum Regierungssitz zu machen und ließ einen Palast auf dem Burgberg errichten. Mit dem quadratischen Bau um einen runden Innenhof hielt dann auch die italienische Renaissance Einzug in die Gruppe der Alhambra-Bauten.

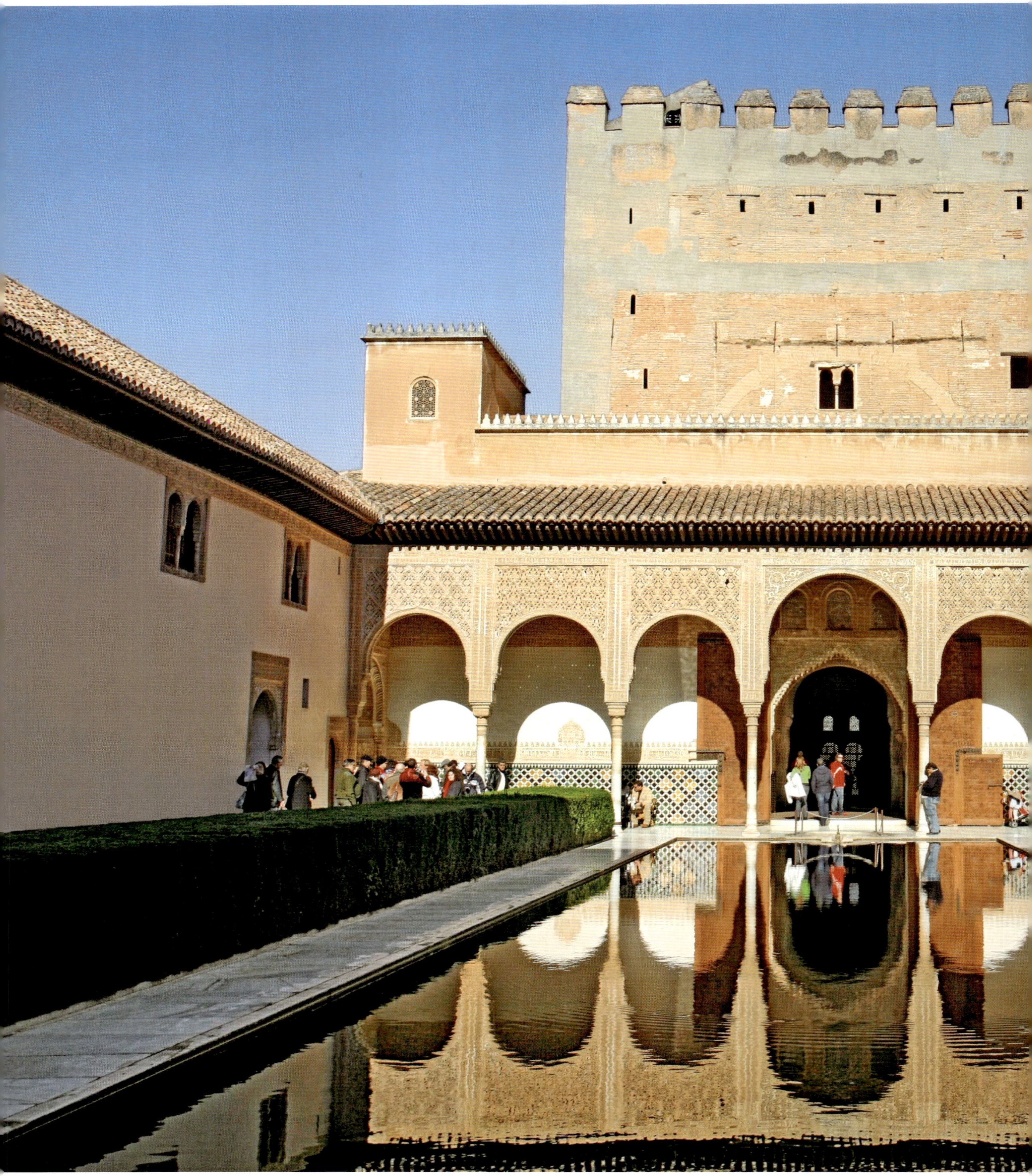

Das Zentrum des Myrtenhofs bildet ein langes Becken, in dessen ruhigem Wasser sich die Architektur spiegelt. An den kurzen Seiten fasst ein Säulengang mit Halbkreisbögen den Patio ein. Die grünen Myrtenbüsche entlang der Längsseiten kontrastieren mit dem Weiß des Marmorbodens.

30
DOGENPALAST, VENEDIG

Venedig war seit dem späten Mittelalter eine bedeutende See- und Handelsmacht und mit über 100 000 Einwohnern eine echte Metropole. Reich war der Stadtstaat noch dazu: Venedig beherrschte das östliche Mittelmeer und behauptete sich als Tor zum Orient. Als 1340 der Grundstein für einen neuen Regierungssitz gelegt wurde, war klar, dass er diese Machtfülle spiegeln sollte.

Direkt am Canal Grande entstand in den nächsten rund zweihundert Jahren eine prachtvolle Palastanlage, die sich schließlich mit drei Gebäudeflügeln um einen Innenhof gruppierte. Durch den engen Austausch mit Byzanz hat die Gotik in Venedig einen eigenen Weg eingeschlagen, der auch am Dogenpalast zu erkennen ist. Das Obergeschoss der Fassade zur Lagune etwa schmückt ein Rautendekor aus rotem und weißem Marmor, eine Zinnenkrone ist dem Bauwerk aufgesetzt, das mittlere Geschoss öffnet sich in Kielbogen nach außen. Im neuen Dogenpalast fanden Regierung, Justiz und Verwaltung Platz, außerdem lagen dort die Wohnräume des amtierenden Dogen. Jeden Sonntagnachmittag versammelte sich der Große Rat der Stadt im Palast und entschied über Wohl und Wehe der Handelsmetropole, wählte die Beamten, den Senat und den Rat der Zehn. Ein großer Saal für die Versammlungen der inzwischen 1 600 Räte dieses Maggior Consiglio war entsprechend eine der dringlichsten Aufgaben dieses gewaltigen Bauvorhabens. Wie der gesamte Dogenpalast, wurde auch in der Sala del Maggior Consiglio an der repräsentativen Aussage gefeilt: Das ausgeklügelte Bildprogramm des Saals ließ keinen Zweifel an Venedigs Größe. Im ganzen Palast unterstreichen Skulpturen, Reliefs und Gemälde den Rang der Seerepublik. Die Treppe im Palasthof etwa, die Scala dei Giganti, flankieren zwei monumentale Statuen von Mars und Neptun. In Stein gemeißelt symbolisieren die beiden Götter Venedigs Stärke zu Wasser und zu Lande.
Den Haupteingang zum Dogenpalast bildet die 1442 fertiggestellte Porta della Carta. Über dem Durchgang, der zwischen Dogenpalast und dem benachbarten Markusdom liegt, thront ein steinerner Markuslöwe, vor ihm kniet der Doge Francesco Foscari, der das Portal in Auftrag gab. Über den beiden prunkt ein mit Maßwerk verziertes Fenster, Skulpturen und Säulen zieren das Ensemble. Die steinerne Dekoration stammt von Bartolomeo Bon. Den Namen ›Papiertür‹ hat der Baumeister und Bildhauer sich allerdings nicht ausgedacht: Vielmehr brachten in früheren Zeiten die Bittsteller ihre Petitionen zur Porta della Carta. Da sie den Palast nicht betreten durften, überreichten sie ihre Papiere gleich am Hauptportal. Ein anderer Bauteil ist ähnlich einleuchtend benannt: Die Seufzerbrücke bildet an der Ostseite des Palastes die Verbindung zum Nachbargebäude. Und da dies nun einmal das im 16. Jahrhundert errichtete Gefängnis ist, waren Seufzer vorprogrammiert. Für die sorgten im Übrigen auch die berüchtigten Räumlichkeiten direkt unter dem bleigedeckten Dach des Palastes: Den – angeblich ausbruchsicheren – Gefängniszellen, auch als Bleikammern bekannt, entkam ein berühmter Sohn der Stadt: Giacomo Casanova gelang 1756 unter spektakulären Umständen die Flucht.

»DIE ARCHITEKTUR BASIERT AUF EWIG GÜLTIGEN REGELN VON GLEICHGEWICHT, PROPORTION UND HARMONIE ... DAFÜR IST DER PALAZZO DUCALE IN VENEDIG MIT SEINEN KUNSTVOLL VERZIERTEN BÖGEN, DURCH DIE DER ARCHITEKT EINEN STARKEN KONTRAST ZU DEN SCHWEREN WÄNDEN DER OBEREN STOCKWERKE HERGESTELLT HAT, EIN ABSOLUT GELUNGENES BEISPIEL.«

Oscar Niemeyer

DOGENPALAST, VENEDIG, 1340–1559

31
MACHU PICCHU, PERU

Im Jahr 1911 bahnte sich eine Expeditionstruppe den Weg durch das wilde Urubambatal in Peru. Drei Tagesmärsche entfernt von der alten Inka-Hauptstadt Cusco entdeckte die Gruppe um den amerikanischen Archäologen Hiram Bingham eine ganze Ruinenstadt, überwuchert vom dichten Urwald. Bingham taufte den Ort hoch oben in den Anden »Machu Picchu« – alter Berggipfel.

Um die Mitte des 15. Jahrhunderts legten die Inka auf dem Felsplateau in gut 2 300 Metern Höhe die große Siedlung an. Weshalb sie den schwer zugänglichen Bergsattel auswählten, ist bis heute ungeklärt. Nur wenige Daten rund um Machu Picchu sind bekannt, die Geschichte der Stadt ist legendenumwoben. Eine von ihnen besagt, dass der Herrscher Pachacútec sich dort mitsamt Hofstaat niederließ und den Kult um den Sonnengott Inti einführte. Doch ob in Machu Picchu jemals ein Inka-Herrscher gelebt hat, wird wohl offen bleiben. Dass die Inka Sonne und Mond in das Zentrum ihrer Kulthandlungen stellten, ist jedoch gesichert. Religiöses Zentrum von Machu Picchu war der ›Intihuatana‹ – der Ort, an dem man die Sonne fesselt, so die Übersetzung. Im Sonnentempel stand ein quaderförmiger Felsblock, den Astronomen und Priester der Inka als Sonnenstein nutzten. Mit seiner Hilfe konnten sie den Sonnenlauf bestimmen und so den Frühjahrs- und Herbstanfang berechnen, die für den Ackerbau wichtig waren. Die Stadt aus Stein war bis ins Detail geplant – und dabei streng hierarchisch geordnet. Über Treppen waren die unterschiedlichen Bereiche miteinander verbunden: Im Süden der Anlage befand sich die Tempelstadt, ihr gegenüber das Königsviertel mit dem großen Palast des Herrschers. Handwerker und Bauern wohnten in einem Teil der Stadt, in einem weiteren die Gelehrten. Über zweihundert steinerne Bauten haben sich in Machu Picchu erhalten, manche von ihnen sogar bis zur Höhe der Giebel. Sämtliche Steine für die Häuser und Tempel stammten aus den Steinbrüchen im Stadtgebiet. Die Felssteine wurden millimetergenau behauen und konnten so ohne Mörtel fugenlos gemauert werden. Nicht nur die Baukunst der Inka beeindruckt, auch ihre Bewässerungstechnik war ausgeklügelt und sicherte eine funktionierende Landwirtschaft in nächster Nähe zur Stadt: Das Land ringsum wurde terrassiert und mit Erde aus dem Urubambatal gefüllt. Das Bewässerungssystem, mit dem die Inka Wasser aus den Bergen auf diese Terrassen und bis in die Stadt leiteten, funktioniert bis heute.

In ihrer riesigen Steinstadt scheinen die Inka nur wenige Jahrzehnte gelebt zu haben. Möglicherweise war die Anlage sogar noch im Bau, als die spanischen Eroberer die Gegend knapp einhundert Jahre später in Besitz nahmen. Doch niemand weiß, weshalb die Inka ihre Siedlung um die Mitte des 16. Jahrhunderts für immer verließen. Das zwischen Bergen versteckte Machu Picchu blieb unentdeckt, der Urwald breitete sich aus und die Inka-Stadt fiel in einen jahrhundertelangen Schlaf.

MACHU PICCHU, PERU, MITTE 15. JAHRHUNDERT

VERBOTENE STADT, PEKING, 1406–1420

32
VERBOTENE STADT, PEKING

Anfang des 15. Jahrhunderts entstand in der chinesischen Hauptstadt Peking ein Palastkomplex der Superlative. Fast fünfhundert Jahre lang war die Verbotene Stadt das politische und religiöse Zentrum des Kaiserreichs. Das Ensemble aus Hunderten von Palästen und Häusern, Gärten und Verwaltungsgebäuden ist inzwischen zwar kein Regierungssitz mehr, behauptet sich aber als Besuchermagnet.

Vier Tore in allen Himmelsrichtungen führen in die Verbotene Stadt. Allerdings durften nur wenige sie durchschreiten: Die einfache Bevölkerung hatte keinen Zugang – daher hat die Anlage auch ihren Namen. Kaiser Yongle legte ab 1406 den Grundriss der Verbotenen Stadt fest. Nach jahrelangen Vorarbeiten war die eigentliche Bauzeit kurz, schon 1420 war die Stadt in der Stadt fertiggestellt. Die chinesischen Kaiser betrachteten sich als ›Söhne des Himmels‹, demnach war ihre Residenz nicht nur das Zentrum ihres Reiches, sondern ihrer göttlichen Abstammung entsprechend der Nabel der Welt. Hunderttausende Arbeiter schufen innerhalb weniger Jahre Hunderte von Palästen und Pavillons, Höfen und Gärten. Insgesamt 8 886 Räume liegen hinter den 10 Meter hohen Mauern, die die Anlage umgeben. 20 Millionen Tonziegel pflastern die Höfe. Die über sieben Kilometer lange Hauptachse durchzieht die Kaiserstadt von Süden nach Norden, das Mittagstor im Süden ist der Hauptzugang. Daran schließt sich der Regierungsbezirk an, den nur Minister, Beamte und Militärs betreten durften. Der Goldwasserfluss schlängelt sich durch diesen Palastbezirk, fünf Brücken überqueren ihn, die für die fünf Tugenden des Konfuzianismus stehen: Menschlichkeit, Aufrichtigkeit, Gemessenheit, Weisheit und Zuverlässigkeit. Die rund achthundert Palastbauten bestehen vor allem aus Holz, das aus den tropischen Wäldern nach Peking transportiert wurde. Ihre Fundamente bestehen aus weißem Marmor, die geschwungenen Dächer sind verziert mit mythologischen Symbolen. Im Zentrum der Palastanlage steht auf einer dreistufigen Terrasse die Halle der Höchsten Harmonie. Große Löwenfiguren bewachen die riesige Halle, deren Ausmaße die übrigen Bauten in der Verbotenen Stadt in den Schatten stellen – ihre Grundfläche beträgt fast 2 500 Quadratmeter. In ihrem Inneren steht der goldene Drachenthron des Herrschers, die Halle war der Mittelpunkt der kaiserlichen Machtdemonstration.

Über die Jahrhunderte lebten 24 Kaiser in der Verbotenen Stadt. Ihre Wohngemächer lagen im Norden der Anlage. Um sie herum zelebrierte der riesige Hofstaat aus Tausenden Adeligen ein strenges Zeremoniell. So war etwa festgehalten, wer welchen Weg benutzen durfte oder dass Minister und Eunuchen sich dem Kaiser und seiner Gattin auf Knien nähern mussten. 1908 wurde der nur 2-jährige Puyi in der Halle der Höchsten Harmonie inthronisiert – er sollte der letzte Kaiser von China sein. 1912 dankte er ab, wohnte aber für weitere zwölf Jahre in der Verbotenen Stadt, wenn auch unter Hausarrest. Heute ist die gigantische Anlage im Herzen von Peking ein Museum, zu dem täglich Tausende pilgern.

»OFT BESITZT, WER UNANSEHNLICH GESTALTET IST, SO VIEL KÜHNHEIT UND EIN SO OFFENES GEMÜT, DASS WENN EDLER SINN SICH HIERMIT VERBINDET, VON SOLCHEN MENSCHEN NUR WUNDERBARES ZU ERWARTEN STEHT, INDEM SIE SICH ANSTRENGEN, DEN HÄSSLICHEN KÖRPER DURCH DAS VERMÖGEN DES VERSTANDES ZU VERSCHÖNEN. DIES ERKENNT MAN SEHR AUGENSCHEINLICH BEI FILIPPO DI SER BRUNELLESCHI, DER EIN NICHT MINDER UNSCHEINBARES ÄUSSERES HATTE ...«

Giorgio Vasari

FILIPPO BRUNELLESCHI, **OSPEDALE DEGLI INNOCENTI,** FLORENZ, AB 1419

33
FILIPPO BRUNELLESCHI
OSPEDALE DEGLI INNOCENTI, FLORENZ

Die Piazza della Santissima Annunziata in Florenz ist umrahmt von drei Loggien, die die Gestalt und die Funktion der Bauten dahinter nicht erkennen lassen. Der Platz wirkt wie ein Theater, eine Arena, bei der die Treppen der Loggien die Zuschauertribünen wären. An der Schmalseite im Norden befindet sich die Kirche Santissima Annunziata, im Westen die Bruderschaft Santa Maria dei Servi und im Osten das Ospedale degli Innocenti, das Findelhaus, das Filippo Brunelleschi von 1419 bis 1427 baute und das 1445 das erste Findelkind aufnahm.

Auftraggeber war die wohlhabende Seidenweberzunft, der auch Brunelleschi angehörte. Berühmt ist heute fast ausschließlich die Loggia Brunelleschis, die sich zum Platz hin öffnet. Dahinter verbirgt sich jedoch ein um einen quadratischen Innenhof gruppierter Gebäudekomplex, bestehend aus einer Kirche, einem Hospizgebäude und anderen Bauten, mitsamt einer Art Babyklappe, die bis 1875 verwendet wurde. Wichtig für die Entwicklung der Architektur ist allerdings tatsächlich die Loggia, denn mit ihr bricht Brunelleschi mit allen gotischen Traditionen und formt programmatisch den Beginn einer neuen Epoche in der Architektur. Die auf den ersten Blick vielleicht etwas unscheinbare Loggia ist quasi ein Gründungsbau der Renaissance.

Mit den neun Arkaden auf korinthischen Säulen und den flankierenden Travéen mit ihren kannelierten, korinthischen Pilastern, beginnt in der Architektur ein neues Zeitalter. Die horizontale Ausrichtung mit der ruhigen, rhythmischen Abfolge der rundbogigen Arkaden löst die vertikale Orientierung der Gotik ab. Im Gegensatz zu den steilen gotischen Pfeilern ist hier die menschliche Proportion das Maß der Säulen und die Kreuzgratgewölbe werden von gleichmäßig gerundeten Pendentifkuppeln abgelöst. Die Tondi mit Darstellungen von Wickelkindern von Andrea della Robbia (1487) dienen als auflockerndes Element zwischen den Bogen und dem Architrav.

Brunelleschi hatte selbstverständlich seine ›Inspirationsquellen‹. Zum einen die antiken Bauten Roms, die er lange Zeit intensiv vermessen und analysiert hattee und zum anderen die Bauten der Protorenaissance in Florenz, wie San Miniato al Monte (siehe Seite 48) oder das Baptisterium. Aus diesen Einflüssen entwickelte der Praktiker Brunelleschi eine neue Formensprache, die in ihren Einzelheiten für alle Bauaufgaben verbindlich sein sollte und die Leon Battista Alberti schließlich in seinem um 1452 entstandenen Traktat *Über das Bauwesen* in die erste neuzeitliche Architekturtheorie fließen ließ.

Zwar ist Brunelleschis Loggia die bedeutendste auf diesem Platz, aber zur Gesamtgestaltung der symmetrischen Platzanlage, wie sie Brunelleschi geplant hatte, gehören die anderen Loggien, die die unmittelbaren Nachfolger sind, dazu. Die Loggia im Westen schuf Antonio da Sangallo d. Ä. 1516 bis 1525 und die Kirche entstand Ende des 16. Jahrhunderts.

FILIPPO BRUNELLESCHI gilt nicht nur als Vater der Renaissancearchitektur, sondern auch als Erfinder der zentralperspektivischen Malerei. Mit seinem berühmten, aber leider verschollenen Bild des Baptisteriums gelang es ihm, sehr wahrscheinlich mithilfe einer Spiegelprojektion, die Regeln der zentralperspektivischen Darstellung aufzustellen. Dabei schuf er ein getreues Abbild des Baptisteriums, das sowohl im Maßstab als auch in der Perspektive perfekt war. Das erste erhaltene Bild, das nach den Regeln der Zentralperspektive gemalt wurde, ist die Dreifaltigkeit in Santa Maria Novella, die Brunelleschis Freund Masaccio um 1425 malte.

34
DOM SANTA MARIA DEL FIORE, FLORENZ

Der Grundstein für den Neubau des Florentiner Doms Santa Maria del Fiore wurde 1294 gelegt. Doch in den nächsten einhundert Jahren nahm das Prestigeprojekt nur langsam Gestalt an: Zunächst konkurrierten zahlreiche große Bauvorhaben in der reichen Stadt um Aufmerksamkeit, um die Mitte des 14. Jahrhunderts bremste dann eine verheerende Pestepidemie alle Pläne aus.

Nachdem der ›Schwarze Tod‹, der Florenz um ein Drittel seiner Einwohner gebracht hatte, vorübergezogen war, wurden die Dombaupläne wieder in Angriff genommen. Die einflussreiche Zunft der Wollhändler, die ›Arte della Lana‹, hatte die Bauaufgabe übernommen und sich mit der bekrönenden Kuppel einiges vorgenommen: Das antike Pantheon in Rom, bis dahin Maßstab im Kuppelbau, wollte man übertreffen. Eine Kuppel mit einer Scheitelhöhe von über 80 Metern zu bauen, bedeutete Neuland. Den geeigneten Baumeister ermittelte die Zunft 1418 in einem Wettbewerb. Mit Filippo Brunelleschi gewann ihn ein Autodidakt auf dem Feld der Architektur, doch der gelernte Goldschmied hatte sich auch als Baumeister bereits einen Namen gemacht. Mit der Domkuppel vollbrachte der Florentiner sein architektonisches Meisterwerk – die bis heute größte je aus Stein gemauerte Kuppel. Brunelleschi führte den Bau ohne jegliches Standgerüst aus, seine Kuppel aus Sand- und Tuffstein sowie Millionen von Ziegeln konnte sich in jeder Phase des Bauprozesses selbst tragen – und das bei dem unglaublichen Gewicht von 29 000 Tonnen.

Wie es Brunelleschi gelang, sein Modell in die gebaute Wirklichkeit zu übertragen, war den Zeitgenossen ein Rätsel. Inzwischen ist die Bautechnik dahinter erforscht: Brunelleschi konstruierte die Kuppel aus zwei Schalen, von denen nur die innere trägt, während die äußere den Bau gegen Witterungseinflüsse schützt. Mauerstege verbinden die Schalen miteinander und versteifen sie. Auf diese Weise konnte Brunelleschi das Gewicht der Kuppel reduzieren. Dennoch mussten täglich mehrere Tonnen Baumaterial in die luftigen Höhen befördert werden, in denen es benötigt wurde. Dazu erfand Brunelleschi Lastenaufzüge mit Ochsenantrieb, die einen Vorwärts- und Rückwärtsgang hatten. Rund einhundert Arbeiter errichteten die Kuppel in rekordverdächtigem Tempo: 1420 begonnen, wurde sie schon sechzehn Jahre später eingeweiht. Für die bekrönende Laterne schrieben die Bauherren einen zweiten Wettbewerb aus. Und auch hier entschieden sie sich für Brunelleschis Modell. Sein Entwurf wurde umgesetzt, doch erst 1461, fünfzehn Jahre nach seinem Tod, vollendet. Der Florentiner Baumeister wurde derweil mit einer Grabstelle mitten im Dom geehrt: »Hier liegt der Körper eines Mannes von großem Erfindungsgeist, Filippo Brunelleschi aus Florenz.«

Der italienische Kunstgeschichtsschreiber **GIORGIO VASARI** sprach als erster von der »Wiedergeburt«, dem »Rinascimento«, der Künste. Nach dem aus seiner Sicht düsteren Mittelalter lebte die Malerei in der Frühen Neuzeit wieder auf. Ihren Ausgang nahm die Renaissance in der reichen Handelsstadt Florenz im 15. Jahrhundert. Inzwischen wird der Begriff Renaissance auch auf die Bildhauerei, Architektur, Philosophie und Literatur angewendet: Kennzeichnend für die Kultur dieser Epoche sind unter anderem Rückgriffe auf Werke des Altertums, die Auseinandersetzung mit perspektivischer Darstellung und die Vorstellung vom Menschen als Krone der Schöpfung.

»WER KÖNNTE AUS HÄRTE ODER MISSGUNST DEN ARCHITEKTEN PIPPO [BRUNELLESCHI] NICHT RÜHMEN BEIM ANBLICK EINER DERART GROSSEN KONSTRUKTION, DIE ZU DEN HIMMELN HINAUFSTEIGT ... UND DIE OHNE BALKENGERÜST UND EINE UNMENGE VON HOLZ ERRICHTET WURDE?«

Leon Battista Alberti

DOM SANTA MARIA DEL FIORE, FLORENZ, 1294–1436

35
LEON BATTISTA ALBERTI
SANTA MARIA NOVELLA, FLORENZ

Wenn man in Florenz aus dem Bahnhof tritt, blickt man direkt auf die flache Apsis der Klosterkirche Santa Maria Novella. Das Areal des Klosters erstreckte sich früher mit acht Kreuzgängen und Innenhöfen bis über das heutige Bahnhofsgelände. Nicht umsonst ist der Bahnhof nach ihm benannt.

Die erste Erwähnung des Klosters und der dazugehörigen Marienkirche datiert von 983, als sich das Gelände noch außerhalb der Stadtmauern befand. Die heutige Kirche wurde ab 1246 erbaut und war die erste gotische Kirche in Florenz. Dabei ist sie nicht mit den klassischen französischen Kathedralen zu vergleichen, denn die Bauherren folgten dem stark reduzierten Bausystem der Zisterzienser. Die gotischen Spitzbogen der dreischiffigen Basilika sind weit gespannt und die Seitenschiffe durch so hohe Rundbogen vom Mittelschiff getrennt, dass man fast den Eindruck einer Hallenkirche bekommt.

Santa Maria Novella ist allerdings nicht wegen ihrer gotischen Anlage bedeutend, sondern vor allem wegen ihrer vorgeblendeten Fassade, die von Leon Battista Alberti geplant und zwischen 1456 und 1470 wahrscheinlich von Giovanni Bettini ausgeführt wurde. Schon über einhundert Jahre vorher wurde mit der Fassadengestaltung aus weißem und grünem Stein begonnen, was an den mit Spitzbogen überwölbten Grabnischen im unteren Teil zu erkennen ist. Vorbild sowohl für diesen als auch für Albertis neuen oberen Teil der Fassade dürfte San Miniato al Monte (siehe Seite 48) gewesen sein. Das Erdgeschoss ergänzte Alberti mit einem antikisierenden Mittelportal und zwei korinthischen Halbsäulen und Pfeilern an den Gebäudekanten. Die Seitenportale mit ihren Spitzbogen und schmückenden Ornamenten stammen noch aus der gotischen Phase.

Das Obergeschoss konnte Alberti freier gestalten: Auf einer Attikazone mit geometrischen Quadratmustern ruht der Dreiecksgiebel auf vier grün-weiß gestreiften Pilastern. Ein völlig neues Architekturmotiv sind die monumentalen Voluten über den Seitenschiffen. Sie vermitteln zwischen der Attika und dem Giebelaufsatz und hatten großen Einfluss bis in die Architektur des Barocks. Die drei kleinen Rosetten, die mit filigranen Inkrustationen (Einlegearbeiten) gemustert sind, bilden ein gleichseitiges Dreieck und korrespondieren mit der zentralen gotischen Fensterrose, die beizubehalten Alberti wohl oder übel genötigt war.

Das Erd- und Obergeschoss haben die gleiche Höhe und stehen in einem Seitenverhältnis von 2:1. Die Proportionslehre ist ein wesentlicher Bestandteil der Architekturtheorie Albertis, die sowohl auf den eigenen Beobachtungen der antiken Stätten in Rom gründet als auch auf den Schriften Vitruvs und den Lehren der harmonischen Proportion des Pythagoras.

LEON BATTISTA ALBERTI (1404–1472) war einer der wichtigsten Architekten der Renaissance und gilt als Begründer der neuzeitlichen Kunst- und Architekturtheorie. Seine schriftstellerische Tätigkeit umfasst unter anderem Bücher über Skulptur und Malerei (1435) sowie Architektur (1452/85). Alberti modernisierte die klassische Sprache der Architektur und entwickelte ein Theoriegebäude, in dem von den Regeln abweichende Bauten (vor allem gotische) nicht als angemessen akzeptiert werden. Neben der Fassade von Santa Maria Novella schuf er unter anderem den Palazzo Rucellai (1446–1458) und Sant'Andrea in Mantua (1472–1482).

»DIE FASSADE GERIET ZUR GROSSEN BEFRIEDIGUNG DER ALLGEMEINHEIT, DER DAS GANZE WERK GEFIEL, BESONDERS DAS PORTAL, AN DEM MAN SIEHT, DASS ALBERTI SICH MEHR ALS DURCHSCHNITTLICH MÜHE GEMACHT HAT.«

Giorgio Vasari

LEON BATTISTA ALBERTI, **SANTA MARIA NOVELLA, FLORENZ,** FASSADE 1456–1470

»ÜBER DER STADT IST DER KREML,
ÜBER DEM KREML IST NUR GOTT.«

Russisches Sprichwort

KREML, MOSKAU, AUSBAU 1485–1516

36
KREML, MOSKAU

Hinter einer imposanten Mauer saßen einst Russlands weltliche und geistliche Macht in trauter Nachbarschaft: Zar und Patriarch entschieden im Kreml gemeinsam über die Geschicke des Landes. Zwar sind diese Zeiten vorbei, dennoch ist der Kreml bis heute gleichbedeutend mit der russischen Führung.

Der Kreml ist ein riesiges Areal im Herzen von Moskau und gleichzeitig die Keimzelle der Hauptstadt. Der ehemalige Fürstensitz auf einem Hügel oberhalb der Stadt wurde ab der Mitte des 12. Jahrhunderts ausgebaut, und rundherum wuchs Moskau heran. Iwan III. ließ das Gelände ab 1485 zu einer Festungsstadt ausbauen. Die von ihm ausgewählten italienischen Architekten widmeten sich zunächst dem Verteidigungssystem: Eine über zwei Kilometer lange Backsteinmauer umgibt den Kreml mit seinem annähernd dreieckigen Grundriss und fasst die stolzen 28 Hektar ein, auf denen sich die Stadt in der Stadt ausbreitet. Bis zu 19 Meter ist die Umfassungsmauer hoch, 18 Türme, alle unterschiedlich gestaltet, reihen sich in sie ein. Im höchsten von ihnen, dem 80 Meter hohen Dreifaltigkeits-Turm an der Westseite, befindet sich der Haupteingang zum Kreml. Der bekannteste von ihnen ist aber wohl der Erlöserturm mit dem namensgebenden Jesusbild, Teil der der östlichen Mauer zum benachbarten Roten Platz. Große strategische Bedeutung hatte der auf massigen Mauern errichtete Arsenal-Turm an der Nordecke des Kreml: Der Brunnen in seinem Keller sicherte die Wasserversorgung im Fall einer Belagerung, durch einen Geheimgang konnten die Belagerten den Kreml unbehelligt verlassen.

Hinter der hohen Ziegelmauer liegen insgesamt fünf Kirchen, vier Paläste und zahlreiche Denkmäler, die sich um die Plätze und Straßen gruppieren – ein ganzes Bauensemble, in dem sich vom Mittelalter bis ins 20. Jahrhundert etliche Baustile niedergeschlagen haben. Der Große Kremlpalast wurde im 19. Jahrhundert im Südwesten der Anlage errichtet. Zwischen ihm und dem jüngeren Staatlichen Kremlpalast aus den 1960er-Jahren liegt der alte Zarensitz, der 1635/36 errichtete Terem-Palast mit seinen elf goldenen Kuppeln. Weitläufige Verwaltungs- und Senatsgebäude breiten sich nach Norden aus. In der südlichen Hälfte des Geländes stehen gleich drei Kirchen, die von goldenen Kuppeln bekrönt sind – der Kathedralenplatz bildet das Zentrum der Anlage. Auch der 81 Meter hohe Glockenturm »Iwan der Große« aus dem frühen 16. Jahrhundert mit der gigantischen Zarenglocke aus dem Jahr 1735 steht dort: Ihre gut 200 Tonnen Metall, verteilt auf 6,5 Meter im Durchmesser, zersprangen allerdings schon wenige Jahre nach Fertigstellung der Glocke bei einem Sturz. Bis heute steht die ›Wunderglocke‹ nun zu Füßen des Turms und seit über einem halben Jahrhundert lässt auch sie sich besichtigen: Der Kreml zählt zu den größten Freilichtmuseen der Welt – nur der Bereich, in dem der Amtssitz des russischen Präsidenten liegt, ist den Touristenströmen versperrt.

»IM ERSTEN KREUZGANG VON SAN PIETRO IN MONTORIO ERBAUTE BRAMANTE EINEN RUNDEN TEMPEL AUS TRAVERTINSTEINEN, DER DANK SEINEN HARMONISCHEN PROPORTIONEN UND REIZENDEN LINIEN WOHL DAS ENTZÜCKENDSTE IST, WAS MAN SICH DENKEN KANN ...«

Giorgio Vasari

DONATO BRAMANTE, **TEMPIETTO VON SAN PIETRO IN MONTORIO, ROM,** 1503–1505

37
DONATO BRAMANTE
TEMPIETTO VON SAN PIETRO IN MONTORIO, ROM

Auf dem Gianicolo, einem Hügel am rechten Tiberufer, steht die Kirche San Pietro in Montorio. Im Innenhof des angrenzenden Klosters spricht ein kleiner Tempel Bände über die Antikenbegeisterung der Renaissance. Der Bau wurde zum Inbegriff von Harmonie und Schönheit, sein Architekt Donato Bramante galt schon bald als »ausgezeichnet«.

Bramante war um das Jahr 1500 nach Rom gelangt, wo er die antiken Bauten und Schriftquellen eingehend studierte. Wie weit er sie in seine eigenen Entwürfe einbezog, zeigt auch die Kapelle im Klosterhof von San Pietro in Montorio, einer der ersten Aufträge Bramantes in der Stadt der Päpste. Der Architekt hat den Bau einem antiken Tempel nachempfunden. Er zeigt Bramantes Überlegungen zu den Grundformen Kreis und Quadrat, aber auch zum Thema Säulenordnung. Das Tempelchen, ›il tempietto‹, wie es bald hieß, steht auf einem runden Podest, ein Kreis von Stufen umgibt das Bauwerk. Sechzehn Säulen rahmen den Zentralbau auf kreisförmigem Grundriss, hinter ihnen liegt die Cella, die wiederum mit flachen Wandvorlagen verziert ist. Auf dem umlaufenden Säulenkranz liegt das verzierte Gebälk, dem im Obergeschoss eine Balustrade aufgesetzt ist. Eine Kuppel bekrönt das Tempelchen. Mit dem Zentralbau griff Bramante auf antike Vorbilder zurück, vor allem aber ist sein Tempietto der erste nach-antike Bau, der den Typus einer Cella mit Säulenumgang aufgreift – in der griechischen Antike die am häufigsten gebaute Tempelform.

Bramantes Entwurf bezog auch den umgebenden Klosterhof mit ein, den der Architekt sich kreisrund und säulenumstanden vorstellte. Doch dieser Plan wurde nicht umgesetzt, vielmehr wurde der Hof schließlich viereckig. Dem Ruhm des Tempietto tat das jedoch keinen Abbruch. Die Künstler der Renaissance sahen in Bramantes Zentralbau den Inbegriff von Harmonie und perfekten Proportionen. Der Architekt Andrea Palladio etwa verfasste ein grundlegendes Werk über die Baukunst der Antike. Der Tempietto, den der »ausgezeichnete Bramante« in Rom errichtet hatte, war das einzige neuzeitliche Werk, das Palladio darin aufnahm: »Bedenkt man also, […] dass Bramante der Erste war, der die gute und schöne Architektur ans Licht brachte, die seit dem Alten bis dahin verborgen geblieben war, so scheint es mir begründet, seinen Gebäuden einen Platz unter den antiken einzuräumen.« Auch die Zeitgenossen waren begeistert, Bramantes Ruf als hochbegabter Baumeister jedenfalls verbreitete sich auch in Rom in Windeseile: Papst Julius II. beauftragte ihn sogar mit dem prestigeträchtigsten Vorhaben, das die Stadt zu bieten hatte, dem Neubau des Petersdoms (siehe Seite 102).

DONATO BRAMANTE wurde um 1444 in Fermignano bei Urbino geboren. Er arbeitete zunächst als Maler, begann aber noch in Urbino, Architektur zu studieren. Um 1476 zog Bramante nach Mailand, wo er unter anderem die Kirche Santa Maria delle Grazie baute sowie die Kirche Santa Maria presso San Satiro rekonstruierte. Als die Franzosen 1499 Mailand eroberten, verließ Bramante die Stadt und ließ sich in Rom nieder. Dort gestaltete er den Kreuzgang von Santa Maria della Pace und den Tempietto im Kloster San Pietro in Montorio. Papst Julius II. engagierte den Baumeister 1503 für St. Peter. Als Dombaumeister entwarf Bramante den ursprünglichen Grundriss der Kirche als Zentralbau. Donato Bramante starb 1514 in Rom.

»VON DER KUPPEL DER PETERSKIRCHE AUS KANN MAN JEDES BEMERKENSWERTE ZIEL IN ROM SEHEN, VON DER ENGELSBURG BIS ZUM KOLOSSEUM.«

Mark Twain

PETERSDOM, ROM, 1506–1626

38
PETERSDOM, ROM

Die Liste der Architekten ist lang – das ist keine Überraschung: Der Petersdom in seiner heutigen Erscheinung mit dem Vorplatz hat einen über 150 Jahre dauernden Entstehungsprozess hinter sich. Jeder Papst brachte eigene Ideen und einen Architekten seines Vertrauens für das Renommierprojekt mit, ein Dutzend Baumeister folgten dort aufeinander, darunter die größten Künstler ihrer Zeit.

Nicht einmal über die Form des Grundrisses waren sich die aufeinanderfolgenden Architekten einig: Was der eine gebaut hatte, wollte der nächste abreißen oder zumindest überbauen. Schon Michelangelo soll angesichts der ewigen Baustelle geäußert haben, eher könne man das Jüngste Gericht erwarten als die Fertigstellung von St. Peter.

Den Grundstein für das gewaltige Bauvorhaben legte 1506 Julius II. Der kunstsinnige Papst beauftragte den Architekten Donato Bramante mit dem Entwurf für einen Neubau, der anstelle der Vorgängerkirche über dem Petrusgrab entstehen sollte. Bramantes Plan sah einen riesigen Zentralbau auf dem Grundriss eines griechischen Kreuzes vor. Die erheblichen Geldmittel wollte der Papst mit einem Ablass eintreiben, den er in ganz Europa auf den Weg brachte, doch blieben die eingehenden Mittel hinter den gewaltigen Plänen zurück. Mehr noch: Neu-St.-Peter gilt als einer der Mitauslöser für die Reformation, die wiederum dafür sorgte, dass die Geldquellen teils versiegten und der Kirchenbau nur schleppend vorankam.

Als Bramante 1514 starb, waren zwar große Teile der alten Kirche abgetragen, aber vom Neubau stand erst wenig. In den nächsten Jahrzehnten kamen die Arbeiten nur langsam voran. Raffael folgte als Baumeister und betrat damit, wie er festhielt, »die größte Baustelle, die man je sah«. Ihm folgten Antonio da Sangallo d. J. und Baldassare Peruzzi, der Grundriss wurde verändert. 1546 übernahm der 71-jährige Michelangelo die Bauleitung. Die Baustelle blieb riesig, aber Michelangelo verkleinerte den ursprünglichen Plan und machte so die Umsetzung greifbarer. Damit brachte er allerdings auch die Anhänger seines Vorgängers Sangallo gegen sich auf – entsprechend waren offener Streit und verdeckte Intrigen steter Bestandteil der erschwerten Arbeitsbedingungen am Petersdom. Die Kirche kam dennoch voran und nach Michelangelos Tod im Jahr 1564 wurde auch die eindrucksvolle Kuppel nach seinen Plänen vollendet. St. Peter war nun auch ein Symbol der überstandenen Reformation und der wieder erstarkenden katholischen Kirche.

Keine zwanzig Jahre später aber war dann auch Michelangelos Zentralbaukonzept vom Tisch: Carlo Maderno ersetzte das alte Langhaus der Vorgängerkirche, das noch immer stand, durch ein neues. Seine von hohen Säulen gegliederte Fassade mit einem zentralen Dreiecksgiebel schloss den Bau nach Osten, 1612 war sie vollendet und die Kirche wurde 1626 geweiht. Doch Ruhe kehrte damit nur vorübergehend auf der römischen Prestigebaustelle ein: Mitte des 17. Jahrhunderts nahm ein barockes Gesamtkonzept Gestalt an. Der Architekt und Stadtplaner Gian Lorenzo Bernini gestaltete den Petersplatz vor der Kathedrale als zwei ineinander übergehende Plätze, die von Säulengängen umrahmt werden.

oben Nach Plänen Michelangelos wurde die zentrale Kuppel des Petersdoms gebaut. Ihre Maße sind gigantisch – über 42 Meter beträgt der Durchmesser. Die obere Kuppelschale ist vollständig mit einem Mosaik verziert, das zu Beginn des 17. Jahrhunderts entstand.

rechts Der Petersdom in der Heiligen Stadt ist eines der berühmtesten Bauwerke der christlichen Welt. Und eines der größten: Allein das Mittelschiff misst über 180 Meter. Der gesamte Innenraum ist reich geschmückt mit Skulpturen, Reliefs und Mosaiken.

PETERSDOM, ROM, 1506–1626

T SOLVTVM ET IN COEL

39
PALAZZO DELLA CANCELLERIA, ROM

Am Beginn des 15. Jahrhunderts lag die Stadt Rom darnieder. Die meisten antiken Gebäude waren zerstört oder verschüttet und die Hirten ließen ihre Kühe auf dem einstigen Forum weiden. Die Einwohnerzahl der ehemaligen Millionenstadt war auf unter 20 000 geschrumpft. Die wirtschaftlichen und kulturellen Zentren waren jetzt Venedig und Florenz. Erst mit der Rückkehr der Päpste aus Avignon und dem Ende des Abendländischen Schismas 1417 begann der allmähliche Wiederaufbau.

Ein Meilenstein dabei war der Palazzo della Cancelleria, den Kardinal Raffaele Riario, ein Neffe von Papst Sixtus IV., ab 1483 errichten ließ. Obwohl die Fassade schon 1495 fertig war, wurde der übrige Bau erst 1510 vollendet. Er ist bis heute Sitz der Apostolischen Kanzlei des Vatikans (daher der Name Cancelleria) und gehört daher auch zu dessen exterritorialem Gebiet.

Während der Palastbau in Florenz seinen Zenit schon im 15. Jahrhundert erreicht hatte, begann man in Rom erst jetzt damit. Dafür aber gleich mit einem Meisterwerk. Die Cancelleria hat eine lang streckte dreistöckige Hauptfassade, die zu den klarsten und edelsten der Renaissance-Architektur gehört, wozu der helle Travertin, der unter anderem aus dem Kolosseum stammt, beiträgt. Um die Gefahr der Monotonie an der langen Fassade zu vermeiden, hat der Architekt die Pilaster in den oberen beiden Stockwerken so in rhythmisch wechselnden Gruppen angeordnet, dass sie jeweils ein Fenster oder eine schmalere Wandfläche rahmen. Die Gebäudeecken treten risalitartig vor und fassen die lange Fassade optisch zusammen. An der Backsteinfassade zum Corso Vittorio Emanuele II sind die Pilaster gleichmäßig gereiht.

In der Hauptfassade treten zwei Portale vor: Das linke schuf Domenico Fontana 1589, es führt in einen weiten, wohl von Donato Bramante entworfenen Hof, der sich in eleganten, doppelstöckigen Säulenarkaden öffnet. Das kleinere Portal führt in die Kapelle San Lorenzo in Damaso, die dem Palast einverleibt wurde. Es ist eine der ältesten Kirchen Roms und stammt aus dem 4. Jahrhundert.

Der Architekt der Cancelleria ist leider unbekannt, denn sämtliche Urkunden wurden während des ›Sacco di Roma‹, der Plünderung Roms 1527, vernichtet. Ein Vorbild für die Cancelleria scheint der florentinische Palazzo Rucellai gewesen zu sein, was einen Entwurf von Leon Battista Alberti nahelegt, zumal dieser in engem Kontakt zum Vatikan stand und schon ab 1450 mit Papst Nicolas V. einen tiefgreifenden Umbau der Stadt plante. Nachdem Alberti allerdings schon 1472 gestorben war, ist es möglich, dass der ausführende Architekt Giovanni Bettini war, der schon für die Arbeiten an der Fassade von Santa Maria Novella (siehe Seite 96) verantwortlich und mit den Plänen von Alberti bestens vertraut war.

Wer auch immer der Architekt war – die Cancelleria kombiniert die florentinische Eleganz eines Alberti mit der der römischen Architektur eigenen Größe und wird so zu einem Vorboten der folgenden Palastbauten Roms.

Der italienische Schriftsteller Pietro Aretino berichtet, dass **KARDINAL RIARIO** nicht nur sein eigenes Geld in diesen Palast steckte, sondern einen großen Teil der Bausumme in einer Nacht beim Würfelspiel gewonnen haben soll – und das vom Neffen des Nachfolgers seines Onkels, Innozenz VIII. Riario konnte sich jedoch nicht lange an seinem Palazzo erfreuen, denn wegen der Beteiligung an einer Verschwörung gegen Papst Leo X. wurde die Cancelleria von diesem konfisziert.

PALAZZO DELLA CANCELLERIA, ROM, 1483–1510

40
SCHLOSS CHAMBORD

Selbst Kaiser Karl V. gefiel das Schloss, dem er 1539 einen Besuch abstattete: Er soll es gewürdigt haben als »Inbegriff dessen, was menschliche Kunst hervorzubringen vermag«. Und dabei war die Anlage, die schließlich eine der größten der Renaissance werden sollte, damals noch lange nicht fertiggestellt.

Das gigantische Bauvorhaben von König Franz I. sollte schließlich auf über vierhundert Zimmer anwachsen. Entlang der Loire herrschte an Schlössern kein Mangel, doch mit seinen gewaltigen Dimensionen war Chambord trotz der baulichen Konkurrenz in nächster Nachbarschaft etwas Besonderes. Ganz fertig wurde die »steingewordene Utopie« zwar nie, ihrer beeindruckenden Wirkung tat das aber keinen Abbruch.
Die Vorliebe des jungen Königs galt der italienischen Kunst und Architektur seiner Zeit, er holte viele Künstler aus Italien an seinen Hof. Darunter war auch Leonardo da Vinci, der dort seine letzten Lebensjahre verbrachte. Leonardos Todesjahr 1519 markiert auch den Beginn der Arbeiten an Franz' Schloss der Superlative. Im Loiretal unweit des Städtchens Blois ließ er mitten im königlichen Jagdgebiet ein 5 500 Hektar großes Park- und Waldgebiet mit einer Mauer einfassen und dort in den nächsten vier Jahrzehnten eine imposante Vierflügelanlage errichten. Die Planungen gehen wahrscheinlich auf den italienischen Architekten Domenico da Cortona zurück, neben ihm waren auch Jacques und Denis Sourdeau an dem Bauvorhaben beteiligt. Der symmetrische Grundriss des französisch-italienischen Entwurfs ist rechteckig und um einen prominenten Mittelbau angelegt, dessen vier Ecken von Rundtürmen umbaut sind. Er liegt in der Mitte der Nordseite und betont, ähnlich wie die Wohntürme mittelalterlicher Burgen, den Festungscharakter des Schlosses. Von Norden aus betrachtet zeigt sich die Hauptschauseite des Schlosses dreigeschossig. Was sich darüber abspielt, ist schwerer zu beschreiben, denn es handelt sich dabei um eine ganze Dachlandschaft aus Kaminen, Türmchen und ihrem Turmschmuck, aus Erkern, Dachpavillons und Gauben. Und hoch über allen Dächern thront die Kuppel auf dem zentralen Treppenturm. Die 56 Meter hohe doppelläufige Wendeltreppe markiert den Mittelpunkt des Schlosses. In drei Windungen führt sie hinauf und ist ein bauliches Element, das durch die Kuppel schon von Weitem sichtbar ist – zu seiner Zeit war die spektakuläre Treppe unübertroffen und ein klares Hoheitszeichen des Königs. Von dem übrigens berichtet wird, er habe gerade einmal 27 Tage in seinem Schloss Chambord verbracht.

Im Europa des 16. bis 18. Jahrhunderts ist der **SCHLOSSBAU** eine der größten Bauaufgaben. Monumentale Dimensionen sind dabei im Zeitalter der absolutistischen Herrscher keine Seltenheit. Häufig sind die Herrensitze, die im 15. Jahrhundert die Burgen als Wohnbauten des Adels ablösen, als geschlossene Anlagen um einen Innenhof gebaut. Auch die Öffnung zu einer Seite findet sich häufig, sodass drei Gebäudeflügel einen Ehrenhof umfassen. Diese Dreiflügelanlage machte von Versailles aus in ganz Europa Schule. Die Fassadengliederung geschieht durch Pavillons, oft an den Ecken, und durch Risalite in der Mitte oder an den Seiten: So werden Bauteile bezeichnet, die aus der Flucht der Bauten heraustreten.

»ES IST ETWAS GROSSARTIGES,
WENN KUNST DIE NATUR ÜBERTRIFFT.«

Pierre de Bourdeille, Seigneur de Brantôme

SCHLOSS CHAMBORD, AB 1519

»DER LOUVRE IST DAS BUCH,
IN DEM WIR LESEN LERNEN.«

Paul Cézanne

LOUVRE, PARIS, BAUBEGINN 12. JAHRHUNDERT

41
LOUVRE, PARIS

Die Heimat der *Mona Lisa* und anderer weltberühmter Kunstschätze war nicht immer ein Museum: Als er Ende des 12. Jahrhunderts entstand, war der Louvre zunächst ein Kastell. König Philipp II. befestigte Paris, damals die größte Stadt Europas, und gab den Bau auf dem rechten Seine-Ufer in Auftrag. Jahrhunderte später wurde die Festung zum Sitz der französischen Könige.

Für ihr neues Gesicht sorgte in der Mitte des 16. Jahrhunderts König Franz I. Aus der mittelalterlichen Burganlage mit Zinnen und Türmen wollte er einen zeitgemäßen Palast machen. Dazu ließ er den gesamten Westteil einreißen und beauftragte seinen Hofarchitekten Pierre Lescot mit einem Neubau. Geplant war ein vierflügeliger Hof mit zweigeschossigen Bauten, doch konnte der Pariser Baumeister nur Teile des gewaltigen Bauvorhabens vollenden. Erhalten ist davon nur ein Teil des quadratischen Innenhofs des Louvre, des Cour Carrée. Bei der Gestaltung der Fassade mit ihren drei vorspringenden Gebäudeteilen arbeitete Lescot zusammen mit dem Bildhauer Jean Goujon, der die reiche Gliederung schuf. Goujon bevölkerte das obere Geschoss mit Skulpturen, die sich im Hochrelief aus der Wand herausschälen. Die Fenster rahmte er mit Giebeln, in den Nischen daneben stehen weitere Skulpturen, die breiten Portale erinnern an antike Triumphbogen. Im folgenden Jahrhundert wuchs der Bau gewaltig, Heinrich IV. war inzwischen König und wollte den Louvre-Hof auf die vierfache Größe bringen. Unter seinem Nachfolger nahmen diese Pläne schließlich Gestalt an. Doch mit dem Sonnenkönig Ludwig XIV. hatte der Louvre als herrschaftliche Residenz endgültig ausgedient – der König verfolgte ein anderes Projekt, den Ausbau des Schlosses von Versailles vor den Toren der Stadt (siehe Seite 120). Der Louvre war sich selbst überlassen: In die bereits fertiggestellten Räume zogen die königlichen Akademien ein, Künstler nutzten freie Zimmer als Ateliers, im Hof ließen sich Trödler nieder. Zeitweilig hatte das Gebäude sogar den zweifelhaften Ruf, ein Bordell zu sein.
Mit dem Revolutionsjahr 1793 entschied sich auch das Schicksal des Louvre: Aus der jahrhundertealten Baustelle an der Seine wurde Frankreichs erstes Kunstmuseum. Um Raum für die von Napoleon erbeuteten Kunstschätze zu schaffen – allein in Italien plünderte die französische Armee fast alle großen Sammlungen – begannen die Architekten Charles Percier und Pierre-François-Léonard Fontaine mit dem Bau des Nordflügels. Erst unter Präsident François Mitterrand wurde in den 1980er-Jahren jedoch beschlossen, den gesamten Königspalast zum Haus für die Künste zu machen. Aus einem der ältesten Museen der Welt wurde schließlich das größte der Welt. Rund fünf Millionen Besucher jährlich pilgern seitdem zur *Mona Lisa* und den übrigen rund 50 000 Kunstschätzen, die sich auf sieben Sammlungen aufteilen. Dabei sind nur fünf Prozent der gesamten Bestände auf den 60 000 Quadratmetern Ausstellungsfläche zu sehen – der größte Teil der Exponate schlummert in Depots. Dennoch gehört der Louvre zu den meistbesuchten Ausstellungsorten der Welt.

»VIELLEICHT HAT DIE BAUKUNST IHREN LUXUS NIEMALS HÖHER GETRIEBEN.«

Johann Wolfgang von Goethe

ANDREA PALLADIO, **LA ROTONDA,** VICENZA, 1565–1569

42
ANDREA PALLADIO
LA ROTONDA, VICENZA

Wer im Venedig des 16. Jahrhunderts etwas auf sich hielt, der baute sich auf dem Festland gegenüber der Lagunenstadt eine Villa. Der Landbesitz auf der Terraferma diente dabei nicht nur der Erholung vom hektischen Treiben in der Handelsstadt.

Vielmehr war das Gebiet des Veneto, in dem die wohlhabenden Städter sich zur Sommerfrische niederließen, Venedigs Kornkammer. Dass sie auch den Anforderungen der Landwirtschaft entsprechen mussten, sieht man den meisten Landvillen dabei, wenn überhaupt, erst auf den zweiten Blick an. Das liegt nicht zuletzt am Architekten Andrea Palladio, mit dessen Namen die Villenkultur eng verknüpft ist: Wichtigste Inspirationsquelle des italienischen Baumeisters waren die Villenbauten der Antike. Auf deren Formensprache griff er auch bei seinem berühmtesten Bau zurück, der Villa Rotonda. Sie entstand im Auftrag des Kanonikers Paolo Almerico auf einer Hügelkuppe am Stadtrand von Vicenza. Seinen Spitznamen verdankt das dreigeschossige Haus dem runden Saal, der sich exakt in seiner Mitte befindet und den eine Kuppel bekrönt. Kreis und Quadrat sind die bestimmenden Formen des Grundrisses. Schließlich zählte der Architekt sie zu den »schönsten und regelmäßigsten Formen« und baute rund zwanzig Landvillen als symmetrische Anlagen nach diesen beiden Grundformen.

Den Eingang markieren dabei Vorhallen, die Palladio als Tempelfronten gestaltete: Sechs ionische Säulen tragen einen dreieckigen Giebel. »Ich habe bei allen Villen und auch bei einigen Stadthäusern den Giebel (die Tempelfront) auf der Fassade der Vorderseite […] angebracht«, erklärte der Architekt, »damit diese Giebel den Eingang des Hauses anzeigen und der Größe und der Herrlichkeit des Werkes in der Weise dienen, dass sie den vorderen Teil eines Gebäudes über die restlichen Teile erheben.« Bei der Rotonda begnügte der Baumeister sich jedoch nicht mit einer ›Tempelfront‹, sondern legte allen vier Seiten des Baus solche Portiken vor. Keine Hauptansicht sollte die perfekte Symmetrie des Gebäudes stören.

Ein Privathaus als Zentralbau zu gestalten war durchaus gewagt, denn dieser Bautyp war bisher dem Kirchenbau vorbehalten gewesen. Palladios Beispiel sollte jedoch Schule machen, sogar in Übersee: Der amerikanische Präsident Thomas Jefferson plante seinen Landsitz Monticello in Virginia in enger Anlehnung an Palladios Rotonda. Nicht nur in Nordamerika, vor allem auch in Europa fanden die Bauten des gefragten Renaissance-Architekten schon ab dem 17. Jahrhundert zahlreiche Bewunderer.

Andrea di Piero della Gondola, genannt **PALLADIO**, wurde 1508 in Padua geboren. Nach einer Lehre als Steinmetz ließ er sich in Vicenza nieder und machte sich mit humanistischem Gedankengut vertraut. In Rom studierte Palladio antike Bauten und hielt seine Erkenntnisse in einflussreichen Schriften fest. Sein theoretisches Hauptwerk *Die vier Bücher zur Architektur* erschien 1570. Die Umgestaltung des Palazzo della Ragione in Vicenza machte ihn um die Mitte des 16. Jahrhunderts zu einem gefragten Architekten. Nach seinen Entwürfen entstanden im Veneto über achtzig Bauten, neben Villen auch Kirchen und Stadtpaläste. Zu seinen berühmtesten Bauten zählen neben der Villa Rotonda die Kirchen San Giorgio Maggiore und Il Redentore in Venedig. Palladio starb 1580 in Vicenza.

POTALA, LHASA, BEGONNEN 1645

43
POTALA, LHASA

Auf über 3 500 Metern Höhe in den Bergen des Transhimalaya liegt die Hauptstadt Tibets, Lhasa. Das Stadtbild wird beherrscht vom verschachtelten Bauensemble in seiner Mitte: der Potala. Die verschiedenen Palast- und Klosterbauten mit ihren goldenen Dächern thronen auf einem Berghang im Zentrum der Stadt.

Der Potala-Palast war bis 1959 Sitz des Dalai-Lama, des geistlichen und weltlichen Oberhauptes von Tibet. Das Sanskrit-Wort ›Potala‹ bezeichnet den Sitz des Bodhisattwa Avalokiteshvara – die Dalai-Lamas betrachten sich als die irdische Verkörperung dieses nach Erleuchtung strebenden Wesens. Die chinesische Besatzung Tibets und die Wirren der 1950er-Jahre hat auch der Potala nicht unbeschadet überstanden, fast alle seiner Kunstschätze sind jedoch erhalten.

Das Palast-Kloster liegt auf dem schmalen Grat des Marpori, des Roten Berges. Der Potala erhebt sich 100 Meter hoch über die Stadt, geschützt von einer 360 Meter langen Mauerfassade. Im Inneren verbergen sich auf einer Grundfläche von 130 000 Quadratmetern, so heißt es, 999 Räume. Seine Lage hoch über der Stadt und die riesigen Ausmaße lassen den Potala fast wie eine Festung auf dem ›Dach der Welt‹ wirken.

Entstanden ist die Anlage in der zweiten Hälfte des 17. Jahrhunderts. Den Kern des Ensembles bildet der Weiße Palast auf der Nordseite der Anlage. Seinen Grundstein legte 1645 der 5. Dalai-Lama. Der Bau wurde noch zu seinen Lebzeiten vollendet, er diente als Verwaltungsgebäude und zunächst auch Residenz des Dalai-Lama. Der größte Raum des weiß getünchten Palastes ist die über 700 Quadratmeter große Tsomchen Shar. In der Versammlungshalle wurde das neue Jahr gefeiert, außerdem fanden dort die Inthronisierungen des Dalai-Lama statt. Im Westen schließt sich ein Palastbau an, der in kräftigem Rot erstrahlt – er ist das eigentliche Ziel der zahlreichen Pilger. Goldene Dächer und Dachreiter schmücken den Bau. Der Rote Palast diente mit seinen zahlreichen Tempeln, Kapellen und Meditationshallen vor allem spirituellen Zwecken. Im obersten der vier Stockwerke befand sich aber auch die private Residenz des Dalai-Lama. Prachtvoll gestaltete Stupas, buddhistische Grabmäler, in denen die Reliquien der verstorbenen Dalai-Lamas aufbewahrt werden, sind im Lhakhang aufgestellt, dem »Haus der Gottheiten«. Der prachtvollste Stupa in diesem lang gestreckten Raum ist das Grab des ersten Bauherren des Potala, des 5. Dalai-Lama. Sein Reliquienschrein ist fast 15 Meter hoch und mit Tausenden von Perlen, Türkisen, Korallen und vor allem Gold geschmückt. Der Potala ist das Wahrzeichen Tibets und gehört zu den wichtigsten Pilgerstätten der tibetischen Buddhisten. Übersetzt heißt Lhasa »Ort der Götter«: Mehrere Pilgerrouten führen Gläubige durch die Stadt und zu ihren Heiligtümern.
Den Stupa des 5. Dalai-Lama nennen die buddhistischen Pilger »einzigartiges Schmuckstück unserer Welt«.

Die sakrale Architektur aus der buddhistischen Glaubenswelt kennt je nach Region und Bauzeit unterschiedliche Ausprägungen. Gemeinsam ist allen **BUDDHISTISCHEN TEMPELN** ihre Anlage rund um ein Zentrum, in dem sich ein Heiligtum befindet. Diese Stupas waren ursprünglich hügelartige Bauwerke, die zum Gedenken an eine erleuchtete Person erbaut wurden. Um diese Aufbewahrungsorte für Reliquien herum entstanden nach und nach ganze Tempelanlagen. Ihr figürlicher Schmuck aus Statuen und Reliefs gibt einen Einblick in das Leben Buddhas. Zu den größten buddhistischen Sakralbauten gehört der monumentale Terrassentempel Borobudur auf der indonesischen Insel Java.

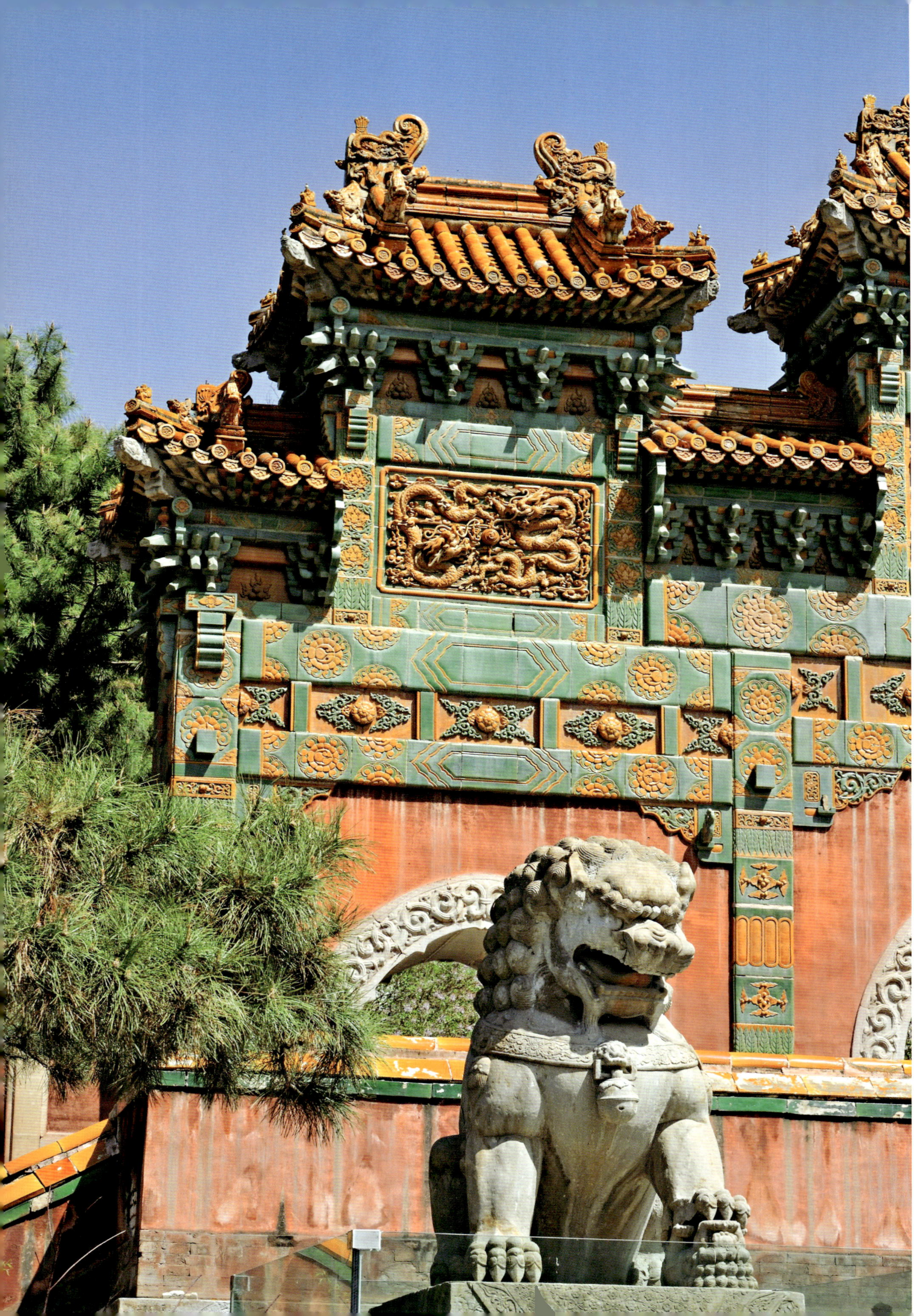

links und oben In den Bergen des Transhimalaya thront der Potala-Palast und wacht über die Hauptstadt Tibets. Der Winterpalast des Dalai Lama spielt eine zentrale Rolle im tibetischen Buddhismus. Seine goldenen Dächer leuchten Pilgern schon von Weitem entgegen.

POTALA, LHASA, BEGONNEN 1645

44
TAJ MAHAL, AGRA

Im Jahr 1612 heiratete Shah Jahan standesgemäß eine Tochter aus gutem Hause: Die Familie von Ajumand Banu Begam hatte großen Einfluss am Mogulhof. Und doch scheint die Verbindung auch eine Liebesheirat gewesen zu sein, der Großmogul gab seiner Frau den Beinamen »Auserwählte des Palastes« – Mumtaz Mahal. Als sie 1631 starb, war er untröstlich.

In den nächsten Jahren konzentrierte er sich ganz auf den Bau einer Grabmoschee, mit der er seiner geliebten Frau gedenken wollte. Nach angemessener Trauerzeit begann Shah Jahan mit der gewaltigen Bauaufgabe. Das Taj Mahal, der »Kronenpalast«, steht am Rand einer Gartenanlage im nordindischen Agra. Als der Bau ab 1632 Gestalt annahm, war Agra die Hauptstadt des Mogulreichs. In dem sich Shah Jahan bereits einen Namen gemacht hatte: Er legte Paläste und Gärten in Agra an, baute in Zentralindien und anderen Gegenden des großen Reichs, das sich zu seiner Zeit bis ins heutige Afghanistan erstreckte.

Beim Taj Mahal dachte der Herrscher in monumentalen Dimensionen: Das Mausoleum geriet zu einem der ambitioniertesten Vorhaben des ohnehin baubegeisterten Herrschers. Rund 20 000 Menschen waren in den gut fünfzehn Jahren Bauzeit dort beschäftigt. Shah Jahan holte die besten Baumeister und Handwerker Nordindiens eigens dafür an seinen Hof und schöpfte aus asiatischen Baustilen, die er mit persischen und europäischen Architekturtraditionen verknüpfte. Eine weite Parkanlage mit Wasserbecken umgibt das streng symmetrisch ausgerichtete Gebäude, dessen Grundriss ein Quadrat mit abgeschrägten Ecken markiert. Kostbare Materialien unterstreichen die große Bedeutung des Baus: Das Mausoleum besteht aus strahlend weißem Marmor, von dem sich das Eingangsportal aus rotem Sandstein abhebt, und ist im Inneren verziert mit Mosaiken aus Halbedelsteinen, Sandsteinreliefs und Marmorarbeiten. Eine Zwiebelkuppel bekrönt den Bau, weitere Kuppeln und Türmchen flankieren sie, schlanke Minarette stehen an den Ecken der 100 mal 100 Meter großen Marmorplattform. Auch statisch ist der Grabbau ein Meisterwerk: Allein die Kuppel ist 65 Meter hoch und 28 Meter breit, sie überdacht den Begräbnissaal im Zentrum des Baus. Nicht nur diese Gewölbekonstruktion ist ambitioniert, Shah Jahans Baumeister mussten sich vielmehr auch auf die gewaltigen Pilgerströme einrichten, die das Grab der Mumtaz Mahal anziehen würde. Für seine eigene Ruhestätte hatte der Schah ebenfalls konkrete Pläne: Gegenüber vom Taj Mahal wollte er sich ein bauliches Pendant errichten, ein Mausoleum aus schwarzem Marmor. Doch dazu kam es nicht mehr. Sein Sohn stürzte ihn 1658 und bestattete ihn schließlich gleich neben der geliebten Gattin im Taj Mahal. Auch wenn er seinen letzten Plan nicht mehr verwirklichen konnte, die architektonische Landschaft Indiens hat Shah Jahan mit seiner großen Bautätigkeit entscheidend geprägt.

Ein **MAUSOLEUM** ist ein monumentaler Grabbau, der meistens prunkvoll ausgestattet ist. Das Wort leitet sich ab vom Grabdenkmal des Herrschers Mausolos in Kleinasien: Dessen Grabbau, das Mausoleum von Halikarnassos, gehörte mit seinen kolossalen Ausmaßen zu den Sieben Weltwundern der Antike und wurde Namensgeber dieses Bautyps. Mausoleen sind oft zweigeschossig – unter einem Andachtsraum oder einer Kapelle befinden sich in einer Gruft die eigentlichen Gräber. Mausoleen dienen dem Gedenken an die Toten, aber auch der Repräsentation. Insbesondere in der Zeit des Klassizismus mit seiner Rückbesinnung auf die Antike wurde der Bautyp des Mausoleums wieder aufgegriffen.

»DIE BEWOHNER DIESER ERDE SEIEN FORTAN IN ZWEI KLASSEN UNTERTEILT – DIEJENIGEN, DIE DAS TAJ MAHAL GESEHEN HABEN, UND DIEJENIGEN, DIE ES NICHT GESEHEN HABEN.«

Edward Lear

TAJ MAHAL, AGRA, INDIEN, 1632–1648

45
LOUIS LE VAU UND JULES HARDOUIN-MANSART
SCHLOSS VERSAILLES

Vom französischen Herrscher Ludwig XIV. sind folgende bescheidene Worte überliefert: »Der Staat bin ich.« Auch seine Residenz in Versailles ließ der ›Sonnenkönig‹ um sich selbst herum anlegen: Dreh- und Angelpunkt des Gesamtkunstwerks vor den Toren von Paris war das königliche Schlafzimmer. Aus dem ererbten Jagdschlösschen wurde unter seiner Regentschaft eine Schlossanlage, in der jedes Detail den König feiert.

Frankreich war die neue europäische Großmacht, als der 22-Jährige die französische Krone übernahm. Mit seiner Residenz wollte Ludwig XIV. diesen Anspruch bekräftigen. Sein Vater hatte im Waldgebiet westlich von Paris ein Schloss anlegen lassen, das dem Sonnenkönig nun als Ausgangspunkt diente: Ab 1668 entstand dort unter Louis Le Vau und seinem Nachfolger Jules Hardouin-Mansart der prunkvolle architektonische Rahmen für den nicht minder prunkvollen Hofstaat. Über 30 000 Arbeiter und sämtliche großen Künstler des Staates waren über Jahrzehnte damit beschäftigt, die passende Kulisse für die formvollendete Inszenierung des Herrschers zu schaffen.

Drei Straßenachsen führten auf das Schloss zu, das den Mittelpunkt einer riesigen sternförmigen Anlage bildete. Die Schauseite der Dreiflügelanlage ist im Osten: Bühnenartig ist die Fassade gestaffelt, Nord- und Südflügel umfangen zusammen mit dem zurückspringenden Mitteltrakt den Ehrenhof. Audienzen und Feste fanden im großen Spiegelsaal statt, der im ersten Stock zur Gartenseite hin den Mittelpunkt des Baus markiert.

In fast fünf Jahrzehnten Bauzeit flossen 500 Millionen Goldfranken in die architektonische Machtdemonstration. Und in die Natur ringsum: Als die Arbeiten begannen, dehnte sich rund um das Schloss noch Sumpfland aus. Das ließ Ludwig trockenlegen – die Natur hatte sich ihm schließlich genauso unterzuordnen wie der Staat. Auf einer Fläche von über 800 Hektar entstand unter der Leitung von André Le Nôtre eine durchgestaltete Gartenlandschaft mit gestutzten Bäumen, geometrisch geformten Beeten und symmetrischen Wegen, die von Statuen und Marmorvasen gesäumt wurden. Es gab zudem eigens angelegte Kanäle, um die zahlreichen Wasserspiele der Bassins und Brunnen in Gang zu halten.

1682 zog der König mit seinem gesamten Hof nach Versailles. Etwa 3 000 Höflinge bewohnten mit ihm das riesige Schloss, alle in das strenge höfische Zeremoniell eingebunden, das morgens mit dem rituellen Aufstehen des Königs, dem ›Lever‹, begann. Das Königspaar residierte im ersten Obergeschoss des Mitteltraktes. Oberhalb des königlichen Schlafgemachs prunkt eine Uhr mit dem Kopf des Sonnengottes Apollo auf der Fassade. Die Botschaft war klar: Erhob sich der König aus den Federn, ging in ganz Frankreich die Sonne auf.

LOUIS LE VAU wurde 1612 in Paris geboren. Sein Hauptwerk ist das Schloss Vaux-le-Vicomte, das er für den Finanzminister von Ludwig XIV., Nicholas Fouquet, entwarf. Le Vau übernahm auch den Wiederaufbau der Galerie d'Apollon im Louvre. Ab 1668 war er mit dem Umbau des Schlosses von Versailles beauftragt, wo er den Repräsentationsstil Ludwigs XIV. entwickelte. Le Vau starb 1670 in Paris.

JULES HARDOUIN-MANSART wurde als Spross einer französischen Architektenfamilie 1646 in Paris geboren. Als königlicher Architekt übernahm er 1678 die Bauleitung in Versailles. Unter seiner Ägide entstanden die Spiegelgalerie, die Orangerie und das Parkschloss Grand Trianon, aber auch die gesamte Stadtanlage von Versailles. Auch in Paris hinterließ Mansart etliche Bauwerke, darunter den Invalidendom und die Anlage der Place Vendôme. Mansart starb 1708 in Marly-le-Roi.

»VERSAILLES, ES IST WUNDERSCHÖN. MAN SCHAUT UND STARRT UND VERSUCHT ZU BEGREIFEN, DASS ES WIRKLICH IST, DASS ES AUF ERDEN LIEGT, DASS ES NICHT DER GARTEN EDEN IST …«

Mark Twain

LOUIS LE VAU UND JULES HARDOUIN-MANSART, **SCHLOSS VERSAILLES,** AB 1668

Der Ehrenhof wird auf drei Seiten von Gebäudeflügeln eingeschlossen, die bühnenartig gestaffelt sind. Kaum war der Empfangshof der prunkvollen Palastanlage von Versailles fertiggestellt, fand er auch schon Nachahmer in ganz Europa.

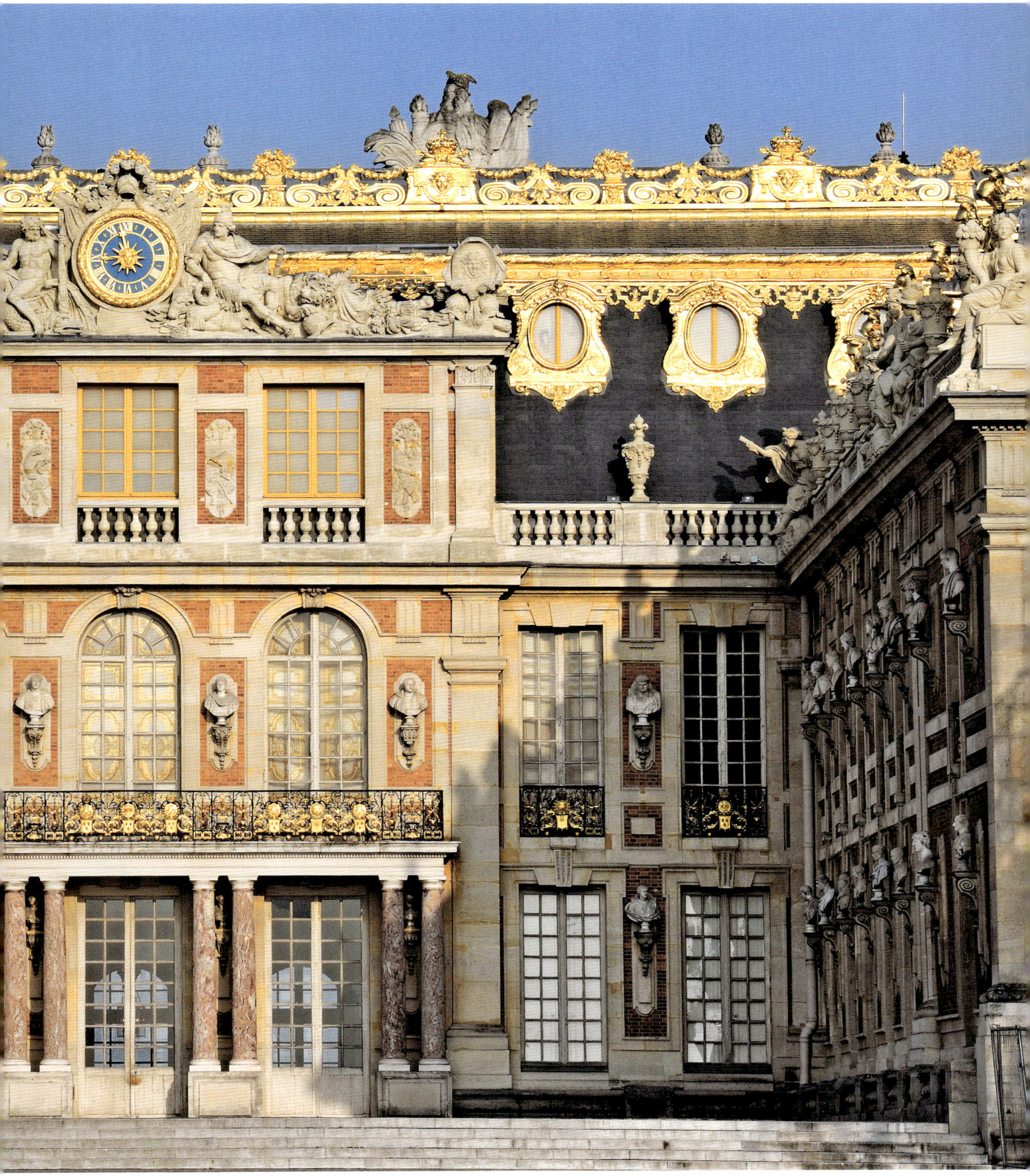

»DER EINIGE JAHRE HER HINTERM SCHLOSSE AN UND TEILS AUF
DER FESTUNG ERBAUTE ZWINGER-GARTEN WIRD SEINESGLEICHEN
... IN EUROPA WOHL NICHT FINDEN.«

Johann Christian Crell alias Icander

MATTHÄUS DANIEL PÖPPELMANN, **ZWINGER, DRESDEN,** 1709–1728

46
MATTHÄUS DANIEL PÖPPELMANN
ZWINGER, DRESDEN

Der sächsische Kurfürst August der Starke hatte ein Faible für exotische Pflanzen aus südlichen Ländern. Um sie in seiner Residenzstadt Dresden über den Winter bringen zu können, plante er innerhalb der Befestigungsanlage einen Garten samt Orangerie und Terrassen. 1709 begann sein Hofarchitekt Matthäus Daniel Pöppelmann mit den Arbeiten am Zwinger.

Die schließlich umgesetzte Version erinnert nur noch vage an die ursprünglichen Gartenpläne, etliche Erweiterungsetappen später war eine prachtvolle Festarchitektur aus Pavillons, Galerien und Brunnen daraus geworden. Spätestens ab Frühjahr 1718 dürften die Arbeiten endgültig mit Hochdruck vorangeschritten sein: Da stand fest, dass der Kurprinz, Sohn August des Starken, im Folgejahr die Kaisertochter Maria Josepha von Österreich heiraten würde – und der passende Rahmen für das höfische Großereignis sollte der Zwinger sein. Der Gestaltungswille des Bauherrn erstreckte sich keineswegs nur auf Garten und Gebäude, vielmehr beauftragte August den Bildhauer Balthasar Permoser mit opulentem Skulpturenschmuck. Steinerne Nymphen geistern durch die Welt der Kaskaden und Wasserbecken, Kronen, Wappen und Adler konkurrieren mit olympischen Göttern. Fertiggestellt war die Anlage zum Zeitpunkt der Feierlichkeiten noch nicht, erst die Hälfte der geplanten Bauwerke stand. Die zum Theaterplatz gelegene Seite, an der heute die Gemäldegalerie steht, wurde deshalb mit einer monumentalen Tribüne verkleidet. Andere Bauten, wie die Bogengalerien im Westen, wurden sogar nur provisorisch und in Holz ausgeführt. Viele Zeitgenossen waren dennoch begeistert vom Zwinger: »Man könnt vom Paradies nicht angenehmer träumen«, hielt ein Besucher fest. Die Hochzeitsfeierlichkeiten dauerten den ganzen Monat September des Jahres 1719, nach dem Ende des Festes waren allerdings der Zwinger und die Staatskassen leer. Erst 1722 wurde weitergebaut, die hölzernen Galerien durch steinerne ersetzt, der Glockenspielpavillon im Süden als Pendant zum Wallpavillon errichtet. August selbst sorgte unterdessen dafür, dass seine gesammelten Schätze, ob Antiquitäten, Mineralien oder physikalische Werkzeuge, in den Zwinger einzogen. Ebenso wie die Rüstkammer, die Porzellansammlung oder die Gemälde alter Meister, für die Gottfried Semper Mitte des 19. Jahrhunderts die Gemäldegalerie auf der Elbseite anbaute.

Die spätbarocke Pracht im Zentrum von Dresden hatte nicht nur Freunde: Karl Friedrich Schinkel, der sich als Architekt eher für die Antike begeisterte, beschrieb das Bauensemble knapp als »weites Gebäude aus Quadern«, das »voll erstaunlicher Muschel- und Blumenpracht im schlechtesten Stil« sei. Ob die barocke Anlage nun gefällt oder nicht – unbestritten ist der Zwinger mit seinem triumphbogenartigen Kronentor ein Wahrzeichen der Stadt.

MATTHÄUS DANIEL PÖPPELMANN wurde 1662 im westfälischen Herford geboren, ließ sich aber schon früh in Dresden nieder. 1705 wurde Pöppelmann Landbaumeister von August dem Starken, dem Kurfürsten von Sachsen und König von Polen. Für dessen Geliebte schuf der Baumeister von 1705 bis 1715 das Taschenberg-Palais in Dresden. Von 1709 bis 1722 baute Pöppelmann den Zwinger, der in das neue königliche Schloss integriert werden sollte, mit dessen Bau der Architekt ebenfalls beauftragt war. Er starb 1736 in Dresden.

»WUNDERWÜRDIGES KRIEGS- UND SIEGS-LAGER DES
UNVERGLEICHLICHEN HELDEN UNSERER ZEIT ...«

Salomon Kleiner

JOHANN LUCAS VON HILDEBRANDT, **OBERES BELVEDERE, WIEN**, 1721–1723

47
JOHANN LUCAS VON HILDEBRANDT
OBERES BELVEDERE, WIEN

Der Monate dauernden türkischen Belagerung hatte Wien erfolgreich standgehalten, 1683 waren die Osmanen schließlich geschlagen. Unter den Befreiern der Stadt war auch Prinz Eugen von Savoyen, der in den nächsten Jahrzehnten in den Diensten Kaiser Leopolds I. weitere Erfolge sammelte und schließlich sogar zum Feldmarschall ernannt wurde.

Neben militärischen Ehren sammelte Eugen auch Bücher, seine riesige Kollektion ist heute Teil der Österreichischen Nationalbibliothek. Mit Begeisterung widmete der Prinz sich jedoch auch einem anderen Sammelgebiet: Schlösser. Südlich von Budapest entstand Anfang des Jahrhunderts sein Schloss Ráckeve, in Wien gehörte ihm ein Stadtpalais, das er mehrfach umbaute. Und dennoch war das erst der Anfang einer steilen Karriere als Bauherr. Auf einem großen Grundstück nahe der Wiener Stadtmauer hatte Eugen schon in den 1690er-Jahren einen Garten anlegen lassen. 1714 beauftragte er dann seinen Haus- und Hofarchitekten Johann Lucas von Hildebrandt mit dem Bau eines Gartenpalais. Schon zwei Jahre später war das Untere Belvedere fertiggestellt, eine barocke Sommerresidenz mit Wohn- und Repräsentationsräumen. Als der Prinz fünf Jahre später seine militärische Laufbahn beendete, wandte er sich erneut dem Grundstück zu. Im leicht ansteigenden Garten, der sich hinter dem Unteren Belvedere erstreckte, sollte nun ein zweites Schloss Gestalt annehmen. Wieder war von Hildebrandt Eugens Architekt der Stunde. In einem erhöhten Teil des terrassierten Gartengeländes nahm ab 1721 das Obere Belvedere Gestalt an. Ursprünglich geplant war wohl eine kleine Gartenarchitektur. Nach drei Jahren Bauzeit stand jedoch ein repräsentatives Lustschloss an Ort und Stelle – von einem Gartenpalais konnte keine Rede mehr sein. Der Baukörper besteht aus mehreren Teilen: Sie sind unterschiedlich hoch und zeigen jeweils eigene Dachlösungen, was den Gesamteindruck bewegt erscheinen lässt. Der Mittelteil des Schlosses ragt aus der Fassade heraus und ist mit Skulpturen geschmückt. Aus der Eingangshalle im Erdgeschoss führt eine Prunkstiege hinauf zum Mittelpunkt des Schlosses, dem mit Fresken und Stuck verzierten Marmorsaal. Im Gegensatz zum Unteren Belvedere war der spätere Bau vor allem für repräsentative Zwecke gedacht: Eugens Bibliothek und seine Kunstsammlung etwa zogen dort ein. Inzwischen haben sich beide Schlösser als Museum etabliert: Heute ist die Österreichische Galerie Belvedere mit ihren Sammlungen vom Mittelalter bis zur zeitgenössischen Kunst dort zu Hause. Zwischen den beiden Schlössern liegt der kunstvoll geplante Garten und vervollständigt das Gesamtkunstwerk aus Kunst, Architektur und Natur.

JOHANN LUCAS VON HILDEBRANDT wurde 1668 als Sohn eines Österreichers und einer Italienerin in Genua geboren. Nach einer Lehrzeit bei Carlo Fontana, einem der führenden Architekten Roms, ließ Hildebrandt sich 1696 in Wien nieder. 1701 trat er dort in den Dienst Kaiser Leopolds I. Hildebrandt baute Schlösser und Kirchen, darunter das Wiener Stadtpalais Daun-Kinsky und die ehemalige Deutschordenskirche Heilig Kreuz in Linz (heute Priesterseminarkirche). Für Prinz Eugen von Savoyen schuf er die Gartenpalastanlage mit den beiden Schlössern Unteres Belvedere als Gartenpalais und Oberes Belvedere für repräsentative Zwecke. In den 1730er-Jahren arbeitete er an der Würzburger Residenz mit, deren Hauptarchitekt Balthasar Neumann war. Hildebrandt starb 1745 in Wien.

48
GEORGE BÄHR
FRAUENKIRCHE, DRESDEN

Der sächsische Kurfürst Friedrich August I., August der Starke genannt (1670–1733), konvertierte 1697 zum Katholizismus, um König von Polen zu werden. Die mehrheitlich protestantische Bevölkerung war davon wenig begeistert, ließ sich jedoch besänftigen, da August nicht nur Religionsfreiheit versprach, sondern auch eine protestantische Kirche im Herzen seiner Residenzstadt Dresden. Es wurde die größte protestantische Kirche Deutschlands.

Vorbild sollte die Kuppelkirche Santa Maria della Salute in Venedig sein. Der Baumeister George Bähr begann 1722 mit der Planung, aber erst 1726 wurde der Grundstein gelegt. Bähr plante die ›Quadratur des Kreises‹, einen quadratischen Grundriss mit kreisförmiger Pfeileranordnung. Darüber eine Kuppel, die von vier Ecktürmen flankiert wird. So entstand die berühmte Silhouette, die ganz Augusts Idee vom Gesamtkunstwerk Dresden entsprach. Die äußere Glockenkuppel entspricht in ihrer Steilheit dabei nicht der inneren, die halbkreisförmig ist und auf der Höhe des Tambourgeschosses abschließt. Der kreisrunde Innenraum mit seinen geschwungenen Emporen entspricht der für protestantische Kirchen typischen, auf die Predigt gerichteten Anordnung. 1730 drohte ein Baustopp, da die Kosten auf mehr als das Dreifache gestiegen waren. Um die Kosten im Rahmen zu halten, schlug Bähr eine Steinkuppel vor, die billiger zu sein schien als die geplante, mit Kupfer ummantelte Holzkonstruktion. Um die Statik bei dem zu erwartenden Druck des Gewölbes (immerhin 12 000 Tonnen) zu gewähren, wurden eiserne Ringanker um die Kuppel gespannt. Sie stabilisierten den Sandstein und durch Bährs Konstruktion lag die Last nicht nur auf den vier Hauptpfeilern, sondern wurde auf das gesamte Mauerwerk verteilt. Kurz vor der Vollendung 1738 starb Bähr und konnte die Einweihung der mit 95 Meter Höhe gleichzeitig monumentalen wie schwerelos wirkenden Kuppel nicht miterleben.

Im Februar 1945 wurde Dresden von 2 600 Tonnen britischer und amerikanischer Bomben zerstört. Vielleicht hätte die Frauenkirche dem standgehalten, wenn die Fenster vermauert gewesen wären. Denn durch sie drang das Feuer in die Kirche ein. Der Sandstein hielt der enormen Hitze nicht stand und die Kirche stürzte ein.

Was blieb, war ein 5 000 Quadratmeter großes Trümmerfeld, das als Mahnmal gegen Krieg und Zerstörung unangetastet blieb. Ab 1993 begann man mit der »archäologischen Rekonstruktion«, bei der alle noch verfügbaren Steine mittels eines Computerprogramms dort eingesetzt wurden, wo sie einst waren. Bei der Vollendung des Wiederaufbaus 2005, an dem sich neben vielen Spendern auch britische und amerikanische Organisationen sowie Elisabeth II. persönlich beteiligt hatten, stammte die Hälfte der Steine aus der originalen Kirche.

GEORGE BÄHR wurde am 15. März 1666 in Fürstenwalde geboren. 1693 ging er nach seiner Zimmermannslehre nach Dresden, wo er auch Mechanik studierte. Er entwarf eine Camera obscura und baute eine mechanische Orgel. 1705 wurde er ohne Meisterbrief Ratszimmermeister, also der oberste Zimmermann Dresdens. Sein erster Bau war die Pfarrkirche von Dresden-Loschwitz (1705–1708) auf gestrecktem, achteckigem Grundriss. Es folgten zwei Kirchen im Erzgebirge (Schmiedeberg, 1713–1716; Forchheim, 1719–1726), weitere Kirchenneu- und Umbauten sowie Entwürfe für Wohnhäuser in Dresden. Ab 1722 plante er mit der Frauenkirche in Dresden sein Hauptwerk und starb 1738 als einer der führenden Barockarchitekten Dresdens.

»DRESDEN WAR EINE WUNDERBARE STADT ... DER ZWEITE WELTKRIEG HAT SIE ... MIT EINER EINZIGEN HANDBEWEGUNG, WEGGEWISCHT. JAHRHUNDERTE HATTEN IHRE UNVERGLEICHLICHE SCHÖNHEIT GESCHAFFEN. EIN PAAR STUNDEN GENÜGTEN, SIE VOM ERDBODEN FORTZUHEXEN.

Erich Kästner

GEORGE BÄHR, **FRAUENKIRCHE, DRESDEN**, 1726–1743

DIE RESIDENZ IST EIN BEISPIEL FÜR DAS ZUSAMMENWIRKEN VON KÜNSTLERN AUS DEN KULTURELL WICHTIGSTEN LÄNDERN EUROPAS, EINE ›SYNTHESE DES EUROPÄISCHEN BAROCK‹.«

Aus der Begründung der UNESCO-Weltkulturerbekommission

BALTHASAR NEUMANN, **RESIDENZ, WÜRZBURG,** 1720–1744

49
BALTHASAR NEUMANN
RESIDENZ, WÜRZBURG

Treppenhäuser spielten im Schlossbau des Barocks eine Schlüsselrolle. Hier wurde dem Gast, vor allem aber dem Hausherren eine pompöse Bühne bereitet, auf der man das Zeremoniell aus Ankommen, Geleiten und Empfangen großartig in Szene setzen konnte. Dabei wird das Raumerlebnis durch die nicht nur horizontale, sondern auch diagonal-vertikale Bewegung über die Treppe noch verstärkt. Der Raum wird erlebbarer.

Balthasar Neumann wurde zum Spezialisten in der Inszenierung von Treppenanlagen und sein Meisterstück gelang ihm in der Würzburger Residenz. Tatsächlich waren zwei spiegelbildlich angeordnete Treppenanlagen vorgesehen, von denen jedoch nur die linke gebaut wurde. Das war allerdings typisch für den gesamten Bau der Residenz. Seit dem Baubeginn 1720, veranlasst von Fürstbischof Johann Philipp Franz von Schönborn (1673–1724) gab es nicht nur einen mehrfachen Wechsel der Bauherren, sondern auch immer wieder neue Pläne, Einflüsse und Änderungen von deren jeweiligen Lieblingsarchitekten wie Maximilian von Welsch, Johann Lucas von Hildebrandt und Germain Boffrand. Neumanns größtes Verdienst liegt bei der Würzburger Residenz wohl nicht nur in seiner Architektur, sondern vor allem in seiner genialen Fähigkeit, bei all den Einflüssen und stetigen Änderungen den Überblick zu behalten und seine Idee letztlich umzusetzen. Zumal er nicht nur für die Residenz zuständig war, sondern währenddessen auch bedeutende Kirchen, Festungsanlagen, Treppenhäuser, Brücken und sogar eine Glasfabrik baute, die unter anderem die Spiegel für die Kabinette der Residenz lieferte.

Die Residenz ist eine symmetrische Anlage mit zwei Seitenflügeln, von denen jeder mit zwei Binnenhöfen ausgestattet ist. Der zentrale ›Corps des Logis‹ öffnet sich zur Stadt in einem Ehrenhof und zur Gartenseite mit einem Pavillon, in dessen Obergeschoss der prächtige Kaisersaal liegt.

Im südlichen Teil befindet sich die Hofkirche. Der rechteckige Kastenraum wird von den drei überkuppelten Ovalen bestimmt, die als raumbildendes Element den Raum zum Schwingen bringen. In Ausstattung und Wirkung ist sie das genaue Gegenteil des luftig hellen Treppenhauses, dem Höhepunkt der Residenz. Sein Gewölbe mit 18 mal 30 Metern und einer Stichhöhe von 5,5 Metern war seinerzeit einzigartig und wurde 1753 durch das größte zusammenhängende Deckenfresko von Giambattista Tiepolo zusätzlich geadelt. Neumann war der ideale Architekt für seine vom »Bauwurmb« befallenen Auftraggeber, der (einfluss-)reichen Familie der Schönborn. Er hat die Einflüsse der italienischen, österreichischen und französischen Architektur seiner Zeit souverän zusammengefasst und sie in seinem eigenen, mainfränkischen Stil noch übertroffen.

BALTHASAR NEUMANN, als Sohn eines Tuchmachers 1687 im böhmischen Eger (heute Cheb in Tschechien) geboren, macht eine Lehre als Glocken- und Metallgießer sowie als Büchsenmeister und Ernst- und Lustfeuerwerker. Später geht er zum Militär und studiert Ingenieurwesen und Architektur. Er wird der bedeutendste deutsche Barockarchitekt und schuf neben vielen anderen Bauten die Kirchen Vierzehnheiligen (1743–1772) und Neresheim (ab 1747), sowie einige Wohnhäuser in Würzburg. Bis zu seinem Tod am 19. August 1753 arbeitet er an der Residenz. Neben seiner künstlerischen Karriere ist er auch immer auf seine militärische bedacht und stolz darauf. Nicht umsonst lässt er sich auf Giambattista Tiepolos Fresko in der Uniform eines Artillerieobersts abbilden.

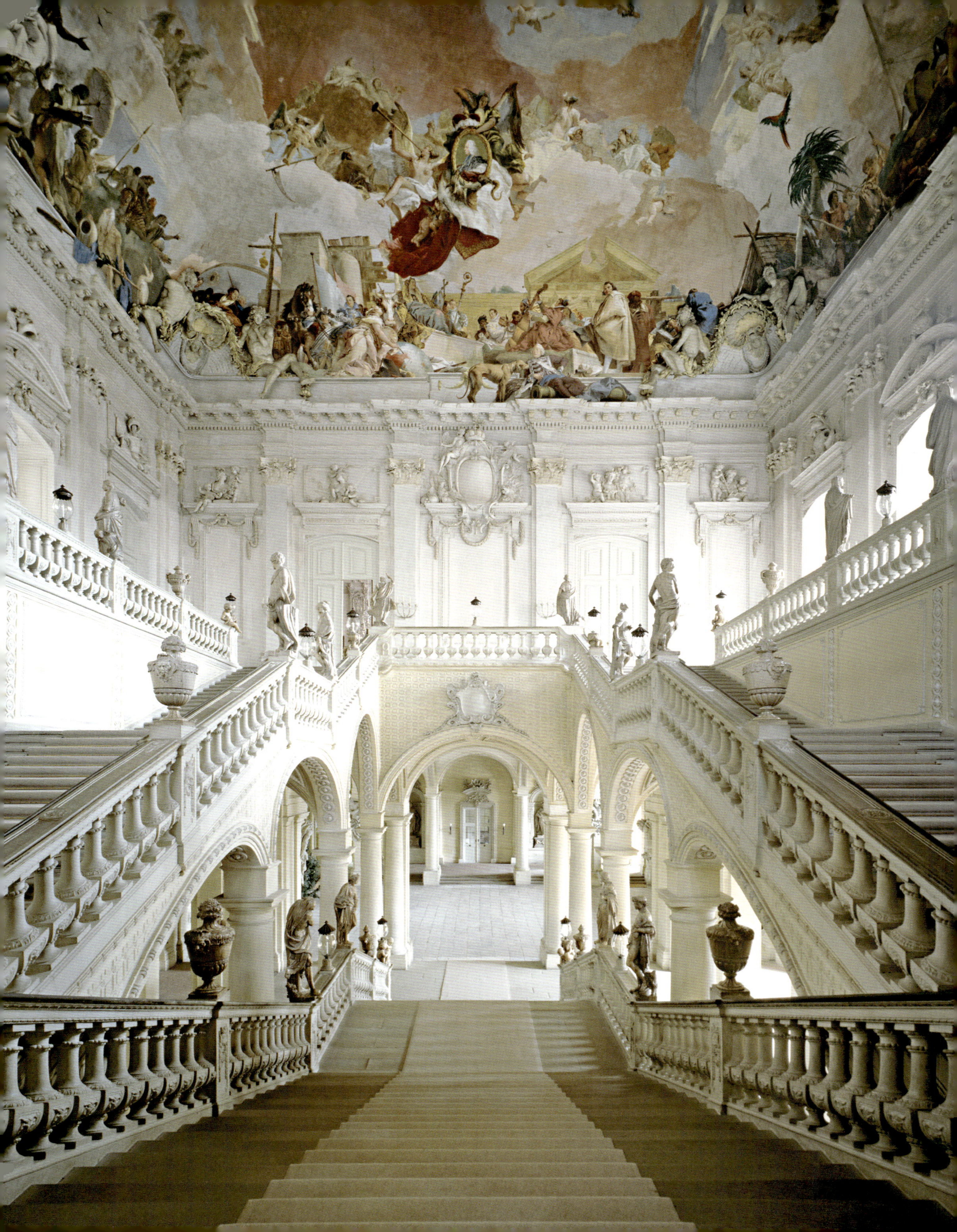

links Giambattista Tiepolo stellt in seinem prachtvollen Fresko den antiken Götterhimmel und die vier Kontinente allegorisch dar. In der Darstellung Europas findet man neben Porträts des Fürstbischofs Carl Philipp von Greiffenclau auch die Bildnisse von Balthasar Neumann, des Würzburger Malers Ignaz Roth und das Selbstporträt Tiepolos mit seinem Sohn Giovanni Domenico.

oben Als Tiepolo 1750 nach Würzburg kam, betraf sein Auftrag erst nur die Ausmalung des Kaisersaales. Es war jedoch klar, dass der Auftrag zur Ausmalung des Treppenhauses folgen würde, sollte das Fresko im Kaisersaal zur Zufriedenheit des Fürstbischofs ausfallen. 1752 war die Decke vollendet, ebenso wie zwei sieben Meter hohe Altarbilder in der Hofkirche.

BALTHASAR NEUMANN, **RESIDENZ, WÜRZBURG,** 1720–1744

»WAS SOLL ICH NOCH MEHR VON DIESEM GNADENFLUSS MELDEN, DA SELBST JETZT SCHON GANZ EUROPA DURCHSTRÖMET, WENN SOGAR VON PETERSBURG IN RUSSLAND, VON GÖTEBORG IN SCHWEDEN, VON AMSTERDAM IN HOLLAND, VON KOPENHAGEN IN DÄNEMARK, VON CHRISTIANENBURG IN NORWEGEN, VON NÎMES IN FRANKREICH, VON CÁDIZ IN SPANIEN WALLFAHRER DA GEWESEN SIND? WAS SOLL ICH ALLE DEUTSCHEN PROVINZEN UND ANDERE ANGRENZENDE KÖNIGREICHE NENNEN?«

P. Benno Schröfl, Wallfahrtspriester in der Wies

DOMINIKUS ZIMMERMANN, **WIESKIRCHE, STEINGADEN,** 1745–1754

50
DOMINIKUS ZIMMERMANN
WIESKIRCHE, STEINGADEN

Der eigentliche Name der auch »die Wies« genannten Kirche passt nicht so recht zu ihrer heiteren Erscheinung: Wallfahrtskirche zum Gegeißelten Heiland auf der Wies. In dem luftigen Ambiente scheint eine Geißelung fehl am Platz. Der Name stammt von der Prozessionsfigur des gegeißelten Christus, die 1738 Tränen vergossen und Gebete erhört haben soll.

1739 wurde daraufhin eine Kapelle errichtet, die in kurzer Zeit mit Votivtafeln überhäuft und von Wallfahrern überrannt wurde. 1745 bekam Dominikus Zimmermann vom Abt des benachbarten Klosters Steingaden den Auftrag, eine neue, größere Wallfahrtskirche zu errichten. Der Chor wurde zuerst gebaut. Er sollte so gestaltet sein, dass er auch alleine als Kirche funktionieren könnte, sollten die Wallfahrten erheblich zurückgehen. Das war nicht der Fall. Noch heute besuchen circa eine Million Menschen jährlich die Kirche, zwar nicht alle als Wallfahrer, aber die Sorge um geringer werdende Besucherzahlen war offensichtlich unbegründet.

Vor den Chor setzte Zimmermann eine Ovalrotunde mit gerade geführtem Mittelstück. Der Raum ist zweischalig aufgebaut, wobei die Außenwand wie eine Ummantelung des inneren Raumovals wirkt, das von acht freistehenden Pfeilerpaaren bestimmt wird. Sie tragen das flache Scheingewölbe, das seine vorgetäuschte Tiefe der perspektivischen Deckenmalerei verdankt, die von Dominikus' Bruder Johann Baptist stammt. Der Raum ist eine Rotunde, wobei die Längsachse durch den Zug zum Chor wie auch die Querachse durch die verlängerten Abstand der Mittelarkaden und die beiden Seitenaltäre betont ist. Der Hauptraum, der durch den Arkadenkranz, die weiße Farbe und das helle Deckenfresko von lichterfüllter Weite ist, erscheint wie ein Festsaal. Der anschließende Chor wirkt mit seinen dunkleren Rottönen und dem Goldschmuck wie eine Schatztruhe für die Figur des gegeißelten Heilands.

In der 1754 geweihten Wieskirche erreicht der spätbarocke Kirchenbau seinen Höhepunkt. Zimmermann schuf eine prächtige, lichterfüllte Rokokokirche, wobei der Begriff Rokoko nicht eigentlich einen Architektur-, sondern einen Dekorationsstil bezeichnet. Erfunden wurde er in den vornehmen Palais von Paris als Ausdruck einer galanten, verfeinerten Lebenskultur des höfischen Adels. Durch die Stuckornamentik hat er sich im Besonderen auch im bayerischen Kirchenbau ausgebreitet, denn das war das wichtigste Arbeitsfeld von Stuckateuren wie den Brüdern Zimmermann. In der Wies ist die dem Rokoko namensgebende Rocaille nicht nur Dekoration, sondern wird zum architektonischen Element, das alle Bauteile verbindet.

DOMINIKUS ZIMMERMANN wurde 1685 bei Wessobrunn geboren und wurde als Stuckateur und Architekt ausgebildet. 1716 ließ er sich in Landshut nieder, wo er von 1748 bis 1753 auch Bürgermeister war. Sein erster Bau war die Klosterkirche in Mödingen (1716–1725). Es folgten unter anderem die Klosterkirche in Schwäbisch Gmünd (1724–1738) und von 1727–1733 die Wallfahrtskirche in Steinhausen, die als schönste Dorfkirche der Welt betitelt wurde. Hier fand er zu seinem reifen und reichen Rokokostil. Oft arbeitet er mit seinem Bruder Johann Baptist Zimmermann (1680–1758) zusammen, seines Zeichens Maler, Freskant und auch Stuckateur. Dominikus Zimmermanns Hauptwerk ist die Wieskirche, in deren direkter Nähe er ab 1754 wohnte und 1766 starb.

51
CLAUDE-NICOLAS LEDOUX
KÖNIGLICHE SALINE, ARC-ET-SENANS

In der Geschichte der Architektur sind es bis zum Ende des 18. Jahrhunderts meist Bautypen wie Tempel, Kirchen, Schlösser und Paläste, die im Mittelpunkt des Interesses stehen und von denen die Entwicklung der Architektur auszugehen scheint. Reine Zweckbauten wie Bibliotheken, Krankenhäuser, Wohnhäuser oder frühe Formen von Produktionsstätten sind ein viel selteneres Thema.

Mit dem Bau der königlichen Saline von Arc-et-Senans und ihrem Architekten Claude-Nicolas Ledoux beginnt sich das zu ändern. 1771 bekommt er das einflussreiche Amt des Inspektors der königlichen Salzwerke. Die Salzgewinnung war ein königliches Monopol und eine der Haupteinnahmequellen des Staates, aber wegen der großen Öfen auch sehr holzintensiv. Während einer Inspektion erkannte Ledoux, dass die Saline in Salins-les-Bains aufgrund des dortigen Holzmangels unwirtschaftlich war. Ledoux schlug einen Neubau zwanzig Kilometer entfernt vor, am Wald von Chaux. Ledoux' pragmatische Aussage »es ist einfacher, das Wasser auf Reisen zu schicken, als einen Wald Stück um Stück durch die Gegend zu fahren«, gab den Ausschlag, in Arc-et-Senans einen neue Saline zu bauen und das salzhaltige Wasser über einen Kanal dorthin zu leiten. 1773 begann Ledoux mit den Planungen der Anlage, bestehend aus Werkstätten, Verwaltungsbauten und den Wohnhäusern der Arbeiter, und schloss den Komplex 1779 ab. Die Anlage ist halbkreisförmig angelegt und in einem rustikal klassizistischen Stil erbaut. Im Zentrum befindet sich das Haus des Direktors und jeweils links und rechts davon die großen Salzwerkstätten. Im Halbkreis darum liegen zwei Gebäude der Verwaltung und vier Wohnhäuser, die alle nach dem gleichen Plan entstanden: Im Mittelteil befand sich eine zentrale Gemeinschaftsküche um einen großen Kamin. In den Seitenteilen waren die Wohnungen der Arbeiter untergebracht. In der Längsachse, an der Spitze des Halbkreises, liegt das Torgebäude mit dem monumentalen Portikus und seinen acht dorischen Säulen. Es enthält die Bäckerei und das Waschhaus, sowie die Wache und das Gefängnis. Die Durchfahrt ist wie eine Salzgrotte gestaltet.

Ledoux wollte die als minderwertig angesehenen Bautypen wie Fabriken aufwerten, denn er sah eine der Hauptaufgaben der Architektur auch darin, das Glück und den moralischen Fortschritt der Menschen zu sichern. Also versah er solche Gebäude mit den traditionell auszeichnenden Architekturelementen wie Säulen und Giebeln. Was ihn gleichwohl nicht daran hinderte, den Komplex mit einer Mauer zu umgeben, damit die Arbeiter besser überwacht und die Produktionsstätten gesichert werden konnten.

CLAUDE-NICOLAS LEDOUX wurde 1736 in Dormans geboren, begann 1753 eine Lehre als Graveur und studierte bei Jacques-François Blondel Architektur. Er begann seine Karriere mit dem Bau kleinerer Kirchen, Palais und Landschlösser. 1771 wird er Inspektor der königlichen Salzwerke. Mit der geometrischen Strenge des Klassizismus wollte er die elegante Architektur des 18. Jahrhunderts überwinden. 1784 baut er das Theater in Besançon mit dem ersten Orchestergraben und plant fünfzig Zollhäuser in Paris. Als Vertreter des Ancien Régime kam er nach der Revolution ins Gefängnis und schrieb 1804 seine richtungsweisende Architekturtheorie, in der er einen Nutzen der Architektur für das einfache Volk fordert. Er starb 1806 in Paris.

CLAUDE-NICOLAS LEDOUX, **KÖNIGLICHE SALINE, ARC-ET-SENANS,** 1775–1779

»BY VIRTUE OF AN ACT MADE IN THE SIXTEENTH YEAR OF THE REIGN OF
HIS MAJESTY KING GEORGE THE THIRD, 'FOR BUILDING
AN BRIDGE ACROSS THE RIVER SEVERN FROM BENTHALL,
IN THE COUNTY OF SALOP, TO THE OPPOSITE SHORE AT MADELEY-WOOD, IN THE SAID COUNTY,
AND FOR MAKING PROPER AVENUES OR ROADS TO AND FROM THE SAME.«

Aus der Gründeraktie Nr. 6 vom 20. Oktober 1777

THOMAS PRITCHARD, **IRON BRIDGE, IRONBRIDGE,** 1777–1781

52

THOMAS PRITCHARD
IRON BRIDGE, IRONBRIDGE

Manchmal sind es die aus heutiger Sicht eher unscheinbaren Bauten, die den Kern einer wahrhaften Revolution in sich tragen. Ein Beispiel dafür ist die kleine Brücke über den englischen Fluss Severn, westlich von Birmingham. Die nach ihrem wichtigsten Baumaterial benannte Iron Bridge ist die erste Brücke aus Gusseisen weltweit und damit Urahn sämtlicher Eisenbrücken und Stahlbauten der Welt.

Die Gegend um Coalbrookdale in der britischen Grafschaft Shropshire, am Ufer des Severn, war seit Langem ein Zentrum der Eisenverarbeitung. Hier gab es neben dem Eisenerz alle zur Verhüttung nötigen Rohstoffe wie Lehm, Kalk und Holz. Zu Beginn des 18. Jahrhunderts gelang Abraham Darby ein Durchbruch in der Eisenverarbeitung, indem er Koks statt Holzkohle verwendete und so einen höheren Reinheitsgehalt des Eisens erzielte. Sein Enkel, Abraham Darby III (1750–1791) führte die Geschäfte erfolgreich weiter und es entstand ein frühindustrielles Zentrum, das jedoch ein Manko hatte: Der Transport von Mensch und Ware mittels Fähren war zu einem Problem geworden. Daher schlug der Architekt Thomas Pritchard (1723–1777) 1773 den Bau einer Brücke aus Eisen vor.

Eisen wurde in der Architektur bisher nur als Hilfsmittel, etwa für Zuganker und Armierungen verwendet. Dabei hat es bei einem Höchstmaß an Tragfähigkeit ein Mindestmaß an Materialverbrauch. Darby war von der Idee begeistert und man begann mit der Planung einer Brücke, wie sie die Welt noch nicht gesehen hatte. Da man noch keine Erfahrung hatte, plante Pritchard sie wie eine Holzbrücke. Sie besteht aus fünf nebeneinanderstehenden großen Bogen mit 30 Meter Spannweite, über denen die Straße verläuft.

Insgesamt waren 378 Tonnen Eisen für alle Teile der Brücke notwendig, was in etwa einem Drittel der Jahresproduktion in Caolbrookdale entsprach. Heute weiß man, dass deutlich weniger Material auch ausgereicht hätte. 1779 begann die Produktion der Eisenteile, die an Ort und Stelle zusammengesetzt wurden. Am Neujahrstag 1781 wurde die Brücke eröffnet, in kürzester Zeit wurde sie weltbekannt. Von überallher strömten die Menschen, um sie zu bestaunen. Es wurde sogar extra ein Hotel für die neuen Gäste gebaut. Eine der Folgen war eine heftige Produktionssteigerung des Eisens, denn überall wurden nun ähnliche Brücken gebaut.

Darby hatte es geschafft, der Architektur einen neuen Baustoff zur Verfügung zu stellen. Mit der Iron Bridge schuf er gleichzeitig den besten Werbeträger, denn alle Welt konnte die Vorteile des neuen Materials und die damit mögliche Eleganz sehen. Es entstanden neue Produktionsstätten und um sie herum ein gesamter Ort, der den Namen seines Ursprungs trägt: Ironbridge.

Der junge **ABRAHAM DARBY III** tat sich für den Bau der Brücke mit dem Eisenfabrikanten John Wilkinson (1728–1808) zusammen, der einer der erfahrensten Fachleute auf dem Gebiet der Eisenverarbeitung war. Neben einem Verfahren zum Gießen und Ausbohren von Kanonen und Maschinenzylindern baute er 1776 mit James Watt die erste einsatzfähige Dampfmaschine. Populär wurde er mit seiner für unmöglich gehaltenen Idee, ein Schiff aus Eisen zu bauen. 1787 fuhr das Schiff auf dem Fluss Severn. Darby selbst erhielt für die Iron Bridge 1788 eine Auszeichnung der englischen Society of Arts, da sie auch als Kunstwerk angesehen wurde, das wiederum Schriftsteller und Maler inspirierte.

»ICH STEHE GERN ETWAS ABSEITS UND SCHAUE LANGE, LANGE ZUR KUPPEL HINAUF; ES ERQUICKT MICH.«

Walt Whitman

WILLIAM THORNTON, **KAPITOL, WASHINGTON,** 1793–1823

53

WILLIAM THORNTON
KAPITOL, WASHINGTON

Als entschieden war, dass Washington die Hauptstadt der frisch gegründeten Vereinigten Staaten werden sollte, hatte der Kongress es eilig: Innerhalb von zehn Jahren sollten die Regierungsbauten der neuen Federal City am Ufer des Potomac fertig sein. Allen voran das Kapitol.

Für den Bau des Parlaments wurden ein Hügel bestimmt und ein Name beschlossen: ›Kapitol‹ sollte das Haus für den Kongress künftig heißen. Damit reiste man zurück bis ins antike Rom: Das römische Kapitol, wichtigster Tempel der Stadt und Tagungsort des Senats, stand ebenfalls auf einem Hügel. Nicht nur in der Anlage und Formensprache sollte sich das antike Vorbild niederschlagen – auch auf die republikanische Tradition Roms wollten sich die Vereinigten Staaten beziehen. Für die architektonischen Bezüge trug der einflussreiche Politiker Thomas Jefferson Sorge, der auch die ersten Entwürfe für den Bau lieferte. 1793 legte Präsident George Washington den Grundstein zum Neubau. Während dieser voranschritt, nahm auch die Stadt Washington nach und nach Gestalt an. Die Pläne für das Kapitol stammten von William Thornton, der Jeffersons Architekturvorbilder aufgriff und mit seinem Entwurf klassische Bauformen zitierte. Die Arbeiten begannen, allerdings zerstörten britische Truppen während des Britisch-Amerikanischen Kriegs den Rohbau im Jahr 1814. Den Wiederaufbau übernahm der Architekt Benjamin Henry Latrobe. 1819 schließlich zog dann der Kongress in sein neues Kapitol, einen kuppelbekrönten Bau, dessen Eingangsseiten im Osten und Westen Säulenhallen vorgelagert sind. Bei Baubeginn plante man ein Parlament mit Platz für die Vertreter der dreizehn Gründerstaaten. Doch die Vereinigten Staaten waren inzwischen gewachsen, das Kapitol war also bald zu klein. 1850 wurde deshalb ein Wettbewerb für seinen Ausbau ausgerufen. Die Anbauten der nächsten Jahre machten aus dem Parlamentssitz einen Monumentalbau mit einer Gesamtlänge von fast 230 Metern: Zwei weitere Gebäudeteile für den Senat und das Repräsentantenhaus entstanden, die als Flügelbauten im Norden und Süden den zentralen Rundbau flankieren. Auch die Kuppel bekam mithilfe von 4 000 Tonnen Gusseisen ein neues Gesicht. Sie ragt seit 1865 hoch auf am östlichen Ende von Washingtons National Mall, der Parkanlage, die das Kapitol mit dem Präsidentenhaus verbindet. Mit seiner erhöhten Lage, den monumentalen Dimensionen und der klassisch gegliederten Fassade unterstreicht das Kapitol seine politische Bedeutung. Lange Zeit hat auch der oberste Gerichtshof im Kapitol getagt, erst 1935 bekam auch die dritte Kraft im Staat ein eigenes Quartier und die inzwischen 435 Abgeordneten und 100 Senatoren haben das Kapitol nun für sich.

WILLIAM THORNTON wurde 1759 auf Tortola geboren, einer der Britischen Jungferninseln. Er studierte in Edinburgh und London Medizin, Pharmazie und Kunst und emigrierte 1787 als Arzt in die USA. Dort ließ er sich zunächst in Philadelphia nieder und entwarf als Autodidakt erste Bauten im Stil des Palladianismus, darunter die Library Company. Vier Jahre später gewann er den Architekturwettbewerb für den Bau des Kapitols, das sein Hauptwerk wurde. Thornton baute auch Privathäuser, darunter das Octagon House und Tudor Place in der amerikanischen Hauptstadt. Er starb 1828 in Washington.

54
KARL FRIEDRICH SCHINKEL
ALTES MUSEUM, BERLIN

Die Entwicklung künstlerischer Stile verläuft in der Regel vom Einfachen zum Komplizierten, vom Klaren zum Verspielten. Und meist entsteht, wenn ein Kunststil seine komplexeste Phase erreicht hat, eine Gegenbewegung, die sich ihrerseits um eine neue Schlichtheit und Klarheit bemüht. So ist der Barock mit der späten Blüte des Rokokos in seiner komplexen Pracht der Wieskirche (siehe Seite 134) nicht mehr steigerbar.

Man reduzierte die Formen und besann sich auf die »edle Einfalt und stille Größe«, die zu Beginn des 19. Jahrhunderts für die Tugenden der klassischen, griechisch-römischen Architektur gehalten wurden. Es entstand der Klassizismus, der sich um die Jahrhundertwende wieder genau darauf besann.
Karl Friedrich Schinkel war ein wichtiger Vertreter dieser neuen, auf den Idealen der Antike gründenden Richtung der Architektur. Eines seiner Hauptwerke steht sowohl architektonisch wie auch inhaltlich geradezu als Paradebeispiel für den Klassizismus: Das Alte Museum auf der Museumsinsel in Berlin, das zwischen 1822 und 1830 entstand. Friedrich Wilhelm III. ließ es als im Lustgarten städtebauliches Gegenüber zum (inzwischen abgerissenen) Schloss errichten und es sollte als Museum die königlichen Kunstsammlungen der Öffentlichkeit zugänglich machen.
»Friedrich Wilhelm III. hat dem Studium jeder Art Altertümer und der freien Künste das Museum gestiftet 1828«, steht in Latein am Gebälk über der Hauptfassade, bei der es sich um eine breit gelagerte Vorhalle mit 18 kolossalen ionischen Säulen handelt. Eine Freitreppe führt zur Eingangspartie mit einer weiteren Säulenreihe, durch die man zu der zweistöckigen Treppenhalle gelangt.
Im Inneren befindet sich der quadratische Mittelbau mit den links und rechts davon befindlichen Innenhöfen. Der Mittelbau hält die große Überraschung des Alten Museums bereit, die man von außen nicht erkennen kann: Eine zweistöckige, überkuppelte Rotunde, die, obschon weniger als halb so groß, an das römische Pantheon (siehe Seite 22) erinnern soll. Ein Ring aus 20 korinthischen Säulen trägt die obere Galerie, in deren Wände Nischen für Skulpturen eingelassen sind. Wie das große Vorbild wird auch diese Rotunde von einer Öffnung im Scheitel belichtet, die jedoch geschlossen ist.
Schinkels Museumsbau, der auf dreitausend Kiefernholzpfählen ruht, überzeugt durch seine dem Klassizismus eigene Klarheit, die jedoch auch ein gewisses Maß an Pracht und Monumentalität nicht vermissen lässt. Seinen heutigen Namen bekam das einstmals Königliche Museum, eines der frühen Museen, das der Öffentlichkeit zugänglich war, nachdem Friedrich August Stüler 1843 bis 1855 das Neue Museum gebaut hatte.

KARL FRIEDRICH SCHINKEL, 1781 geboren, wurde zu einem der größten deutschen Architekten des 19. Jahrhunderts. Zusätzlich arbeitete er als Maler und Bühnenbildner. Nach seinem Studium in Berlin bereiste er von 1803 bis 1805 Italien, Frankreich und Deutschland und betätigte sich als Maler von Panoramen, romantischen Landschaften mit gotischen Kirchen sowie als Bühnenbilder von insgesamt 42 Stücken, wobei sein berühmtestes das 1816 entstandene Bühnenbild für Mozarts *Zauberflöte* ist. Seine architektonischen Hauptwerke entstanden zwischen 1816 und 1830 im klassizistischen Stil hauptsächlich in Berlin (zum Beispiel Neue Wache, Schauspielhaus). Sein umfangreiches Werk war lange stilbildend. Nach mehreren Schlaganfällen und langer Krankheit starb er 1841 in Berlin.

»EUROPÄISCHE BAUKUNST IST GLEICHBEDEUTEND MIT
GRIECHISCHER BAUKUNST IN IHRER FORTSETZUNG.
KEINE MASKERADE – DAS NOTWENDIGE DER KONSTRUKTION SCHÖN ZU GESTALTEN
IST GRUNDSATZ GRIECHISCHER ARCHITEKTUR UND MUSS
GRUNDSATZ BLEIBEN FÜR DEREN FORTSETZUNG.«

Karl Friedrich Schinkel

KARL FRIEDRICH SCHINKEL, **ALTES MUSEUM**, BERLIN, 1822–1830

PAUL ABADIE, **BASILIKA SACRÉ-CŒUR, PARIS,** 1875–1914

55
PAUL ABADIE
BASILIKA SACRÉ-CŒUR, PARIS

Zwei Bauwerke im Paris des ausgehenden 19. Jahrhunderts waren besonders heftig umstritten. Eines davon war der Eiffelturm (siehe Seite 158), der schließlich in nur zwei Jahren Bauzeit auf dem Marsfeld entstand. Das andere hatte eine deutlich längere Entstehungsgeschichte: Die Kirche Sacré-Cœur auf dem Hügel Montmartre wurde 1875 begonnen, war aber erst nach knapp vier Jahrzehnten vollendet.

Während des Deutsch-Französischen Kriegs von 1870/71 war unter den französischen Katholiken der Wunsch nach einer Wallfahrtskirche entstanden. Nach Kriegsende nahm der Plan Gestalt an, der Erzbischof von Paris sprach sich für den Neubau aus. Im August 1872 wurde auf dem Montmartre im 18. Arrondissement ein Bauplatz ausgewählt. Eine Gruppe engagierter Katholiken begann, Spenden einzutrommeln, die bald aus ganz Frankreich eintrafen. Als die französische Nationalversammlung entschied, das Projekt zu unterstützen, wurde für den Neubau der Herz-Jesu-Kirche ein Wettbewerb ausgeschrieben. 68 Vorschläge gingen ein. Der Entwurf des Architekten Paul Abadie bekam schließlich den Zuschlag. Er hatte bis dahin vor allem romanische Kirchen restauriert und begeisterte sich für historische Baustile: Seinen Entwurf für die Sühnekirche Sacré-Cœur beschrieb er als romanisch-byzantinisch. So ist der Bautyp einer Kreuzkuppelkirche dem byzantinischen Stil entlehnt und auch der Mosaikschmuck im Inneren geht auf Vorbilder aus Byzanz zurück. Die Hauptkuppel ist 55 Meter hoch, vier weitere Kuppeln umgeben sie. Bis sich die zentrale Kuppel schloss, sollten allerdings 25 Jahre vergehen: Bereits nach drei Jahren Bauzeit fehlten die Gelder, um das ambitionierte Bauvorhaben voranzutreiben. 1884 starb Abadie, in den nächsten drei Jahrzehnten übernahmen nacheinander sechs Architekten die Bauleitung. Sie hatten nicht nur mit finanziellen Engpässen zu kämpfen: Gegner des Baus sahen 1880 in der Basilika vielmehr eine »Herausforderung gegen das Bewusstsein der staatsbürgerlichen und freidenkerischen Stadt« und einen Angriff auf die Republik. Der Bau auf dem Montmartre schritt derweil voran. 1900 schloss sich die Hauptkuppel, 1914 war der Bau vollendet. Geweiht wurde die Kirche schließlich nach dem Ersten Weltkrieg 1919.

Gelegen auf der höchsten Erhebung von Paris, ist die monumentale Kirche schon von Weitem zu sehen. Ihr schillerndes Weiß verdankt sie dem verwendeten Travertinstein: Dieser scheidet nach und nach sein Kalzit aus, weshalb die Kirche mit den Jahren immer weißer wurde. Ähnlich wie der Eiffelturm ist auch Sacré-Cœur aus dem Stadtbild von Paris nicht mehr wegzudenken: Beide Bauten, so umstritten sie zunächst waren, haben es in kürzester Zeit zu Wahrzeichen der Stadt gebracht.

PAUL ABADIE wurde 1812 in Paris als Sohn eines Architekten geboren. Er studierte an der Pariser École des Beaux-Arts, unter anderem beim Architekten Jules Leclerc. Abadies bevorzugtes Aufgabengebiet war der Kirchenbau. 1844 wurde er Mitglied der Kommission für historische Baudenkmäler, im Folgejahr beteiligte der Architekt sich an der Restaurierung von Notre-Dame in Paris. Abadie wurde 1849 Mitglied der Kommission für Kirchenkunst und -bau und übernahm in den Folgejahren das Amt des Diözesanarchitekten in verschiedenen Bistümern, ab 1874 auch in der französischen Hauptstadt. Seine Kirchenbauten folgten den Ideen des Historismus. Abadie starb 1884 in Chatou.

»DOCH SIEHE! DORT IM MONDENSCHEIN
DEN KOLOSSALEN GESELLEN!
ER RAGT VERTEUFELT SCHWARZ EMPOR,
DAS IST DER DOM VON CÖLLEN.

Heinrich Heine, »Ein Wintermärchen«

KÖLNER DOM, BEGONNEN 1248

56
KÖLNER DOM

Wie so oft in der Geschichte der Architektur waren auch in Köln Reliquien der eigentliche Anlass für einen radikalen Neubau. Hier waren es die Reliquien der Heiligen Drei Könige, die Rainald von Dassel 1164 in Mailand raubte und nach Köln brachte. Sie gehörten sozusagen zu den Top Ten des mittelalterlichen Reliquienkultes und brachten der Stadt Köln durch die Pilgerströme viel Ruhm und noch mehr Geld ein.

Mit dem Dreikönigenschrein von Nicolas de Verdun (um 1180–1230) entstand dafür eines der prächtigsten Reliquiare des Mittelalters. Um das alles entsprechend präsentieren und der Pilgerströme Herr zu werden, war der karolingisch-ottonische Vorgängerbau viel zu klein.
1248 begann man mit dem Neubau, wobei man zunächst nur den Chor abreißen und erneuern wollte. Dabei brannte der gesamte Dom nieder und es gab Platz für einen völligen Neubau. Jetzt konnte man in neuen Dimensionen denken und die waren, dem Anspruch der Diözese Köln und der Reliquien entsprechend, hoch. Man orientierte sich sowohl an der konstantinischen Peterskirche in Rom als auch an den modernen Kathedralen der Île-de-France.
Der Plan sah eine fünfschiffige Basilika mit dreischiffigem Querhaus und fünfschiffigem Umgangschor nebst sieben Radialkapellen vor. 1322 wurde der gewaltige und doch filigrane Chor geweiht. Der Weiterbau verzögerte sich allerdings wegen Protesten der Bürger und so wurde erst ab 1350 mit dem Bau der Fassade begonnen. Sie blieb jedoch wie der Rest des Doms ein Torso, denn über die Jahrhunderte schwanden sowohl Geld als auch Interesse am Dom und dessen Fertigstellung. Um 1530 wurden alle Arbeiten eingestellt. Zu diesem Zeitpunkt standen der Chor, das südliche Langhaus und der angefangene Südturm. Auf ihm ragte der Baukran empor – er war für die nächsten dreihundert Jahre das Wahrzeichen der Stadt Köln.
1814 und 1816 machten der Architekt Georg Moller und der Kunsthistoriker Sulpiz Boisserée (1783–1854) sensationelle Entdeckungen: Sie fanden den originalen, über 4 Meter hohen Pergamentplan, den entweder Meister Gerhard, der geniale erste Baumeister, oder sein Nachfolger Arnold um 1300 gezeichnet hatte. Er wurde zur Grundlage für den Weiterbau.
Boisserée publizierte Risse und Schnitte des Doms wie von einem fertigen Bauwerk, um die Begeisterung anzuheizen. Und es gelang ihm. 1842 wurde der Grundstein zum Weiterbau gelegt. Eine Kommission achtete auf die Einhaltung der mittelalterlichen Formen und Bauchtechniken. Beim Dachstuhl machte man eine Ausnahme: Er wurde nach dem neuesten technischen Stand mit Walzeisen errichtet und war zu seiner Zeit die größte Eisenkonstruktion Europas. Dieser Ausnahme ist wohl zu verdanken, dass der Dom die Bombardierungen des Zweiten Weltkrieges überstand.
1880 wurden beide über 156 Meter hohen Türme fertiggestellt. Damit war der Dom bis 1884 das höchste Gebäude der Welt. Ein Kölner Sprichwort besagt: Wenn der Kölner Dom fertig ist, geht die Welt unter. Nicht nur um dem vorzubeugen, arbeiten heute noch mehr als sechzig Handwerker und Künstler daran, dass das nicht passiert.
Der Kölner Dom ist der Zenit gotischer Baukunst und gleichzeitig eines der komplexesten Bauvorhaben des 19. Jahrhunderts. Er ist statisch perfekt und in dem gotischen Streben nach himmelstürmender Vertikalität unübertroffen. Kaum vorstellbar, dass er mit allen fünf Schiffen locker in den römischen Petersdom passen würde.

oben 2006 erhielt Gerhard Richter den Auftrag, das Kirchenfenster im Südquerhaus zu gestalten. Er verwendete dafür 72 Farben, die er über einen Zufallsgenerator anordnete. Die 113 Quadratmeter große Fensterfläche besteht aus 11 263 Farbquadraten von je 9,6 Quadratzentimetern. Die Farben wählte Richter nach denen der mittelalterlichen Fenster und denjenigen des 19. Jahrhunderts aus.

rechts Blick in das nördliche Seitenschiff. Trotz der Fertigstellung im 19. Jahrhundert ist es den Baumeistern gelungen, den Neubau mit dem Geist und der Architektur der Gotik bruchlos verbinden. Der Dom hat eine Gesamtlänge von 144 Metern. Das Mittelschiff hat eine Höhe von fast 44 Metern bei nur 14 Metern Breite, die Seitenschiffe sind weniger als halb so hoch.

KÖLNER DOM, BEGONNEN 1248

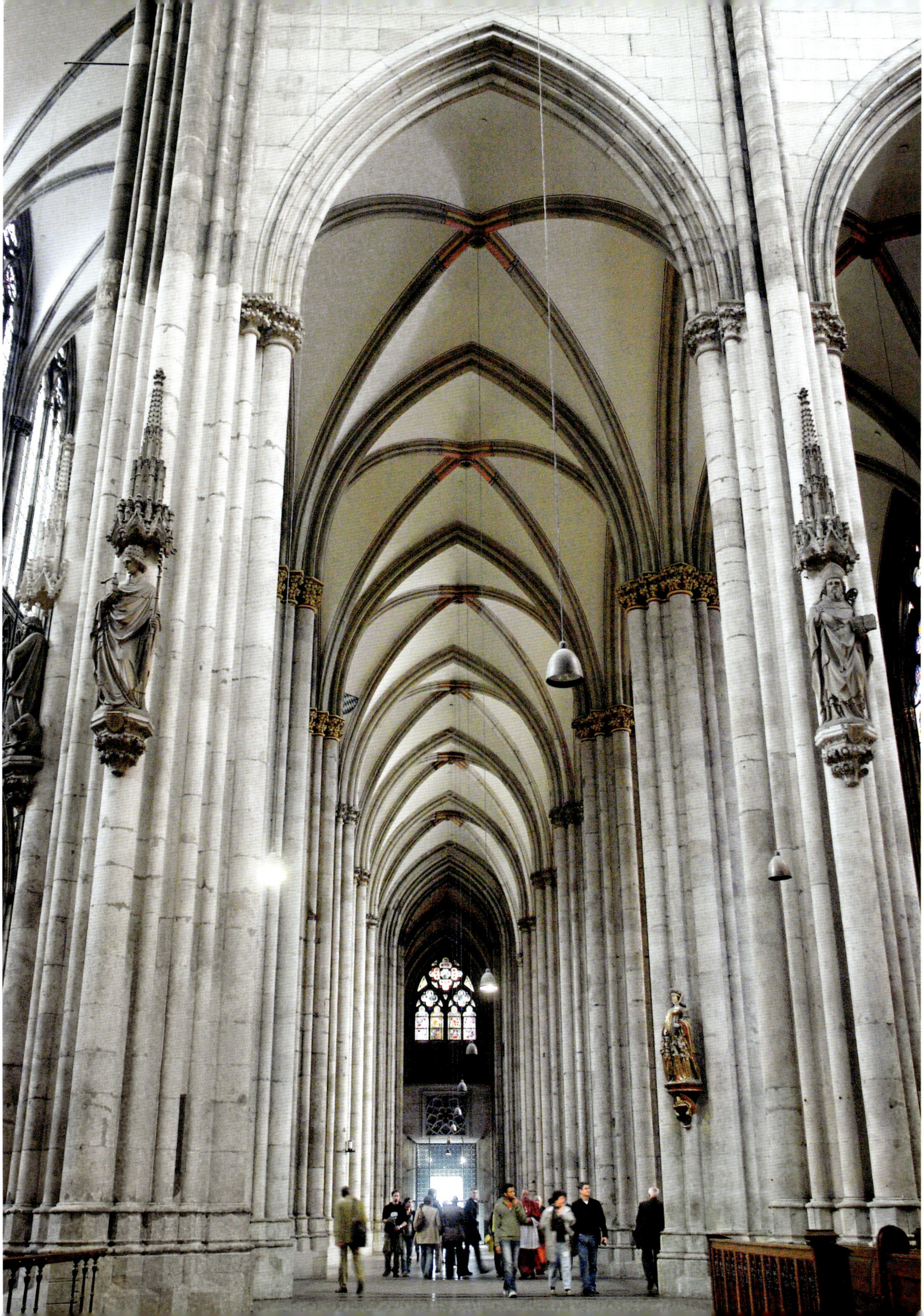

57
ANTONI GAUDÍ
SAGRADA FAMILIA, BARCELONA

Seit über 130 Jahren ist Barcelonas Wahrzeichen eine Baustelle. Über Besuchermangel kann sie sich nicht beklagen, Tausende pilgern täglich zur 1882 begonnenen Sagrada Familia und erleben ein kleines Stück vom Baufortschritt, den rund zwanzig Architekten und bis zu zweihundert Arbeiter vorantreiben. Jahr für Jahr verbauen sie etwa 20 Millionen Euro – ein ansehnliches Budget für einen Kirchenbau.

Eine Gruppe von Katholiken hatte den Bau angeregt, finanzieren wollten sie die Sühnekirche über Spenden. 1883 wurde der katalanische Architekt Antoni Gaudí mit der Bauleitung beauftragt. Von der Kirche zur Heiligen Familie, ein Jahr zuvor auf kreuzförmigem Grundriss begonnen, stand bis dahin nur die Krypta. Der 31-jährige Architekt hatte keine bescheidenen Maße vor Augen: Platz für 10 000 Menschen sollte die Kirche bieten, 1 500 Sänger von den Emporen singen, den Außeneindruck sollten 18 Türme bestimmen. Eine schnelle Fertigstellung war schon damals kein Thema: »Mein Klient hat keine Eile«, ließ Gaudí wissen – und meinte damit weniger die tatsächlichen Bauherren als Gott persönlich. In seinen letzten Lebensjahren arbeitete der Architekt an nichts anderem als an der Sagrada Familia, zuletzt lebte er sogar auf der Baustelle. Und hinterließ dennoch ebendas: eine Baustelle.

Gaudís großes Vorbild war die Natur: Dort sei alles schon gegeben, man müsse nur genau hinsehen. Entsprechend sehen die Pfeiler und Säulen im Inneren der Kirche aus wie Baumstämme, auf deren Ästen sich steinerne Blätter, Blumen und Insekten tümmeln. Wie durch ein Blätterdach gefiltert, tritt das Licht durch die Öffnungen im Deckengewölbe in das Kirchenschiff. Den Anblick von außen sollen die achtzehn Türme bestimmen, von denen bisher acht gebaut wurden. Der derzeit höchste Turm misst 112 Meter und überragt die Bauten des umgebenden Wohnviertels Eixample. Der Spitzenreiter fehlt allerdings noch: Über der Kirchenmitte soll ein 170 Meter hoher Turm thronen, gekrönt von einem Kreuz aus Metall und Glas.

Bei seinem Tod – Gaudí wurde von einer Straßenbahn erfasst – war die Sagrada Familia eine riesige Baustelle: Die Apsis stand bereits, aber von den drei Hauptfassaden befand sich nur die östliche mit der Darstellung von Christi Geburt in Bau, und selbst dort war gerade erst einer von vier Türmen errichtet. Es stand erst rund ein Zehntel des Bauwerks und es ging schleppend voran: Während der Verwüstungen des Spanischen Bürgerkriegs (1936–1939) verbrannten die Baupläne. Erst anhand von wieder zusammengesetzten Gipsmodellen und Berechnungen zur Geometrie Gaudís wurde in den folgenden Jahrzehnten weitergebaut – heute stehen rund zwei Drittel des ursprünglichen Plans. Inzwischen ist der sechste Chefarchitekt nach Gaudí am Werk und wacht über den Baufortschritt, der aus Eintrittsgeldern und Spenden finanzierten Kirche zur Heiligen Familie. Doch nach wie vor hält man sich auf Barcelonas Großbaustelle zurück mit einer Prognose zur Fertigstellung.

ANTONI GAUDÍ Y CORNET wurde 1852 im katalanischen Reus geboren und studierte in Barcelona Architektur. Die Universität verließ Gaudí mit durchwachsenen Zeugnissen, fand aber früh einflussreiche Auftraggeber. Schon als junger Architekt baute er Wohnhäuser für das katalanische Bürgertum, bei denen er im Stil des ›Modernisme‹ auf historische Handwerkstraditionen zurückgriff. Der Kirchenbau Sagrada Familia im Zentrum von Barcelona beschäftigte den Baumeister über vier Jahrzehnte, doch hinterließ er die Kirche unvollendet. Gaudí starb 1926 nach einem Unfall und wurde er in der Krypta der Sagrada Familia begraben.

ANTONI GAUDÍ, **SAGRADA FAMILIA, BARCELONA,** BAUBEGINN 1882

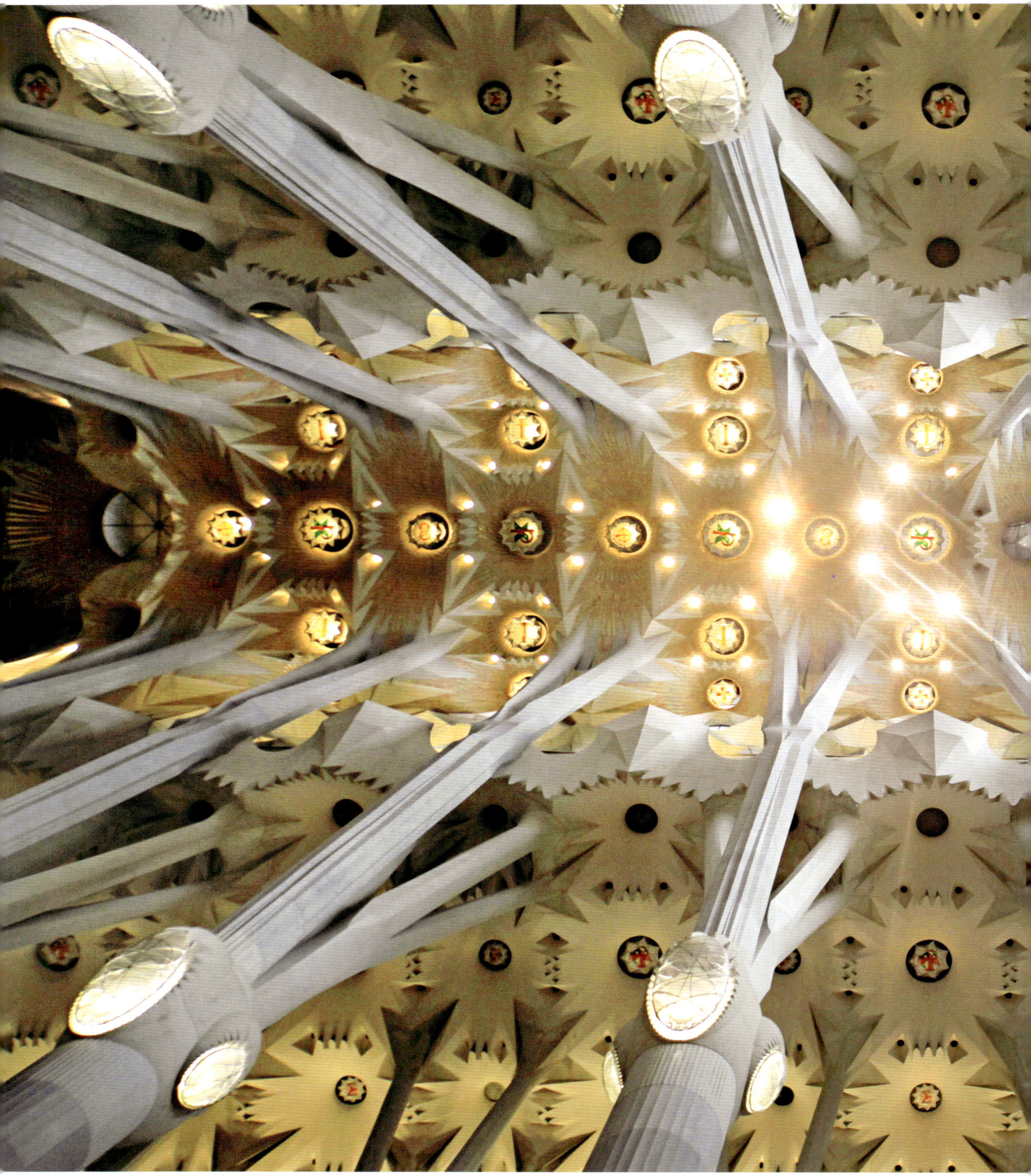

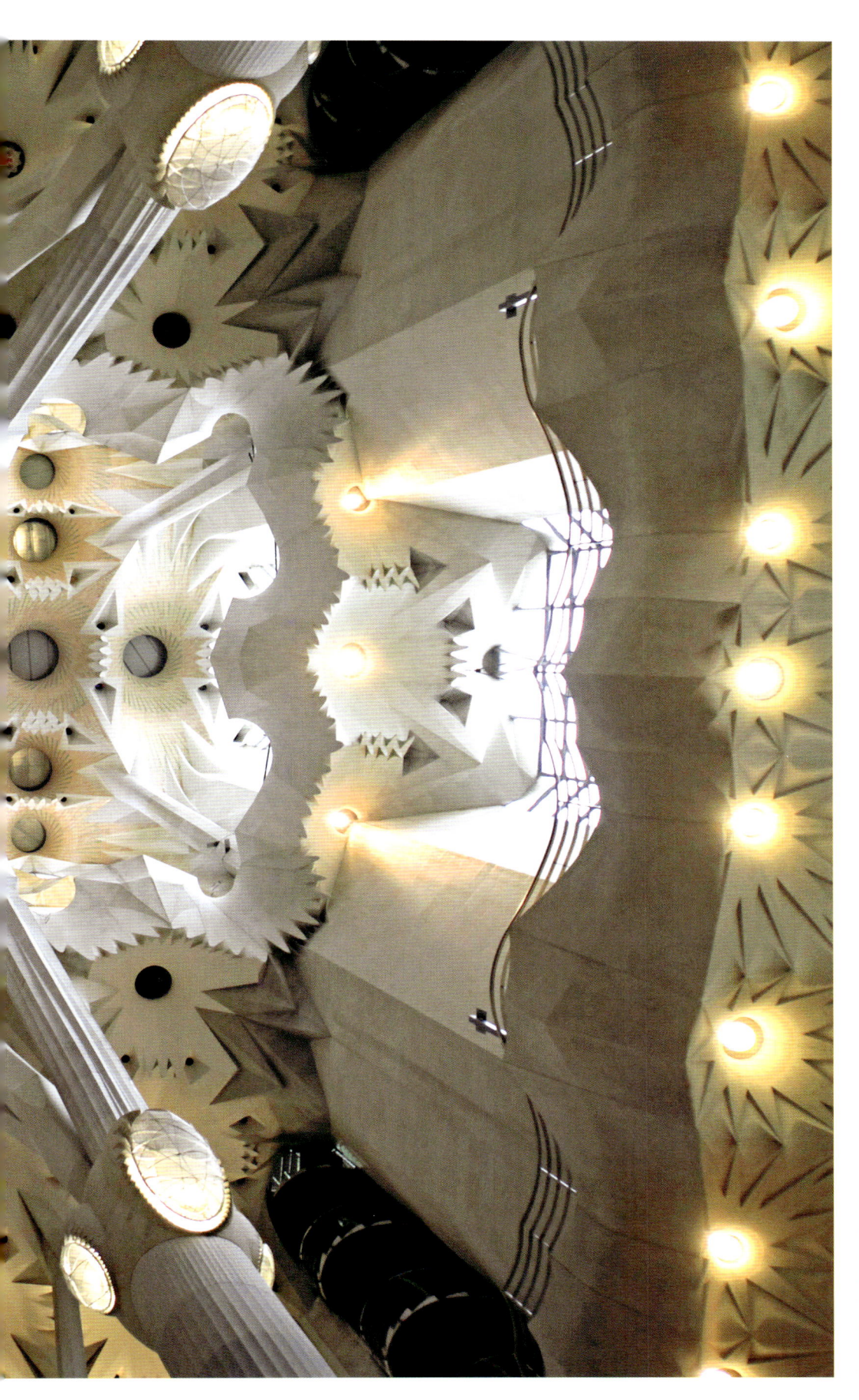

Das Dach der Sagrada Familia ruht auf Säulen, die sich in luftiger Höhe wie die Äste von Bäumen verzweigen. Durch Öffnungen im Deckengewölbe fällt Licht ins Innere wie durch ein Blätterdach: Seine Lehrmeisterin sei die Natur, erklärte Gaudí und baute seinen steinernen Wald.

58
HORACE JONES UND JOHN WOLFE BARRY
TOWER BRIDGE, LONDON

Im heutigen Stadtgebiet Londons gibt es 34 Brücken. Lange Zeit war Londons einzige Brücke über die Themse die London Bridge, deren Ursprünge auf die Römer zurückgehen. Ansonsten waren Fähren und andere Boote die einzige Möglichkeit, den Fluss zu überqueren. Zu Beginn des 19. Jahrhunderts erfuhr die Wirtschaft einen gewaltigen Aufschwung. Die Bevölkerungszahl stieg an und es wurden weitere Brücken gebaut, allerdings nur im Westen der London Bridge.

Im Osten blühte die Hafengegend auf und damit stieg der Druck, auch hier einen Übergang über die Themse zu schaffen. Denn auf der nächstgelegenen London Bridge musste man wegen des hohen Verkehrsaufkommens teilweise stundenlang warten, bis man die Themse überqueren konnte. 1876 beschloss man Abhilfe zu schaffen und gründete das Special Bridge or Subway Committee, das sich um die Ausschreibung einer entsprechende Lösung kümmern sollte. Insgesamt wurden 50 Entwürfe eingereicht, von denen sich derjenige von Horace Jones (1819–1887) und John Wolfe Barry (1836–1918) durchsetzte. Sie planten eine 244 Meter lange kombinierte Hänge-Klapp-Brücke, deren zwei symmetrische Türme die herausragenden Merkmale sind. Dabei geht der Name der Brücke nicht auf diese zwei 65 Meter hohen Türme zurück, sondern auf den Tower of London, der sich in unmittelbarer Nähe am Nordufer der Themse befindet (siehe Seite 58).

Im Oktober 1884 wurde mit dem Bau der zwei Turmpfeiler, die im Abstand von 61 Metern in den Fluss gebaut wurden, begonnen. Es sind Eisenkonstruktionen, die mit Granit und Kalkstein ummantelt wurden. Das geschah einerseits aus praktischen Gründen, um sie zu schützen, und andererseits aus ästhetischen Gründen. Sie passten sich so städtebaulich dem Tower an. Zugleich war der neogotisch-viktorianische Stil, auch ›Gothic Revival‹ genannt, der ohne französische oder italienische Einflüsse sein sollte, auch ein Zeichen der britischen Eigenständigkeit. Zum Silbernen Thronjubiläum von Queen Elisabeth II. im Jahr 1977 wurden alle sichtbaren Eisenteile in den britischen Nationalfarben rot-weiß-blau gestrichen. In einer Höhe von 43 Metern befinden sich zwei Fußgängerbrücken, damit man die Brücke auch überqueren konnte, wenn die Fahrbahn hochgeklappt war – und das geschah früher etwa 16 Mal am Tag. 1910 wurden sie jedoch geschlossen, um 1982 als Touristenattraktion wieder begehbar zu werden.

Die beiden Straßenhälften, die sich 9 Meter über der Wasserlinie befinden, werden über eine Hydraulik innerhalb von 90 Sekunden bis zu einem Winkel von 86 Grad gehoben. Die früher mit Dampf angetrieben Akkumulatoren befinden sich im Nordturm. 1976 wurde auf eine elektrische Hydraulik umgestellt.

Obwohl die Brücke mit 40 000 Autos täglich eine wichtige Verkehrsverbindung ist, wird sie auch heute noch jährlich etwa 1 000 Mal geöffnet, allerdings immer nur so weit, wie es für die jeweiligen Schiffe vonnöten ist. Die Öffnung beider Straßenseiten im vollen Winkel wird nur noch zu besonderen Anlässen oder Ehrungen durchgeführt. Eine solche erhielten beispielsweise der Nobelpreisträger Winston Churchill zu seiner Beerdigung 1965, der britische Einhandsegler Francis Chichester nach seiner erfolgreichen Weltumrundung 1967 und Queen Elisabeth II. zu den Feierlichkeiten ihres Diamantenen Thronjubiläums 2012.

»TWENTY BRIDGES FROM TOWER TO KEW –
WANTED TO KNOW WHAT THE RIVER KNEW,
TWENTY BRIDGES OR TWENTY-TWO,
FOR THEY WERE YOUNG, AND THE THAMES WAS OLD
AND THIS IS THE TALE THAT RIVER TOLD«

Rudyard Kipling

HORACE JONES UND JOHN WOLFE BARRY, **TOWER BRIDGE, LONDON**, 1886–1894

»ES WÄRE NICHT UNANGEMESSEN FESTZUSTELLEN, DASS DIE **BEIDEN BEDEUTENDSTEN WERKE** DER ARCHITEKTUR IN **NEW YORK** GAR **KEINE GEBÄUDE** SIND – DER **CENTRAL PARK** UND DIE **BROOKLYN BRIDGE**.«

Paul Goldberger

JOHN ROEBLING, **BROOKLYN BRIDGE, NEW YORK,** EINGEWEIHT 1883

59
JOHN ROEBLING
BROOKLYN BRIDGE, NEW YORK

Die zweite Hälfte des 19. Jahrhunderts war die große Zeit des Brückenbaus. Metall hatte sich längst als Material hierfür etabliert, als der Deutsch-Amerikaner John Roebling eine neue Technik für den Bau von Hängebrücken perfektionierte. Er wurde einer der gefragtesten Brückenbauer der Vereinigten Staaten. Sein Meisterwerk ist längst zu einem Wahrzeichen New Yorks geworden: die Brooklyn Bridge.

Selbst in diesen Jahrzehnten der brückenbauerischen Superlative stellte die Überbrückung des East River zwischen Brooklyn und Manhattan alles bisher Gebaute in den Schatten: Lange Zeit war die Brooklyn Bridge mit ihren gut 1 800 Metern die längste Hängebrücke der Welt. Zwei hohe Bogen aus Mauerwerk an jedem Ende, deren Formensprache Anleihen in der gotischen Architektur nimmt, dienten als Widerlager und Befestigung für die von Roebling entwickelten Spannseile. Über diese Pylonen laufen Stahlseile und leiten die Kräfte des Brückengewichts in die Fundamente ab. Die Technik dahinter hatte der Ingenieur selbst weiterentwickelt: Beim Luftspinnverfahren wurden die Drahtseile aus einzelnen Kabeln vor Ort hergestellt, sie liefen über die Pylonen und wurden so in der Luft gesponnen. Roebling stellte die Stahlseile für den Bau großer Hängebrücken also an Ort und Stelle her und umging so das bis dahin kaum lösbare Problem, sie transportieren zu müssen. Trotz oder gerade wegen dieser revolutionären Technik war der Bau der Brooklyn Bridge alles andere als unumstritten, zumal er in vierzehn Jahren Bauzeit über dreißig Tote forderte. Streit um die Finanzierung kam hinzu – und Roebling selbst starb bei Beginn der Bauarbeiten.

Sein Sohn Washington stellte die Brücke schließlich fertig, und als sie im Mai 1883 feierlich eröffnet wurde, verstummten auch die meisten Kritiker: Seither behauptet sich die Brooklyn Bridge als eine der meistgefeierten und -zitierten Architekturikonen New Yorks. Auf den amerikanischen Schriftsteller Henry Miller übte der Spaziergang über die Brücke besondere Faszination aus: »Wenn ich über die Brooklyn Bridge hin und her ging, wurde mir alles kristallklar. Sobald ich den Eingang der Brücke hinter mir hatte und mich über dem Fluss endlich im Gleichgewicht befand, klappte die ganze Vergangenheit ohne Lücke zusammen. Das hielt vor, solange ich über dem Wasser blieb, in den tintenschwarzen Strudel hinunterblickte und alle Dinge auf den Kopf gestellt sah. […] Die Brücke war die Todesharfe, das seltsam geflügelte Wesen ohne Augen, das mich zwischen den beiden Ufern in der Schwebe hielt.«

JOHN AUGUST ROEBLING wurde 1806 im thüringischen Mühlhausen geboren und studierte in Berlin Ingenieurwesen. Als 24-Jähriger wanderte er gemeinsam mit seinem Bruder Karl nach Amerika aus. Die beiden ließen sich als Farmer in Pennsylvania nieder, John allerdings wandte sich bald wieder seinem Studienfach zu. Er experimentierte mit verschiedenen Kabellösungen und eröffnete 1849 eine eigene Fabrik, um die von ihm erfunden Kabel für den Bau von Hängebrücken zu produzieren. Von da an eilte ihm sein Ruf als Brückenbau-Ingenieur voraus. Sein größtes Projekt war der Bau der Brooklyn Bridge in New York. Noch vor ihrer Fertigstellung starb Roebling 1869.

»ICH HABE PARIS UND SOGAR FRANKREICH VERLASSEN, WEIL DER EIFFELTURM MICH SCHLIESSLICH ZU SEHR ÄRGERTE. NICHT GENUG, DASS MAN IHN VON ÜBERALL SIEHT, NEIN, ER IST ÜBERALL UND IN JEDEM ERDENKLICHEN MATERIAL ERHÄLTLICH, IN JEDEM SCHAUFENSTER AUSGESTELLT, EIN UNENTRINNBARES, QUÄLENDES ALBDRÜCKEN.«

Guy de Maupassant

GUSTAVE EIFFEL, **EIFFELTURM, PARIS,** 1887–1889

60
GUSTAVE EIFFEL
EIFFELTURM, PARIS

Das heutige Wahrzeichen von Paris hatte keinen leichten Start: Kaum waren die Pläne für den Eiffelturm bekannt, hagelte es Kritik. Die Zeitgenossen sparten nicht mit giftigen Kommentaren und nannten den Entwurf einen »tragischen Laternenpfahl« oder eine »widerliche Säule aus verschraubtem Blech«. Noch vor Baubeginn hatte der Eiffelturm mit mächtigem Gegenwind zu kämpfen.

Die große Bedeutung der Pariser Weltausstellung 1889, gleichzeitig Hundertjahrfeier der Französischen Revolution, sollte durch ein großartiges Bauwerk unterstrichen werden. Die Regierung schrieb deshalb einen Wettbewerb aus und zahlreiche Architekten machten Vorschläge für ein prestigeträchtiges Monument. Den Zuschlag bekam eine durch und durch moderne Idee: ein Turm aus Eisen, erdacht vom Ingenieur Gustave Eiffel. Dieser hatte sich bereits mit spektakulären Eisenbauten wie Bahnhöfen und Brücken hervorgetan. Was ab 1887 in nur zwei Jahren auf dem Champ de Mars entstand, war dennoch eine Herausforderung – für Planer und Betrachter, wie sich herausstellen sollte. Vier Pfeiler aus Metall schießen von einer quadratischen Grundfläche in die Höhe und verschmelzen dort zu einer Spitze. Minutiös bereiteten Eiffel und seine Kollegen die über 300 Meter hohe Metallkonstruktion in 5 300 Zeichnungen vor, 12 000 Einzelteile wollten schließlich an ihren Platz. Die akribischen Vorbereitungen sollten sich lohnen: Allen Befürchtungen zum Trotz hielt der Bau – weder das eiserne Fachwerk noch die Fundamente auf dem Marsfeld gaben nach.

Auf zwei Plattformen sollte für touristisches Verweilen gesorgt sein, auf der dritten und höchstgelegenen waren eine Sternwarte und ein Labor für Wetterdaten vorgesehen. Soweit der Plan. Doch die Zeitgenossen vermissten den tieferen Sinn und fanden das Material ganz und gar unpassend für einen öffentlichen Bau. Künstler und Intellektuelle unterzeichneten sogar einen Protestbrief: Sie wehrten sich »im Namen des verkannten französischen Geschmacks mit aller Kraft gegen die Errichtung des unnötigen und ungeheuerlichen Eiffelturms«. Der Gegenwind beschränkte sich nicht nur auf die öffentliche Meinung, sondern weitete sich schließlich auch auf das Budget aus: Nach der Beschwerde eines Anwohners, der befürchtete, dass der Turm auf sein Haus stürzen könnte, wurde Eiffel gerichtlich verpflichtet, den Bau auf eigene Gefahr voranzutreiben. Und auf eigene Kosten: immerhin rund 6,5 Millionen Francs. Im Gegenzug erhielt er das alleinige Nutzungsrecht für die ersten zwanzig Jahre. Der Unternehmermut wurde rasch belohnt: Schon im Jahr seiner Eröffnung warf der Eiffelturm Gewinne ab. Die Kritiker verstummten zwar noch nicht, aber zwei Millionen Besucher in den sechs Monaten der Weltausstellung sprachen doch eine deutliche Sprache.

GUSTAVE EIFFEL wurde 1832 in Dijon geboren. Der Ingenieur, Architekt und Unternehmer baute zahlreiche aufsehenerregende Eisenkonstruktionen: In den 1850er-Jahren war er vor allem mit dem Bau von Eisenbahnbrücken beschäftigt, die erste war die Passerelle Eiffel über die Garonne bei Bordeaux. 1876 eröffnete der Architekt in Paris seine eigene metallverarbeitende Werkstatt, in der auch Teile für den Eiffelturm entstanden. Eiffel baute eine Vielzahl von Eisenbrücken in Europa und Südamerika. Am Bau des Pariser Warenhauses Le Bon Marché war er ebenfalls beteiligt und er entwarf das Innengerüst für die Freiheitsstatue in New York. Eiffel starb 1923 in Paris.

61
JOSEPH MARIA OLBRICH
WIENER SECESSION

In der Wiener Gemeinderatssitzung am 17. November 1897 wurde die »Erbauung eines provisorischen Ausstellungspavillon auf die Dauer von längstens zehn Jahren« genehmigt. Die Grundsteinlegung dieses Gebäudes fand am 28. April 1898 statt und schon ein halbes Jahr später, am 29. Oktober 1898, war es fertig. Man wollte offensichtlich keine Zeit verlieren, immerhin durfte es nur zehn Jahre stehen bleiben.

Noch heute gehört die Secession zu den bekanntesten Bauten Wiens. Die Initiatoren waren die Künstler der Wiener Secession um Gustav Klimt, Koloman Moser und Joseph Maria Olbrich, der auch der Architekt des auffälligen Gebäudes war. Nach dem Vorbild der Münchner Sezession um Franz von Stuck gründete sich die Wiener Gruppe 1897 als Gegenbewegung zur historisierenden Kunst ihrer Zeit. Die Secessionisten forderten mehr künstlerische Innovation und freieres individuelles künstlerischen Schaffen. Dabei sollte die Kunst in all ihren Ausprägungen zum Bestandteil der Lebenskultur gehören. Ausdruck fand dies in dem Leitwort »Ver Sacrum« (Heiliger Frühling), das das Aufblühen der neuen Kunst ausdrücken sollte. Es ist auf der Fassade der Secession ebenso zu lesen wie das Motto über dem Portal, das für sich selbst spricht: »Der Zeit ihre Kunst. Der Kunst ihre Freiheit«. Das Secessionsgebäude war als eigener Ausstellungsraum Teil der programmatischen Ausrichtung. Nach heftigen Protesten gegen den Entwurf stellte die Stadt Wien den Baugrund am Karlsplatz zur Verfügung, da dieser ohnehin umgestaltet werden sollte. Den Bau selbst finanzierten die Künstler und ihre Mäzene.

Das Gebäude der Secession muss mit der Dekoration zusammen gesehen werden, denn die Künstler wollten Architektur, Malerei und Plastik zu einem Gesamtkunstwerk verbinden. Der von massigen Kuben bestimmte Bau, der erste des noch jungen Architekten, ist mit diversem Zierrat verkleidet und wird von einer Kuppel überkrönt, die von vier kurzen und kräftigen Pfeilern umstellt ist. Lorbeerblätter als Symbol des Sieges und der Unsterblichkeit dominieren das Dekor des gesamten Gebäudes. Allein die Kuppel besteht aus 3 000 vergoldeten Blättern und 700 Beeren. Die Blätter sind dabei nur ›sparvergoldet‹: gelb bemalt liegt das Gold nur in jeweils drei konzentrischen Kreisen auf. Um den Kontrast zu steigern, sind die Unterseiten grün lackiert. Die beiden großen Mosaikschalen, nach dem Künstler Oerley-Schalen genannt, werden im Sommer mit echtem Lorbeer bepflanzt.

Die Wiener Secession war und ist ein Verein der zeitgenössischen Kunst und so finden hier auch weiterhin entsprechende Ausstellungen statt, die wie in den Gründungstagen immer wieder zu heftigen Kontroversen führen.

JOSEPH MARIA OLBRICH studierte in Wien bei Otto Wagner, einem »Bahnbrecher der modernen Baukunst«, bei dem er ab 1893 unter anderem auch an der Wiener Stadtbahn arbeitete. Zu Studienzwecken reiste er nach Italien und Nordafrika und wurde 1897 Gründungsmitglied der Wiener Secession. Sein Ausstellungsgebäude erregte hohes Auf- und Ansehen und so wurde Olbrich 1899 von Großherzog Ernst Ludwig nach Darmstadt berufen, wo er für die dortige Künstlerkolonie auf der Mathildenhöhe die meisten Gebäude bis zur Ausstattung entwarf. Nach der Fertigstellung 1901 wurden sie als erste Architekturausstellung ihrer Art der Öffentlichkeit präsentiert. 1907 fügte er noch den berühmten Hochzeitsturm hinzu. Olbrich überwand den floralen Jugendstil durch sein zunehmend gradliniges System.

»ÄGYPTISCHES KÖNIGSGRAB«, »ASSYRISCHE BEDÜRFNISANSTALT«, »MAUSOLEUM«, »KREMATORIUM«, »KREUZUNG ZWISCHEN EINEM GLASHAUS UND EINEM HOCHOFEN«, »TEMPEL DER ANARCHISCHEN KUNSTBEWEGUNG«, »KRAUTHAPPL« (KOHLKOPF), »ZWITTERGEBURT VON TEMPEL UND MAGAZIN«, »TEMPEL FÜR LAUBFRÖSCHE«

Zeitgenössische Kritikerworte

JOSEPH MARIA OLBRICH, **WIENER SECESSION**, 1898

62

DANIEL BURNHAM
FLATIRON BUILDING, NEW YORK

Fast 90 Meter sollte der spektakuläre Neubau mitten in Manhattan in die Höhe wachsen – und die Stadt im Hochhausfieber um einen weiteren Wolkenkratzer bereichern. »Burnham's Folly« wurde der Entwurf für das Bürohaus getauft – Architekt Daniel Burnham stellte aber schnell unter Beweis, dass sein Vorhaben keinesfalls nur eine verrückte Idee war.

Um die Wende zum 20. Jahrhundert schossen im ›Big Apple‹ Hochhäuser aus dem Boden. Daniel Burnham war einer der gefragtesten Architekten dieser Zeit. Zusammen mit seinem Partner, dem Ingenieur John Wellborn Root, gab er dem Streben in die Höhe ein steinernes Gesicht. Die Technik dahinter setzte allerdings auf Stahl statt auf Stein: Die traditionelle Massivbauweise war Ende des 19. Jahrhunderts von der Skelettbauweise abgelöst worden. Dabei trägt ein innenliegendes Stahlskelett die Lasten und ermöglicht so das Bauen in große Höhen. »Burnham's Folly«, nach dem Bauherrn zunächst auch Fuller Building genannt, war eines der ersten hohen Gebäude in New York, das um ein Stahlskelett herum errichtet wurde. Die technologische Innovation wurde dabei gut versteckt, der Architekt verbarg den Stahlkern hinter einer Steinfassade. Und die lässt keineswegs erahnen, was hinter ihr steckt, sondern macht optische Anleihen bei früheren Baustilen. Kalkstein und Terrakottaplatten lassen das Gebäude mit seinen 21 Etagen weit bodenständiger erscheinen, als es seine fast 90 Höhenmeter nahelegen würden. Über die gesamte Fassade verteilen sich Schmuckelemente aus der italienischen und französischen Renaissancearchitektur. Geometrische Reliefbänder ziehen sich über die Steinplatten, Medaillons mit Masken und Wappen, steinerne Blätterkränze und dekorierte Säulen sind vor die Fassade gesetzt.

Neben der beeindruckenden Höhe konnte man auch noch mit einem zweiten spektakulären Pfund wuchern: Das zulaufende Grundstück des Bürohochhauses zwischen Broadway und Fifth Avenue, auf Höhe der 23rd Street legte den originellen Grundriss des Baus nahe: Burnham gestaltete das Haus über drei statt vier Ecken, an der vorderen Spitze ist es gerade einmal 1,83 Meter breit. Nach der Fertigstellung erinnerte es seine Betrachter an die seinerzeit üblichen gusseisernen Bügeleisen (›flatirons‹) und hatte somit gleich seinen neuen Spitznamen bekommen. Heute ist das Flatiron Building der älteste intakte Wolkenkratzer von Manhattan und hat es mit seiner exzentrischen Keilform zu einem Wahrzeichen der Stadt gebracht.

DANIEL HUDSON BURNHAM wurde 1846 in Henderson, New York, geboren. 1855 zog seine Familie nach Chicago um. Dort machte er eine Lehre im Architekturbüro Loring & Jenney. 1873 tat er sich mit dem Ingenieur John Wellborn Root zusammen. Die beiden bauten unter anderem 1884–1892 das 16-stöckige Monadnock Building in Chicago: das erste große Gebäude in den USA, das von einem Stahlskelett getragen wird. Das gemeinsame Büro Burnham & Root existierte bis zu Roots Tod 1891. Auch in den folgenden beiden Jahrzehnten war Burnham ein gefragter Architekt, bis zu seinem Tod 1912 entstanden über zweihundert Bauten nach seinen Entwürfen. Er starb 1912 auf einer Reise in Heidelberg.

»DAS FLATIRON IST FÜR DIE VEREINIGTEN STAATEN DAS, WAS DER PARTHENON FÜR GRIECHENLAND WAR.«

Alfred Stieglitz

DANIEL BURNHAM, **FLATIRON BUILDING, NEW YORK,** 1902

63
CHARLES RENNIE MACKINTOSH
HILL HOUSE, HELENSBURGH

Um 1900 war in der Architektur wie in der Kunst vieles möglich. Die klassischen Stile waren vorbei und die Rückgriffe darauf, wie Klassizismus und Historismus, hatten sich auch weitgehend erschöpft. Die neue Richtung, auf die man sich auch international verständigen konnte, war die Art nouveau oder auch Jugendstil, die auf die englische Art-and-Crafts-Bewegung zurückgehen.

Die Arts-and-Crafts-Bewegung war eine erste Gegenreaktion auf die frühe industrielle Produktion von Möbeln, Stoffen und Gebrauchsgütern. Die Gründer William Morris und John Ruskin forderten ein stärkeres Bewusstsein für handwerkliche Qualität, Design und Individualität. Sie strebten eine Vereinigung von Kunst und Handwerk und eine Kombination aus Architektur und Design an. Einer der bekanntesten Vertreter war Charles Rennie Mackintosh, der 1896 den Wettbewerb zum Neubau der Kunsthochschule Glasgow gewann und mit diesem Bau, den er in seiner ersten Phase 1899 fertigstellte, sofort bekannt wurde.

Inzwischen waren nicht nur Kirchen und Paläste interessant für die architektonische Entwicklung, sondern auch Wohnhäuser. Mit dem im 19. Jahrhundert aufkommenden Bürgertum hatten sich die Aufgaben für Architekten auf Privathäuser der wohlhabenden Mittelschicht ausgeweitet.

Ein für Mackintoshs Bau- und Ausstattungsstil typischer Bau ist das Hill House in Helensburgh, das er zwischen 1902 und 1904 schuf. Seine Vorbilder waren die schottischen Herrenhäuser des 15. bis 17. Jahrhunderts und tatsächlich erinnert das Hill House daran, allerdings in modernem Design. Bevor Mackintosh jedoch mit der Planung begann, beobachtete er den Alltag seiner Auftraggeber, der Familie des Verlegers Walter Blackie, um die Planung individuell an deren Bedürfnisse anzupassen.

Während das Haus außen eher schlicht und fast abweisend und wegen des blaugrauen Putzes beinahe unelegant wirkend, ändert sich der Eindruck in den Innenräumen. Hier entfaltet sich eine Einheit aus Funktionalität und Eleganz, die sich in jedem einzelnen Möbel- und Ausstattungsstück zeigt. Das alles, Innenarchitektur, Möbel, Tapeten, Stoffe, Betten und Lampen, haben Mackintosh und seine Frau Margret MacDonald, mit der er immer zusammenarbeitete, geschaffen. Sie waren sozusagen die ersten Designer. Wie im Jugendstil üblich, spielt das Ornament eine wichtige Rolle: Weiße und pastellige Wandflächen sind mit farbigen Ornament aus Farbe und Glas in ungewöhnlichen Proportionen unterteilt. Schmale metallene Linien zeigen stilisierte Blumen, Blätter und Figuren. Die Verbindung von natürlichen Motiven mit strenger geometrischer Einfachheit wird auch für die Wiener Secession und anderer Jugendstilkünstler wegweisend.

1868 in Glasgow geboren, arbeitete **CHARLES RENNIE MACKINTOSH** schon als 16-Jähriger in einem Architekturbüro und besuchte die Kunstgewerbeschule. Er erhielt schon früh Preise für seine Zeichnungen, darunter ein Auslandsstipendium. 1897 bis 1899 schuf er die Glasgow School of Art und einige andere Bauten. Zeitgleich machte er sich mit den Willow Tearooms in Glasgow einen Namen als Innenarchitekt. 1907 bis 1909 lieferte er alle Entwürfe, inklusive der Möbel, für den Bibliotheksanbau der Kunstschule. Das war seine letzte Bauaufgabe. Später arbeitete er hauptsächlich als Stoffdesigner. International bekannt wurde er 1900 durch die Teilnahme an einer Ausstellung der Wiener Secession. 1913 zog er nach London, 1923 nach Frankreich und starb verarmt 1928 in London.

»WENN SIE EINE GOLDENE REGEL WOLLEN,
DIE FÜR JEDEN PASST, SO BESTEHT SIE IN DEM SATZ: NEHMEN SIE NICHTS
IN IHR HAUS AUF, DAS NICHT ENTWEDER NÜTZLICH IST ODER DAS SIE
FÜR SCHÖN ANSEHEN!«

William Morris

CHARLES RENNIE MACKINTOSH, **HILL HOUSE, HELENSBURGH**, 1902–1904

ISMAIL TRAORE, **GROSSE MOSCHEE, DJENNÉ, MALI,** UM 1905–1907

64
ISMAIL TRAORE
GROSSE MOSCHEE VON DJENNÉ

Djenné liegt am Binnendelta des Flusses Niger, einer der Lebensadern Westafrikas. Die kleine Stadt erlebte im 15. und 16. Jahrhundert ihre Blütezeit, als sich ein reger Handel in der Region entwickelte: Karawanen zogen auf ihren Routen durch die Sahara hier vorbei, beladen mit wertvollem Gold und Salz.

Zwar ging die wirtschaftliche Hochzeit vorüber, aber bis heute ist das Städtchen in Mali berühmt für seine Architektur: Rund zweitausend Häuser aus Lehm stehen in der Altstadt und zeigen Einflüsse der islamischen Architekturtraditionen, die die Region geprägt haben. Das Zentrum – und Wahrzeichen der Stadt – bildet die Große Moschee, an deren Ostseite sich der Markplatz anschließt. Die Moschee ist nicht nur das berühmteste Gebäude der Stadt, sie ist auch das größte Lehmgebäude der Welt. Und das Bauen mit Lehm hat weltweit Tradition: Gerade in Regionen, in denen Holzgewächse selten sind und Bauholz oder auch Steine nur schwer zu beschaffen, wird vor allem mit Lehm gebaut, der sich im Übrigen leicht verarbeiten lässt: Auch die zylindrischen Lehmziegel für die Große Moschee von Djenné konnten ohne Form hergestellt werden und trockneten dann in der Sonne. Aus diesen ›ferey‹ genannten Ziegeln errichtete der Architekt Ismail Traore von ungefähr 1905 bis 1907 die Moschee an der Stelle eines Vorgängerbaus, dessen Ursprünge wohl bis ins 12. Jahrhundert zurückreichen. Der Bau steht erhöht auf rechteckigem Grundriss: Regelmäßige Hochwasser lassen die Stadt zu einer Insel werden; um Wasserschäden vorzubeugen, errichtete Traore die Moschee auf einer hohen Plattform. Treppen führen hinauf zu den Haupteingängen im Süden und Norden des Baus, im Osten liegt die nach Mekka ausgerichtete Abschlusswand. Drei rechteckige Türme gliedern die Nordfassade. Zwischen diese sind hohe Mauervorlagen gesetzt, die sich rings um den gesamten Bau verteilen und die Ziegelmauern aussteifen. Wenige schmale Fenster sind über die Fassaden verteilt, das Innere, in dem zweitausend Gläubige Platz finden, ist demzufolge dunkel – entspricht aber den klimatischen Erfordernissen. Alle Ecken und Kanten des mit Lehm verputzten Baus sind abgerundet, auch das ist den bautechnischen Anforderungen geschuldet: An abgerundeten Kanten bröckelt der Lehm nicht so leicht ab – selbst bei rauer Witterung. Über die gesamte Höhe des Baus stechen in regelmäßigen Abständen Bündel aus Holzstäben horizontal aus den Fassaden heraus. Was sich auf den ersten Blick ausnimmt wie dekorativer Schmuck, erfüllt noch ganz andere Zwecke: Die Hölzer steifen das Mauerwerk aus und bilden darüber hinaus auch ein permanentes Gerüst für die Verputzarbeiten. Diese finden Jahr für Jahr zu Beginn der Trockenzeit statt: Charakteristisch für Lehmbauten ist nicht zuletzt ihre relativ kurze Lebensdauer. Auch die Große Moschee behält ihre Form nur, indem sie kontinuierlich von Hand überarbeitet wird. Da die Putzschicht im Laufe eines Jahres weitgehend abgetragen wird, muss sie nach jeder Regenzeit erneuert werden.

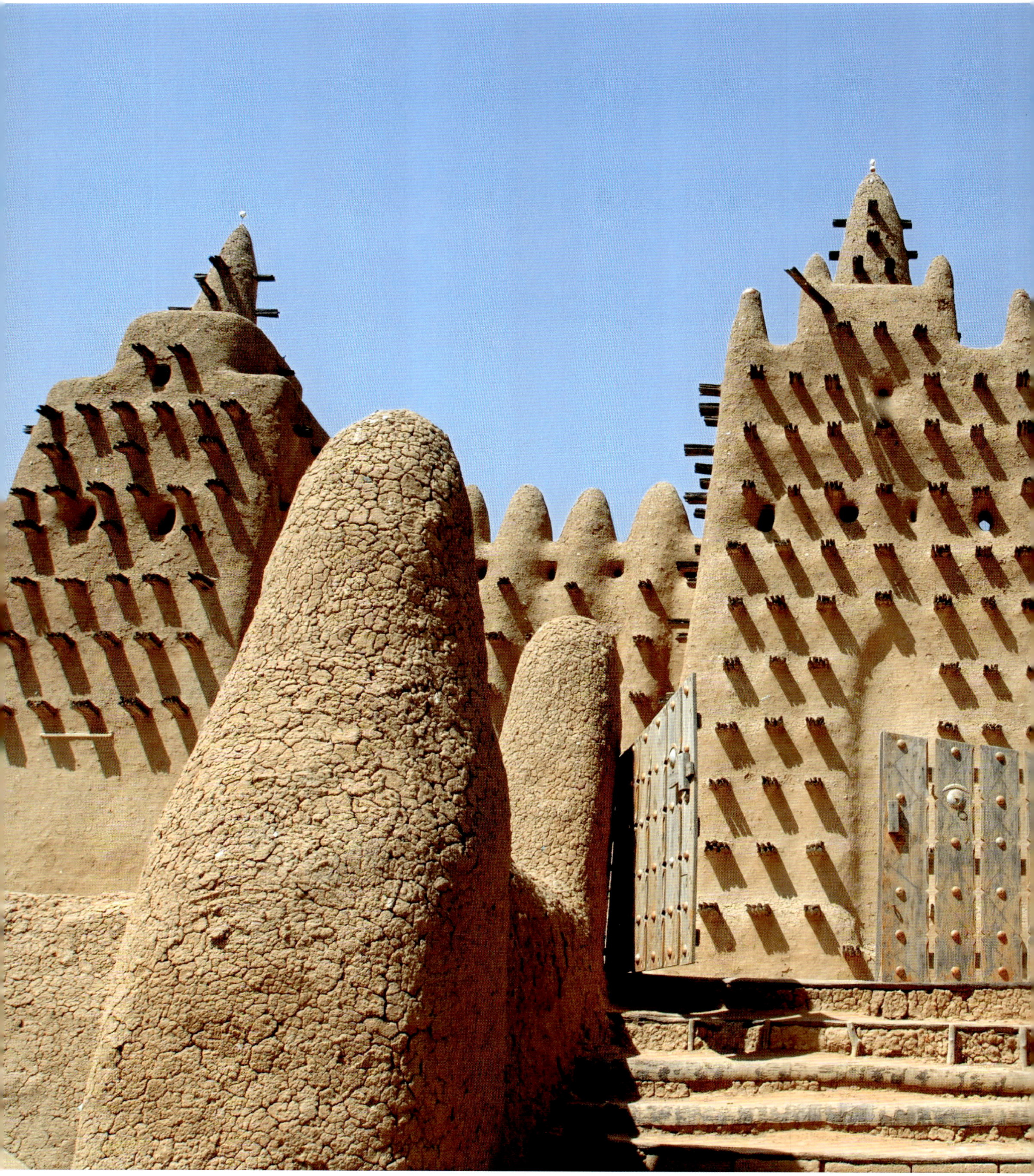

Die Große Moschee von Djenné ist aus Lehmziegeln erbaut, in regelmäßigen Abständen stechen Hölzer aus der Fassade heraus. Sie versteifen das Mauerwerk und bilden ein Gerüst für die Verputzarbeiten: Extreme Hitze und starker Regen verursachen Risse, die mindestens einmal pro Jahr verputzt werden müssen.

»ICH WARNTE DIE BEIDEN BRAVEN MÄNNER VOR MIR. VERGEBENS. SIE WOLLTEN UNBEDINGT ... DEN BAU EINEM AMTLICH GESTEMPELTEN KÜNSTLER ÜBERGEBEN. ICH SAGTE IHNEN: WOLLT IHR, ALS DERZEIT NOCH UNBESCHOLTENE MÄNNER PARTOUT DIE POLIZEI AM HALSE HABEN? SIE WOLLTEN ES. ES IST GEKOMMEN, WIE ICH ES VORHERGESAGT HABE.«

Adolf Loos

ADOLF LOOS, **LOOSHAUS, WIEN,** 1909–1911

65
ADOLF LOOS
LOOSHAUS, WIEN

Im Jahr 1909 entstand am Wiener Michaelerplatz durch den Abriss zweier Häuser eine Baulücke, die die Nobelschneiderei Goldman & Salatsch mit dem Bau eines exklusiven Herrenmodegeschäfts zu füllen gedachte. Dazu sollten in dem Gebäude die Werkstätten und Schneiderei sowie die Privatwohnung von Leopold Goldman Platz finden. Eine Ausschreibung brachte kein befriedigendes Ergebnis und so beauftragten sie Alfred Loos.

Die Bauherren waren sich durchaus bewusst, von Adolf Loos keinen Bau von der Stange zu bekommen und rechneten sogar mit etwas Publicity durch einen eventuell kontrovers diskutierten Entwurf. Mit dem, was dann allerdings als Sturm der Entrüstung über das Gebäude und seinen Architekten losbrach, hatte aber wohl keiner gerechnet. Um diesen Skandal, einer der heftigsten der Architekturgeschichte, zu verstehen, muss man sich das bauliche Umfeld und das Wien dieser Zeit vergegenwärtigen.

Der Michaelerplatz sollte nach einem alten Plan zum Ausbau der Wiener Hofburg zum »Prospekt einer Hauptfassade der kaiserlichen Burg und zum wichtigsten Platz Wiens überhaupt« werden. Die neobarocke Fassade wurde zwar erst 1893 fertig, aber so passte sie gut zu dem Wien, das mit dem Ausbau der Ringstraße gerade den größten städtischen Umbau hinter sich hatte. Die Gebäude an der neuen Prachtmeile waren samt und sonders im neobarocken, historisierenden Stil gehalten. Prachtvoll ausgestattet wurden sie unter anderem von den Jugendstilkünstlern der Wiener Secession (siehe Seite 160) um Gustav Klimt (1862–1918).

Im September 1910 war die Fassade des Looshauses fertig verputzt. Für den heutigen Blick wirkt das Gebäude schlicht, fast bescheiden, aber die Wiener waren geschockt. In dieser ornamentgetränkten Zeit setzte der 40-jährige Loos ein Zeichen der Moderne und damit einen radikalen Kontrast zu den Bauten im nächsten Umfeld und des alten Wien überhaupt. Mit der Erdgeschossgestaltung mit Säulen aus grünem Marmor hätten sie wahrscheinlich noch leben können, aber die Fassade darüber wirkte wie ein Schlag ins Gesicht: Keine Ornamente, keine Fenstergiebel, kein Zierrat, nur weißer Putz. Über Loos brach ein regelrechter ›Shitstorm‹ herein: das Gebäude wurde unter anderem als »höchste Blüte der geistigen Perversität«, »Missgeburt« oder auch als »ein Scheusal von einem Haus« bezeichnet. Da die Fassade nicht den genehmigten Plänen entsprach, wurde der Weiterbau eingestellt. Im November 1911 verteidigte Loos seinen Bau bei einer Versammlung vor über zweitausend Menschen. Nach wildem Diskussionen und einer Fassadenversion der Stadt selbst einigte man sich doch auf Loos' Fassade. Das »Haus ohne Augenbrauen« und sein Erbauer wurden zum Vorreiter des Funktionalismus.

Nach seinem Studium in Wien und Dresden lebte **ADOLF LOOS** (geb. 1870 in Brünn) von 1893 bis 1896 in den USA, was ihn entscheidend prägte. Bevor er das Haus am Michaelerplatz baute, hatte er sich mit der Einrichtung von Läden und Kaffeehäusern (Café Museum, 1899) einen Namen gemacht. Auch war er als Publizist tätig, wo er sich gegen das Ornament als nicht mehr zeitgemäß aussprach. 1908 erschien seine bekannteste Schrift, »Ornament und Verbrechen«, ein Plädoyer für die schöne und zweckbestimmte Form. 1912 gründete Loos eine Bauschule, in der er unentgeltlich unterrichtete. 1922 ging er nach Paris. Loos baute hauptsächlich private Villen und übte auf die nachfolgenden Architekten großen Einfluss aus. Er starb 1933 in Wien.

66
WALTER GROPIUS
FAGUS-WERK, ALFELD

In der Entwicklung der Architektur spielen die Architekten mit ihren Ideen und Innovationen die wichtigste Rolle. Nicht vergessen darf man aber den Einfluss der Bauherren, die oft sehr eigene Vorstellungen haben und sich gegen oder für einen Architekten für die Umsetzung ihrer Projekte entscheiden. Immer wieder haben sich mitunter mutige Entscheidungen für unbekannte oder junge Architekten als wahrer Glücksfall erwiesen.

Carl Benscheidt (1858–1947) war ein solcher Bauherr. Bevor er groß in die Schuhleistenproduktion einstieg, denn das stellen die Fagus-Werke bis heute her, lernte bei seiner Teilhaberfirma in Boston eine der modernsten Industrieanlagen ihrer Zeit kennen und konzipierte daraufhin 1910 mit einem Architekten seine eigene Fabrik in Alfeld. Wichtig war ihm dabei: Die Gebäude sollten helle Arbeitsplätze bieten, um Strom für Beleuchtung zu sparen und ein besseres Umfeld für die Arbeiter zu bieten. Für deren Belange hatten sich Bauherren von Industrieanlagen bisher kaum interessiert.

Benscheidt war aber von der eigenen Planung noch nicht vollkommen überzeugt. Als er das Bewerbungsschreiben von Walter Gropius bekam, entschied er sich für die Zusammenarbeit mit den jungen Architekten, trotz dessen abgebrochenen Studiums. Vielleicht hat ihn auch überzeugt, dass Gropius nur bezahlt werden sollte, wenn tatsächlich gebaut wurde und dass sein Schwager der Landrat von Alfeld war.

Gropius hatte im Büro von Peter Behrens (1868–1940) gelernt und gearbeitet, wie unter anderem auch Ludwig Mies van der Rohe und Le Corbusier. Behrens hatte 1909 mit der AEG-Turbinenhalle in Berlin einen Meilenstein der Industriearchitektur geschaffen. Gropius geht mit seinem Werk einen entscheidenden Schritt weiter. Er löst sich von allen Traditionen und kehrt das Verhältnis von Mauer und Fenster um. Die Außenwände bestehen bis auf die schmalen Ziegelpfeiler, die leicht nach innen geneigt sind, aus Fenstern. Gropius hängt sie nicht nur frei vor die Geschossdecken des dreistöckigen Gebäudes, sondern führt sie auch um die Ecken, wodurch diese stützenfrei sind. Die Kante des Flachdaches tritt leicht vor und verläuft mit den hervorstehenden Fensterwänden in einer Flucht. Der gemauerte Eingangsrisalit erscheint wie eine Reminiszenz an die traditionellen Bauformen.

Die Konstruktion aus Glas und Stahl und besonders die stützenlosen Ecken verleihen diesem neuartigen Fabrikgebäude eine bisher für derartige Bauten ungeahnte Leichtigkeit. Gropius' erster großer Entwurf war nicht nur innovativ, sondern geradezu revolutionär. Das Fagus-Werk ist so zeitlos modern, dass man sich immer wieder bewusst machen muss, dass es vor dem Ersten Weltkrieg gebaut wurde. Und es ist vielleicht bezeichnend, dass einer der ersten wegweisenden Bauten des 20. Jahrhunderts eine Fabrik ist.

WALTER GROPIUS (geb. 1883 in Berlin) bricht sein Studum in München und Berlin ab und arbeitet von 1908 an in Peter Behrens' Büro. Nach dem Fagus-Werk baut er 1914 mit Adolf Meyer eine Musterfabrik für die Werkbundausstellung in Köln und gründet 1919 das Bauhaus in Weimar, das er bis 1928 leitete. 1934 emigriert er nach England und 1937 in die USA. Hier gründet er 1946 die Gruppe The Architects Collaborative, Inc. (TAC), in der er seine Idee von Teamarbeit umsetzt. Es entstehen das Harvard Graduate Center (1949/50) und das Pan-Am-Gebäude (heute Met-Life-Gebäude) in New York (1952). Nach dem Krieg baut er auch wieder in Berlin, zum Beispiel 1957 im Berliner Hansaviertel und ab 1960 die Gropiusstadt. Er stirbt 1969 in Boston.

»DER ARBEIT MÜSSEN PALÄSTE ERRICHTET WERDEN, DIE DEM FABRIKARBEITER, DEM SKLAVEN DER MODERNEN INDUSTRIEARBEIT, NICHT NUR LICHT, LUFT UND REINLICHKEIT GEBEN, SONDERN IHN NOCH ETWAS SPÜREN LASSEN VON DER WÜRDE DER GEMEINSAMEN GROSSEN IDEE, DIE DAS GANZE TREIBT.«

Walter Gropius

WALTER GROPIUS, **FAGUS-WERK, ALFELD (LEINE),** 1911

67
PEDER VILHELM JENSEN-KLINT
GRUNDTVIGSKIRCHE, KOPENHAGEN

Die Erneuerung der Architektur, die durch Walter Gropius und andere radikal vorangetrieben wurde, hatte selbstverständlich nicht alle Architekten erfasst. Es gab auch nicht allzu viele Auftraggeber, die sich für das extrem Moderne begeistern konnten. So wurde auch immer wieder eklektizistisch auf verschiedene Stilarten zurückgegriffen – allerdings wurden diese neu interpretiert.

Die Grundtvigskirche in Kopenhagen ist dafür ein herausragendes Beispiel. Es ist eine moderne Kirche, die sich in ihrem Entwurf sowohl auf die Gotik und Neugotik bezieht als auch die Tradition der Dorfkirchen Dänemarks berücksichtigt.

Der Architekt Peder Vilhelm Jensen-Klint gewann 1913 den Wettbewerb zum Bau dieser Kirche. Begonnen wurde sie allerdings wegen Verzögerungen, die sich aus dem Ersten Weltkrieg ergaben, erst 1921. Auf einem traditionellen dreischiffigen Grundriss erhebt sich eine moderne Kirche, die ihren Bezug zur Gotik und vor allem zur nordischen Backsteingotik nicht leugnen kann. Der Baustoff Backstein wurde hier in einer seltenen Konsequenz verwendet. Alle Formen entstehen aus der kleinsten Einheit, dem einfachen Ziegel. Es gibt keine größeren Formsteine, jedes Element, bis hin zum Boden ist durch die hellgelben Ziegel bestimmt. In dieser Gleichheit aller Teile mag ein vom Architekten gedachter religiöser Sinn stecken, der wiederum auf den Namensgeber der Kirche, Nikolai Frederik Severin Grundtvig (1783–1872) zurückgeht.

Die Fassade, die sich wie eine Erinnerung sowohl an gotische wie auch an romanische Westwerke vor dem Bau erhebt, wird durch die Kontraste, die durch die Längsrillen entstehen, bestimmt. Sie verleihen der Fassade einen Vertikaldrang, der sich schließlich in dem reichen Treppengiebel auflöst.

Auch der helle Innenraum ist durch die Ziegel bestimmt, die in immer wieder verblüffenden Kombinationsmöglichkeiten verwendet wurde. Bis auf die ebenfalls von Klint gestalteten Kronleuchter gibt es keinen Zierrat. Das führt zu einer außergewöhnlichen Klarheit sämtlicher Bauteile und des Gesamtbildes, die man selbst in gotischen Kathedralen nur sehr selten findet.

Um die Kirche herum wurde eine Wohnanlage errichtet, die sich symmetrisch um die Kirche fügt. Sie entstand von 1924 bis 1926 ebenfalls mit Backstein als Grundlage. In diesem Gesamtensemble ragt die Kirche als Mittel- und unbestrittener Höhepunkt heraus. Vollendet wurde sie erst 1940 von Klints Sohn Kaare.

PEDER VILHELM JENSEN-KLINT wurde 1853 bei Mineslyst in Dänemark geboren. Nach einer Ausbildung zum Ingenieur arbeitete er zunächst für den Buhnenbau an der dänischen Küste. Es folgte ein Studium an der Königlich Dänischen Kunstakademie, an der er später auch einen Lehrstuhl innehatte. In der Folge beschäftigte er sich hauptsächlich mit Landschaftsmalerei. Zur Architektur kam Jensen-Klint erst 1896. Zusätzlich befasste er sich ganz im Sinne der englischen Arts-and-Crafts-Bewegung mit kunsthandwerklichen Tätigkeiten. Neben der Grundtvigskirche entstanden weitere Kirchenbauten (Friedenskirche Odense, 1918–1920) sowie verschieden Wohn- und Geschäftshäuser. Sogar eine Trambahnwartehalle baute er (Bien, Kopenhagen, 1907). Jensen-Klint starb 1930 in Kopenhagen.

DIE BESONDERE ÄUSSERE FORM DER FASSADE,
DIE MANCHMAL AUCH »ORGELFASSADE« GENANNT WIRD,
HAT FORSCHER AUF GRÖNLAND INSPIRIERT, EIN DORTIGES BERGMASSIV
GRUNDTVIGSKIRKEN ZU TAUFEN, IN ANLEHNUNG
AN DIE BERÜHMTESTE KIRCHE DÄNEMARKS.

PEDER VILHELM JENSEN-KLINT, **GRUNDTVIGSKIRCHE, KOPENHAGEN**, 1921–1940

68
FRITZ HÖGER
CHILEHAUS, HAMBURG

Dass in der Hafenstadt Hamburg ein Ozeandampfer vor Anker geht, ist keine Überraschung. Wenn das allerdings mitten im Kontorhausviertel geschieht und der Dampfer aus Backstein ist, schon. Der Architekt Fritz Höger konnte sich also beim Bau des Chilehauses auf reichlich Aufmerksamkeit einstellen.

Seinen Namen verdankt das gigantische Bürogebäude den Geschäften seines Bauherrn: Der hanseatische Kaufmann Henry Sloman hatte sein Vermögen mit dem Import von Salpeter aus Chile gemacht. Zurückgekehrt in die Hansestadt, kaufte der betuchte Unternehmer ein riesiges Areal gegenüber der Speicherstadt und übergab die fünftausend Quadratmeter dann dem Architekten seiner Wahl: Fritz Höger. Der schuf ab 1922 eine Architekturikone am Rande der südlichen Hamburger Altstadt. Auf dem spitz zulaufenden Grundstück baute Höger ein Bürohaus, bei dem keine Seite der anderen gleicht. Auch in der Höhe variiert der Bau: Je nachdem, von wo aus man es betrachtet, hat das Chilehaus fünf bis acht Hauptgeschosse. Die Südseite des Hauses ist geschwungen, die später neugestaltete Straße bildet diesen kurvigen Verlauf nach und betont so den Schwung. Die Nordseite hingegen ist gerade. Zwischen den beiden Seiten des Gebäudes liegen mehrere Innenhöfe. Das Erdgeschoss öffnet sich in Rundbogen zur Straße, bei den darüberliegenden fünf Geschossen ist die Vertikale deutlich betont. Drei weitere Geschosse springen dahinter zurück, sie wirken wie die Reling eines Schiffs. Auf der Ostseite allerdings fehlen diese Staffelgeschosse, wie ein Bug läuft die östliche Ecke des Gebäudes spitz zu.

Högers ›Ozeanriese‹ mit seinen 36 000 Quadratmetern Nutzfläche kommt in Backstein daher – erklärtes Lieblingsmaterial des Baumeisters. Fast alle seine Bauten hat er damit verkleidet, der Ziegelstein wirke wie ein »duftiger Schleier«, fand Höger. Fast fünf Millionen Stück Klinker verbaute der Architekt am Chilehaus, ihre rötlichbraune Farbe belebt die Fassade und bildet einen Kontrast zu den strahlendweißen Sprossen der 2 500 Fenster. Für Furore hat vor allem die spektakuläre Ostseite schon früh gesorgt: »Diese himmelhochstrebende Senkrechte, grotesk fortgesetzt durch die vorspringende Ecke des obersten Balkons und des Daches, wird städtebaulich ein Wahrzeichen Hamburgs werden«, vermuteten die *Hamburger Nachrichten* 1923. Sie sollten recht behalten.

Geboren wurde **FRITZ HÖGER** 1877 im holsteinischen Bekenreihe. Der Sohn eines Handwerksmeisters machte zunächst eine Lehre zum Zimmermann. Als 20-Jähriger nahm er sein Studium an der Hamburger Baugewerkschule auf, zwei Jahre später trat er in ein Architektenbüro ein. 1907 machte Höger sich als Architekt selbstständig, er galt als Autodidakt. An der Hamburger Mönckebergstraße gestaltete er einige der großen Geschäftshäuser mit und machte sich bald einen Namen für den Bau von Kontorhäusern. Neben dem Chilehaus, das ihn zu einem berühmten Architekten machte, ist sein Name auch eng mit dem Kontorhaus Sprinkenhof verbunden, das von 1927–1943 zusammen mit Hans und Oskar Gerson entstand. Höger starb 1949 in Bad Segeberg.

»BESONDERS DIE GLÜCKLICH GEFÜHRTE SAUSENDE S-KURVE DES GEBÄUDES AN DEN PUMPEN GIBT DER FRONT DIE GROSSE GESTE, DIE SIE BEI ALLER VORNEHMEN INNERLICHEN RUHE ALS DURCHAUS TEMPERAMENTVOLL ERSCHEINEN LÄSST.«

Hamburger Nachrichten, 8. Mai 1923

FRITZ HÖGER, **CHILEHAUS, HAMBURG,** 1922–1924

»WIR MUSSTEN ZU EINER **NEUEN SPRACHE** FÜR DIE **FORMEN DER ARCHITEKTUR** KOMMEN, ZU NEUEN **BUCHSTABEN**, ZU NEUEN **WORTEN**, ZU NEUEN **SÄTZEN**.«

Gerrit Rietveld

GERRIT RIETVELD, **HAUS SCHRÖDER, UTRECHT**, 1924

69
GERRIT RIETVELD
HAUS SCHRÖDER, UTRECHT

Recht unscheinbar, gleichsam eingeklemmt zwischen dem Ende einer Häuserzeile und der Überführung einer vierspurigen Utrechter Stadtautobahn, steht eines der außergewöhnlichsten Häuser des beginnenden 20. Jahrhunderts. So außergewöhnlich das Haus ist, so außergewöhnlich waren auch die Bauherrin und ihre Ideen, die sie mit dem Tischler und Architekten Gerrit Rietveld 1924 umsetzte.

Als Truus Schröder-Schräder (1889–1985) Witwe wurde, wollte sie mit ihren drei Kindern einen neuen Lebensabschnitt beginnen. Schon in der geräumigen, aber konservativ eingerichteten Wohnung im Utrechter Zentrum hatte sie einen Raum ganz nach ihren Vorstellungen in Zusammenarbeit mit Gerrit Rietveld gestaltet. Jetzt engagierte sie ihn wieder und konzipierte mit ihm das Haus als Spiegel ihrer neuen Lebenseinstellung.

Von außen ist das Haus ein Quader, dessen Baumasse Rietveld in Flächen und Stützen in verschiedenen Ebenen zerlegt hat. Sie sind jeweils über das konstruktiv Notwendige hinausgeführt und farblich voneinander isoliert. Die flächigen Elemente sind in Weiß und Grau gehalten, während die Stützen und stabförmigen Teile in den Grundfarben Rot, Blau, Gelb sowie in Schwarz gehalten sind. Rietveld, der zu der holländischen De-Stijl-Gruppe um Piet Mondrian (1872–1944) gehörte, erschuf hier quasi ein dreidimensionales Mondrian-Bild.

Das Innere, dessen Disposition von außen nicht ablesbar ist, hält weitere Überraschungen bereit. Im Erdgeschoss befinden sich mehrere Funktionsräume, im Obergeschoss dagegen nur ein einziger. Das wollte Frau Schröder so haben, denn sie hatte den Wunsch, dort eng mit ihren Kindern zusammenzuleben. Bei der Baugenehmigung deklarierte Rietveld ihn als Speicher, denn ohne feste Zwischenwände wäre er nicht genehmigt worden. So ist dieser große, helle Raum entstanden, der auf den weiten Blick angelegt war. Das Haus lag seinerzeit an der Stadtgrenze; an eine Autobahn hatte damals noch niemand gedacht. Der große Raum konnte allerdings auch verändert werden. Dazu erdachten Schröder und Rietveld Schiebewände, mittels derer kleinere Räume abgeteilt werden konnten. Das bestimmende Motiv des Hauses, wie auch der gesamten De-Stijl-Bewegung ist der rechte Winkel. Das ging sogar soweit, dass auch die Fenster nur im 90-Grad-Winkel zu öffnen sind.

Als die Stadtautobahn gebaut wurde, wollte Rietveld das Haus eigentlich abreißen. Frau Schröder war dagegen und lebte bis zu Ihrem Tod in dem 125 Quadratmeter kleinen Haus, das heute ein Museum und in der Liste des UNESCO-Weltkulturerbes ist.

Wie zeitlos modern das Haus Schröder ist, kann man vielleicht auch erkennen, wenn man sich das Design der zur Bauzeit modernsten Gebrauchsgegenstände wie Autos, Telefone oder Grammophone vor Augen hält.

Der 1888 in Utrecht geborene gelernte Tischler **GERRIT RIETVELD** machte sich 1917 selbstständig und experimentierte mit neuen Möbelformen. Sein bekanntestes Stück ist der Stuhl »Rot-Blau«, den er 1918 schuf. 1919 wurde er Mitglied der von Theo van Doesburg (1883–1931) 1917 mitbegründeten Künstlergruppe De Stijl. Das Ziel der Gruppe war in der Malerei die Ablehnung jeglicher illusionistischer Darstellung und in der Architektur die Befreiung vom Zwang von außen festgelegter Form mittels Durchdringung von Fläche und Stütze. Zusammen mit Frau Schröder führte Rietveld weitere Privathäuser aus und baute 1932 für die Wiener Werkbundausstellung vier Reihenhäuser. 1963 lieferte er den Entwurf für das Van-Gogh-Museum in Amsterdam und starb 1964 in Utrecht.

»ICH ÜBERTRAGE ZUM ERSTEN MAL FUNKTION UND DYNAMIK ALS GEGENSATZPAAR AUF DAS GEBIET DER ARCHITEKTUR. ICH SCHULDE DIESE WISSENSCHAFTLICHE ÜBERLEGUNG MEINER HÄUFIGEN ANWESENHEIT BEI DISKUSSIONEN ZWISCHEN EINSTEIN UND SEINEN MITARBEITERN.«

Erich Mendelsohn

ERICH MENDELSOHN, **EINSTEINTURM, POTSDAM**, 1920–1924

70
ERICH MENDELSOHN
EINSTEINTURM, POTSDAM

Wie würde man sich heute wohl ein Gebäude vorstellen, das zum Zwecke der Überprüfung der These einer vorhergesagten Rotverschiebung des Lichtes in Albert Einsteins Allgemeiner Relativitätstheorie gebaut werden soll und dazu mittels eines Coelostaten Strahlen kosmischer Lichtquellen über einen 45-Grad-Umlenkspiegel in die dazugehörigen unterirdischen Labors geleitet werden müssen?

Wahrscheinlich anders als das Gebäude, das Erich Mendelsohn 1920 auf dem Telegrafenberg in Potsdam errichtet hat. Mendelsohn fasste die Aufgabe, ein Sonnenobservatorium zu bauen, die ihm von der Einsteinstiftung zu spektralanalytischen Forschung gestellt wurde, in einem künstlerischen Sinne auf. Die innere Organisation des Baus war durch die wissenschaftlichen Bedürfnisse vorgegeben. Beim Außenbau hatte Mendelsohn völlig freie Hand. Bekannt geworden ist Mendelsohn 1919 durch eine Ausstellung von expressionistischen Architekturzeichnungen in der berühmten Galerie von Paul Cassirer in Berlin. In seinen Entwürfen für den Einsteinturm, die er als »Konturfixierungen eines plötzlichen Gesichtes« beschrieb, ging er von einem massiven Betonbau aus. Mendelsohn wollte eine »elastische Kontinuität« der Oberfläche herstellen und den »logischen Bewegungsausdruck der den Baustoffen Eisen und Beton innewohnenden Kräfte« in einer dynamischen Form umsetzen. Das ist ihm auf beeindruckende Weise gelungen, doch hauptsächlich als Ziegelbau und nicht wie gehofft aus Beton, denn die verfügbare Qualität des Betons und die enormen Kosten für die Schalungen der unregelmäßig geformten Flächen hinderten ihn daran.

Mendelsohn musste das Gebäude in Mischbauweise errichten, wobei das Zentrum, der Turm, in Ziegelbauweise entstand und nur verputzt wurde. Tatsächlich aus Beton sind der Kuppelkranz, die Terrassen und die Außenwände der nördlichen und südlichen Anbauten. Durch den auf allen Teilen gleichmäßig verteilten Spritzguss entsteht der Eindruck eines komplett in Beton gegossenen Baus. Interessanterweise widersprach Mendelsohn nie der auch in der Literatur verbreiteten Ansicht, es handele sich tatsächlich um einen Betonbau. 1922 wurde das Gebäude fertiggestellt und nach der Installation der technischen Geräte 1924 eröffnet.

Schon bald stellten sich gravierende Schäden am Bau ein. Risse traten auf, in die Wasser eindrang und sowohl das Eisen rosten ließ als auch den Beton zerstörte. 1927 wurde eine erste umfassende Sanierung nötig, die 1940 und seitdem in unregelmäßigen Abständen wiederholt wurde. Die letzte große Sanierung fand zwischen 1997 und 1999 statt, wobei der Turm auch wieder seinen ursprünglichen Anstrich in hellem Ocker erhielt.

ERICH MENDELSOHN wurde 1887 in Ostpreußen geboren und studierte von 1907 bis 1912 in Berlin und München. Neben Architektur beschäftigte er sich auch mit Malerei und Bühnenentwürfen. Durch Bekanntschaften mit Wassily Kandinsky, Franz Marc und anderen Malern wurde er vom Expressionismus beeinflusst. Nach dem Einsteinturm errichtete er vornehmlich Fabriken und Warenhäuser. 1933 emigrierte er zunächst nach England und dann nach Palästina, wo er Krankenhäuser in Jerusalem und Haifa baute. 1941 übersiedelte Mendelsohn in die USA, wo er sich hauptsächlich mit dem Bau von Krankenhäusern und Bauten für jüdische Einrichtungen beschäftigte. 1953 starb Mendelsohn in San Francisco.

71
WALTER GROPIUS
BAUHAUS, DESSAU

Im Weimar der 1920er-Jahre war der Satz »Ich schick dich ins Bauhaus!« durchaus eine Drohung für widerspenstige Kinder. Die revolutionäre Kunst- und Architekturschule hatte nicht nur Freunde im klassisch geprägten Städtchen. Als das Bauhaus 1925 in die Industriestadt Dessau zog, gab es hingegen weniger Berührungsängste.

Erste Aufgabe am neuen Ort war es, sich das passende Haus zu bauen. Die Schule für Kunst, Architektur, Grafik, Kunsthandwerk, Raumgestaltung und Einrichtung sollte ein Labor sein für alle gestalterischen Bereiche. Dazu gehörte auch, dass Wohnen, Arbeiten und Leben miteinander verschmolzen. Dem Architekten und Gründungsdirektor Walter Gropius schwebte dabei ein klares Ideal vor: Architektur und Handwerk sollten gleichberechtigt nebeneinander und neben der industriellen Fertigung stehen. In ihrem Manifest aus dem Gründungsjahr 1919 hielten die Bauhäusler fest, an ihrer Handwerkerschule sollten alle an einem Strang ziehen, »ohne die klassentrennende Anmaßung, die eine hochmütige Mauer zwischen Handwerkern und Künstlern errichten wollte!« Dazu musste alles neu gedacht werden – Baumaterialien oder -techniken ebenso wie das Zusammenleben und -arbeiten; neue Methoden brauchten auch ein passendes Zuhause.
Gesagt, getan: In Dessau entstanden drei L-förmige Flügel, die miteinander verknüpft sind. Die Werkstätten und das fünfgeschossige Haus mit Wohnateliers liegen zu beiden Seiten einer Straße. Sie ist überbaut mit einem Verbindungstrakt, in dem Aula und Bühne Platz fanden. Der Bereich entwickelte sich rasch zum Mittelpunkt des gemeinschaftlichen Lebens: Schließlich gehörten auch die legendären Feste zum Gesamtkunstwerk Bauhaus. Architektonisch ist von Opulenz keine Spur – Ornamente oder Farbe sucht man vergeblich. Der asymmetrisch angelegte Bau kommt schmucklos daher: Unter Flachdächern hängen verglaste Fassaden und sorgen für viel Licht. Statt Mauerfläche übernimmt ein Stahlgerüst die tragende Funktion. Die Fassaden der kubischen Bauteile fallen jeweils unterschiedlich aus, schließlich richtet sich ihre Gestalt nach der jeweiligen Aufgabe – deshalb ist die Werkstatt zum Beispiel ein komplett verglaster Baukörper. Das Dessauer Bauhaus, unter dessen Dach alle werkkünstlerischen Aufgaben zusammenfanden, sollte rasch zum Inbegriff der modernen Architektur werden. In architektonischer Hinsicht wirkte die Schule stilbildend: Kubische Bauteile, klare, weiße Flächen und symmetrische Fensterreihen bestimmten nicht nur Gropius' Bauten der nächsten Jahrzehnte. Der ›Bauhaus-Stil‹ machte Furore: Die Kunst- und Architekturschule existierte zwar nur vierzehn Jahre, nach dem Wahlsieg der Nationalsozialisten wurde das Bauhaus 1933 aus Dessau vertrieben und musste bald darauf geschlossen werden. Doch zusammen mit den Lehrern des Bauhauses zogen auch ihre baukünstlerischen Ideen weite Kreise, insbesondere in den USA durch die Gründung des ›New Bauhaus‹ in Chicago.

»WOLLEN, ERDENKEN, ERSCHAFFEN WIR GEMEINSAM DEN NEUEN **BAU DER ZUKUNFT**, DER **ALLES IN EINER GESTALT** SEIN WIRD: ARCHITEKTUR UND PLASTIK UND MALEREI…«

Walter Gropius

WALTER GROPIUS, **BAUHAUS, DESSAU,** 1925/26

oben Das Haus fürs Bauhaus entwarf der Architekt Walter Gropius 1925/26. Die neue Denk- und Arbeitsweise sollte am Schulgebäude selbst abzulesen sein, die Gestalt des Baukörpers richtete sich nach der jeweiligen Aufgabe. Architektur und Design, Kunst und Handwerk sowie die industrielle Fertigung standen dabei gleichberechtigt nebeneinander.

rechts Von der Architektur bis zu den Deckenlampen sollte jedes Detail funktional sein. Mit seinen rationalen Entwürfen sollte das Bauhaus wegweisend werden: Aus der schulischen Ausbildung heraus entstanden etliche Möbel und Gebrauchsgegenstände, die sich längst als Designklassiker etabliert haben.

WALTER GROPIUS, **BAUHAUS, DESSAU,** 1925/26

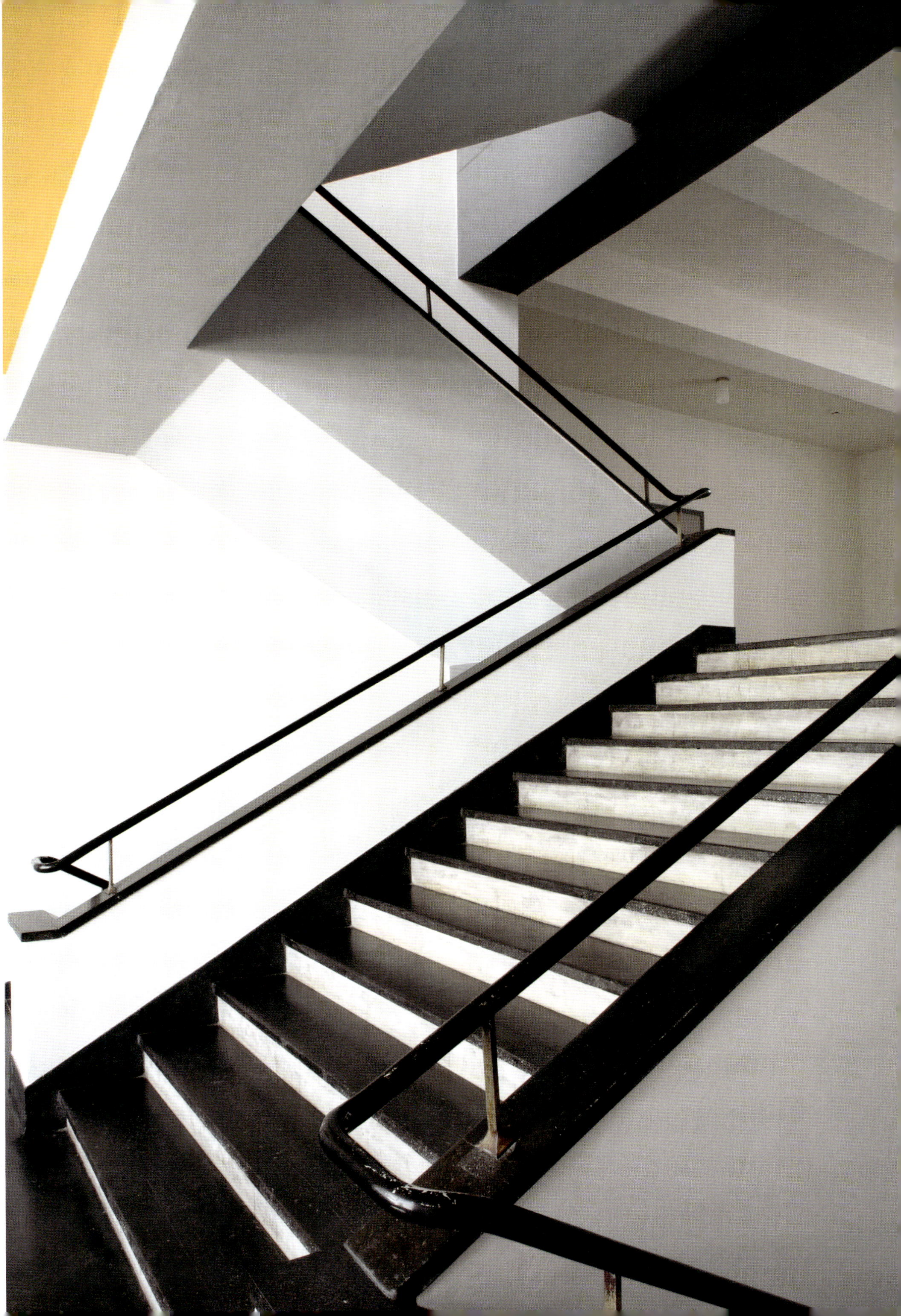

72
LUDWIG MIES VAN DER ROHE
BARCELONA-PAVILLON

Einer der bekanntesten Sätze von Ludwig Mies van der Rohe lautet »Weniger ist mehr«. Und wohl nie hat er so ›wenig‹ gebaut, wie bei dem Pavillon des Deutschen Reiches, den er für die Weltausstellung in Barcelona 1929 errichtete. Der Pavillon, offizieller Auftrag der Regierung der Weimarer Republik, stand nur acht Monate und wurde trotzdem zu einer Ikone der modernen Architektur.

Selbstverständlich war das im Bau selbst begründet, aber alles, was nach dem Abriss im Februar 1930 geblieben ist und den Ruf mit begründet hat, waren die Fotografien, die ein Fotograf in Zusammenarbeit mit Mies van der Rohe davon angefertigt hatte, insgesamt sechzehn Abzüge von vierzehn verschollenen Glasnegativen. Was man heute am ursprünglichen Standort sieht, ist ein Nachbau aus dem Jahre 1986 zu Ehren von Mies' 100. Geburtstag. Den Bauplatz hatte Mies van der Rohe selbst ausgesucht, denn er hatte zwei Vorteile. Hinter dem Bau erhebt sich der Montjuïc, dessen Baumbestand einen idealen Kontrast zur strengen, klaren Architektur bildet. Und dort befand sich auch das Spanische Dorf, die meistbesuchte Attraktionen der Weltausstellung, die man über eine Treppe hinter dem Pavillon erreichte. Die Besucher waren also gezwungen, den Pavillon zu passieren.

Über eine Treppe gelangt man auf eine Plattform, eine Terrasse, die in zwei Bereiche aufgeteilt ist: Eine freie Fläche mit einem großen Bassin und einem kleinen überdachten Technikraum sowie eine eingeschossige Flachdachkonstruktion mit einem kleinen Bassin, die beide mit einer Travertinwand verbunden sind.

Die wesentlichen Merkmale des Pavillons sind die freie Behandlung der Flächen und die Trennung von Träger und Wand. Das große Flachdach wird nur scheinbar von den Wänden getragen. Tatsächlich sind verchromte Stahlstützen, in zwei Reihen zu je vier, die eigentlichen Träger. Die Wände aus edelstem Marmor und Glas konnte der Architekt also frei setzen. Dadurch schafft er Räume und Flächen, bei denen überdeckte und offene Teile eines Gesamtraums untereinander in Beziehung gesetzt werden. Sie durchdringen sich und fließen ineinander. Mies van der Rohe löst sozusagen das traditionelle Haus auf und zerlegt es in seine Einzelteile. Dabei musste er keine Rücksicht auf Zweckmäßigkeit legen, denn bei dem Pavillon handelt es sich um Ausstellungsarchitektur, bei der der Architekt völlig frei seine Ideen und Idealvorstellungen verwirklichen kann. Es ist sozusagen ›reine‹ Architektur. Dazu gestaltete Mies van der Rohe eigens die berühmt gewordenen Barcelona-Sessel und -Hocker, die dem spanischen Königspaar bei ihrem Besuch als Sitzgelegenheit dienten. »Ich konnte ja nicht gut simple Küchenstühle dort hinstellen.«

Wenn man sich in Barcelona ausgiebig mit den aufwendig gestalteten und wie organisch gewachsenen Bauten Antoni Gaudís beschäftigt und dann den Pavillon von Mies van der Rohe betritt, ist die Klarheit dieses Musterbaus moderner Architektur einer der größten Kontraste, der sich vorstellen lässt. Antoni Gaudí, der sich seine letzten Jahre fast ausschließlich mit der Sagrada Familia (siehe Seite 150) beschäftigte, starb 1926 an den Folgen eines Trambahnunfalls. Es ist ein spannendes und interessantes Gedankenexperiment, sich zu überlegen, was sich diese beiden so herausragenden und so unterschiedlichen Architekten über Architektur zu sagen gehabt hätten.

»ARCHITEKTUR IST EINE SPRACHE MIT DER DISZIPLIN EINER GRAMMATIK. MAN KANN SPRACHE IM ALLTAG ALS PROSA BENUTZEN UND WENN MAN SEHR GUT IST, KANN MAN EIN DICHTER SEIN.«

Ludwig Mies van der Rohe

LUDWIG MIES VAN DER ROHE, **BARCELONA-PAVILLON,** 1929, WIEDERAUFBAU 1986

»DAS ... WOHL **POETISCHSTE BEISPIEL** EINER VON DER WELT DER **MODERNEN TECHNIK** INSPIRIERTEN ARCHITEKTUR.«

Axel Menges

PIERRE CHAREAU, **MAISON DE VERRE, PARIS**, 1928–1931

73
PIERRE CHAREAU
MAISON DE VERRE, PARIS

Meistens führt die Weigerung von Mietern auszuziehen nur zu großen Problemen beim Um-, Aus- oder Neubau. Manchmal kann das aber auch zu besonderen und außergewöhnlichen Lösungen in der Architektur führen. In der Pariser Rue Saint-Guillaume 31 ist Letzteres geschehen. Im Dachgeschoss eines Stadthauses aus dem 18. Jahrhundert wollte die Mieterin nicht ausziehen, also musste das neue Haus unter ihr gebaut werden.

Aus dieser Not geboren schufen die beiden Architekten, Pierre Chareau und Bernard Bijvoet, ein wahres Meisterwerk, das im Verborgenen eines Pariser Innenhofs versteckt ist. Statt also den gesamten Flügel des Palais abzureißen, gelang es ihnen, das Dachgeschoss mit einer Stahlkonstruktion zu stützen, während die beiden unteren Geschosse eingerissen wurden. An deren Stelle errichteten die Architekten in der vollen Tiefe des Altbaus eine dreistöckige Konstruktion, deren Decken zwischen die Träger eingehängt sind und die vorne und hinten jeweils fast komplett mit Glasbausteinen verglast wurde. Daher auch der Name, wörtlich »Glashaus«. Der Neubau sollte die Wohnung und vor allem die Praxis des Arztes Jean Dalsace werden. Die Gartenseite der Privatwohnung bekam einen Balkon und in jedem Stockwerk durchsichtige Fenster.

Das Maison de Verre ist ein wahres Kleinod an Verschachtelung und konstruktiver Besonderheiten. Im Erdgeschoss befindet sich die Praxis, im ersten Obergeschoss Gesellschaftsräume wie der große Wohnbereich, das Esszimmer und die Küche und im zweiten Obergeschoss die Schlafzimmer der Familie. Alle drei Geschosse sind an unterschiedlichen Stellen miteinander verbunden. Der Luftraum des Wartebereichs im Erdgeschoss greift in das erste Obergeschoss über. Der große Wohnsalon geht in Teilen über das erste und zweite Obergeschoss und das Büro des Doktors auf der Gartenseite im Erdgeschoss geht in das erste Obergeschoss über. Diese Verschachtelungen der verschiedenen Etagen führen zu immer neuen Blickrichtungen und Verbindungen.

Der Architekt Chareau war auch Möbeldesigner und Raumausstatter und entwarf für das Maison de Verre ein Vielzahl überraschender Möbel und Ausstattungstücke, die an die Fantasie mancher französischer Filmemacher erinnern. Überall kann man Schränke drehen, Treppen einziehen, Spiegel verschieben, Tische vergrößern und ganze Räume hinter Metallschiebetüren verschwinden lassen.

Leider ist dieses Kleinod an Überraschungen derzeit nicht zu besichtigen.

PIERRE CHAREAU, geboren 1883 in Paris, wurde zunächst als Möbelzeichner, Designer und Raumausstatter bekannt. Er erregte 1925 großes Aufsehen mit der Ausstattung der französischen Botschaft auf der Éxposition Internationale des Arts Décoratifs et Modernes in Paris. Zusammen mit dem niederländischen Architekten Bernard Bijvoet (1889–1979) gestaltete unter anderem er das Maison de Verre und den Golfclub in Beauvallon (1926). Viele seiner Möbel entstanden in Zusammenarbeit mit dem Kunstschmied Louis Dalbet, viele seiner Entwürfe werden heute noch produziert. 1939 emigrierte er in die USA, wo er 1948 ein Atelierhaus für Robert Motherwell baute. Chareau starb 1950 in Easthampton.

»DIE QUALITÄT DES CHRYSLER BUILDING ERWÄCHST AUS SEINER FÄHIGKEIT, ROMANTISCH UND UNVERNÜNFTIG ZU SEIN, UND DOCH NICHT ALBERN, SODASS ES LÄCHERLICH WIRD; ES MACHT KURZ DAVOR HALT UND BEHÄLT SO IM WAHN EIN STÜCKCHEN GLAUBWÜRDIGKEIT – GANZ ÄHNLICH WIE NEW YORK SELBST.«

Paul Goldberger

WILLIAM VAN ALEN, **CHRYSLER BUILDING, NEW YORK,** 1928–1930

74
WILLIAM VAN ALEN
CHRYSLER BUILDING, NEW YORK

Der Architekt William Van Alen gab sich gar nicht erst traditionsbewusst, sondern ließ verlauten: »Kein altes Zeug für mich. Kein verderbtes Kopieren von Toren, Säulen und Erkern. Ich – ich bin neu! Avanti!« Sein Beitrag zur Skyline von Manhattan sollte am Puls der Zeit sein, innen wie außen. Und dabei auch noch den aktuellen Höhenrekord brechen.

Ab Herbst 1928 schossen in der Nähe der Grand Central Station 71 Stockwerke in die Höhe. Der Umfang des Turms nimmt dabei nach oben ab, was der New Yorker Bauordnung geschuldet war: Damit sie der Nachbarschaft nicht alles Licht raubten, durften Hochhäuser ab dem dreizehnten Stock höchstens ein Viertel der bebauten Grundfläche einnehmen. Solange sie diesem ›Hochzeitstortenstil‹ entsprachen, konnten die Wolkenkratzer unbegrenzt emporwachsen. Im Chrysler Building verzichtete man dabei auf keine technische Finesse: Die Heizkörper wurden in die Wände versenkt, ein Saugluftsystem beseitigte Staub, das im Fußboden verlegte Kabelsystem garantierte Stromversorgung an jeder Stelle – die Liste reicht bis zur Müllentsorgung im Rekordtempo. Vor allem aber die Fassade war am Puls der Zeit. Nachdem der Automobiltycoon Walter P. Chrysler das Bauvorhaben übernommen hatte, verwandelte sich der Büroturm in ein glitzerndes Manifest der Moderne. Als Reverenz an den Bauherrn fand sich reichlich Metall an der Fassade: Metallische Adlerköpfe, Radkappen, Kühlergrills und Motorhauben blitzen an den Rücksprüngen des Gebäudes auf. Bogen aus Stahl wurden auf jeder Seite der Turmspitze angebracht, ihre dreieckigen Fenster verwandeln sich nachts in spektakuläre Zacken, die mit dem beleuchteten Baukörper um die Wette strahlen. Extravagantes Design im Stil des Art déco zieht sich über die Fassade – Zickzackmuster, Drei- und Vierecke aus hellgrauen Ziegeln und weißem Marmor. Im engen Straßenraster New Yorks waren die wenigsten dieser Details zu erkennen, Eingang und Turmkopf wurden deshalb die eigentlichen Markenzeichen des Hochhauses. Der Turmaufsatz des Chrysler Building erzählt dabei auch vom Rennen um das höchste Gebäude der Welt, das im New York der 1920er-Jahre ausgetragen wurde.

Zunächst hielt sich das Woolworth Building mit 241 Metern an der Spitze, doch dabei wollten es Chrysler und sein Baumeister nicht belassen und landeten einen Überraschungscoup: Im Inneren des Gebäudes und damit vor allen Blicken verborgen, ließ der Architekt eine 56 Meter hohe Turmspitze bauen. Sie wurde dann innerhalb von nur 90 Minuten auf das Dach gehievt – der Weltrekord war dem Chrysler Building damit sicher. Das höchste Gebäude der Welt übertrumpfte mit seinen 319 Metern sogar den Eiffelturm. Aber es hielt sich nur kurz an der Spitze, nach nur einem Jahr kassierte 1931 das Empire State Building mit 381 Metern Van Alens Höhenrekord (siehe Seite 194).

WILLIAM VAN ALEN wurde 1882 in Brooklyn geboren. Er studierte dort an der School of Architecture am Pratt Institute und arbeitete währenddessen und nach Abschluss seines Studiums in verschiedenen New Yorker Architekturbüros. Während seines anschließenden Europa-Aufenthaltes studierte er an der Pariser École des Beaux-Arts. Nach seiner Rückkehr nach New York löste er sich von der neoklassizistischen Stilrichtung, die seine Entwürfe bis dahin bestimmt hatte. Mit dem Bau des Chrysler Building in Manhattan wurde der Architekt weltberühmt. Van Alen starb 1954 in New York.

Die plakativen Formen des Art déco schmücken das Chrysler Building an der East 42nd Street in Manhattan: Zickzackelemente, kühne Spitzen und Linien ziehen sich vom Erdgeschoss bis in die Spitze des Wolkenkratzers. Die Betonung von Metall ist dabei auch eine Reverenz an den Bauherrn, Automobiltycoon Walter P. Chrysler.

WILLIAM VAN ALEN, **CHRYSLER BUILDING, NEW YORK,** 1928–1930

135

LEXINGTON
ENTRANCE
←

75

SHREVE, LAMB UND HARMON
EMPIRE STATE BUILDING, NEW YORK

Vielleicht liegt man gar nicht so falsch, wenn man bei Wolkenkratzern und deren Initiatoren an Sigmund Freud denken muss. Das Empire State Building war die Antwort von John J. Raskob, Vizechef von General Motors, auf das Chrysler Building (siehe Seite 190), initiiert von Walter P. Chrysler, dem Chef der Chrysler Cooperation, dessen Wolkenkratzer wiederum eine Reaktion auf die Bank of Manhattan war: Wer hat das längste Gebäude …?

Und das in Zeiten der wirtschaftlichen Depression – gerade in diesen Zeiten. Denn nie waren die Umstände für solche Bauten günstiger. Im Oktober 1929 entwickelte sich die New Yorker Börse katastrophal und brach schließlich komplett zusammen. Die Löhne sanken in Folge der Depression dramatisch und die Bauherren konnten auf ein riesiges Angebot an billigen Arbeitskräften zurückgreifen. In der Hochzeit waren 3 439 Menschen mit dem Bau des höchsten Gebäudes der Welt beschäftigt.
Das Neue am Empire State Building war nicht die Konstruktion. Es war eine konventionelle Stahlkonstruktion mit Geschossdecken aus Beton und Vorhängewänden aus Backstein. Neu war die Organisation der Baustelle. Im Januar 1930 begannen die Arbeiten am Fundament und seit am 7. April 1930 die ersten Stahlstützen auf den Bauplatz geliefert wurden, konnten die New Yorker Zeugen eines einzigartigen Baufortschritts werden. Pro Woche wuchs das Empire State Building um vier Stockwerke. Die Stahlträger wurden in Pittsburgh mit einer Toleranz von nur 3 Millimeter gegossen und innerhalb von zwanzig Stunden zuerst mit dem Zug nach New Jersey, dann mit dem Schiff nach Manhattan und schließlich mit Lastwagen zur Baustelle geschafft und verbaut – manchmal sogar noch warm vom Gießen. Bis zu fünfhundert Lastwagen täglich fuhren auf festgelegten Routen durch die Stadt. So reibungslos und perfekt lief die Maschinerie. Als am 31. Mai 1931 die Eröffnung gefeiert wurde, war das höchste Gebäude der Welt in sensationellen dreizehn Monaten fertiggestellt.
Bei den New Yorkern war das Empire State Building sofort ein Erfolg, vielleicht auch deswegen, weil sie sahen, dass auch in scheinbar ausweglosen Zeiten ein solches Wagnis zum Erfolg geführt werden konnte, womit es zum Symbol all dessen wurde, wofür New York stand.
Ein wirtschaftlicher Erfolg war das Empire State Building dagegen nicht, im Gegenteil. Im ersten Jahr konnte zwar eine Million Dollar an Eintrittsgeldern für die Aussichtsplattform eingenommen werden, die gleichzeitigen Mieteinnahmen waren aber auch nicht höher. Bei der Eröffnung war weniger als ein Drittel der Büroflächen vermietet. Erst 1950 war es komplett vermietet. In Anlehnung daran nannten die New Yorker das Empire State Building auch lange »Empty State Building«.
Das Empire State Building war mit 381,6 Metern das höchste Gebäude der Welt, bis es 1972 von den Türmen des World Trade Center abgelöst wurde. Die mehrfache Abtreppung des Baukörpers war einer New Yorker Bauverordnung geschuldet, die dafür sorgen sollte, dass genügend Licht und Luft in die Straßenschluchten gelangt.
Der Fotograf Lewis Hine (1874–1940) dokumentierte den Fortgang des Baus und schuf damit die wohl bekannteste Fotoserie New Yorks. Er zeigt, wie die Arbeiter halsbrecherisch ohne Sicherung auf den Stahlträgern komplizierteste Arbeiten verrichten. Die Serie kann man auf der Homepage der New York Public Library einsehen.

VOLLER STOLZ KLETTERTE DER NEW YORKER HIER HINAUF UND SAH BESTÜRZT, WAS ER NIE VERMUTET HÄTTE: DIE STADT WAR NICHT, WIE ER ANGENOMMEN HATTE, EINE ENDLOSE ABFOLGE VON SCHLUCHTEN, SONDERN SIE HATTE GRENZEN. ... DIE **FURCHTBARE EINSICHT**, DASS NEW YORK AM ENDE **DOCH EINE STADT** WAR UND **KEIN UNIVERSUM**, BRACHTE DAS GLÄNZENDE GEBÄUDE, DAS ER SICH IM GEIST ERRICHTET HATTE, **ZUM EINSTURZ.**«

F. Scott Fitzgerald

SHREVE, LAMB UND HARMON, **EMPIRE STATE BUILDING,** NEW YORK, 1930/31

76

FRANK LLOYD WRIGHT
FALLINGWATER, PENNSYLVANIA

Architektur, davon war Frank Lloyd Wright überzeugt, müsse im harmonischen Zusammenspiel mit ihrer Umgebung entstehen. In der Nähe von Pittsburgh baute der Architekt ein Wohnhaus, mit dem er die völlige Einheit von Natur und Architektur erreichte. Im Zentrum des Entwurfs stand ein Wasserfall des Flusses Bear Run, der sich durch das bergige Gelände schlängelt.

Der Pittsburgher Unternehmer Edgar J. Kaufmann plante in den bewaldeten Allegheny Mountains ein Landhaus. Er wandte sich an Wright, der bei einem Ortsbesuch als Erstes einen neuen Bauplatz vorschlug. Das Haus würde nicht von der gegenüberliegenden Seite auf den Wasserfall blicken, befand der Architekt – vielmehr sollte es selbst in den Felsbänken darüber stehen und vom Wasser umgeben sein. Er habe das Haus für Menschen gestaltet, die der Musik des fallenden Wassers lauschen wollten, erinnerte Wright sich später.
Als Stahlbetonbau war Frank Lloyd Wrights Entwurf ingenieurtechnisch am Puls der Zeit – aber das Haus scheint eher archaisch aus dem Felsen selbst herauszuwachsen, so perfekt passt es sich in die Natur ein. Die Wohnbereiche im Freien nehmen in Fallingwater genauso viel Platz ein wie die innen liegenden Räume. Eine Hauptfassade hat das dreistöckige Gebäude nicht, auskragende Balkone, Terrassen und gestaffelte Wandflächen scheinen unter den flachen Dächern ineinander überzugehen. Die Optik bestimmt einerseits Naturstein, der aus einem Steinbruch in der Nähe des Hauses stammt, andererseits Beton: Die Brüstungen der Außenflächen sind in ockerfarben gestrichenem Stahlbeton ausgeführt.
Im Inneren werden die lichtdurchfluteten Räume von natürlichen Materialien dominiert: Stein ist zu Platten aufeinandergeschichtet, teils springt er vor, teils sind hölzerne Bretter als Regale eingezogen. Im ganzen Haus sind Fußböden mit geschliffenen Natursteinplatten verlegt. Niedrige Einbauten für Schränke und Regale sind aus Nussbaumholz, von den Steinmauern kragen Tische und Arbeitsflächen aus, die Wände und Böden der Badezimmer sind aus Kork. Die Fensterrahmen aus Stahl sind rot gestrichen und kontrastieren mit den Naturtönen. Innen wie außen ist die Horizontale betont – ein Faible des Architekten, der zuvor schon bei seinen sogenannten Prairie Houses mit bandartigen Flächen und vorspringenden Dächern gearbeitet hatte. Charakteristisch für Wright ist auch in Fallingwater die offene Raumaufteilung, die er aus der japanischen Baukunst übernommen hatte.
Fallingwater war 1939 fertiggestellt – da war der Architekt bereits über 70, blickte aber gerade erst den nächsten zwei Jahrzehnten produktiven Schaffens entgegen (siehe Seite 204).

FRANK LLOYD WRIGHT wurde 1867 in Richland Center, Wisconsin, geboren. Als 20-Jähriger begann er, im Architekturbüro von Louis Henry Sullivan und Dankmar Adler in Chicago zu arbeiten. 1893 machte er sich selbstständig und baute zunächst überwiegend Wohnhäuser, die er mit ihren Bewohnern und der sie umgebenden Natur in Einklang bringen wollte. Um 1900 entstanden seine ersten sogenannten Prairie Houses in den Vororten Chicagos: harmonisch in die Umgebung eingebettete niedrige Bauten mit flexibler Raumgestaltung, wie zum Beispiel das Frederick C. Robie House. Wright schuf auch öffentliche Bauten, Kirchen und Geschäftshäuser. Ab 1943 war er mit Entwürfen für das New Yorker Guggenheim Museum befasst, das er 1957 bis 1959 baute. Wright starb kurz vor der Fertigstellung des Museums 1959 in Phoenix, Arizona.

»FALLINGWATER IST EIN REALITÄT GEWORDENER TRAUM. ES BERÜHRT ETWAS, WAS TIEF IN UNSEREM INNERSTEN WESEN VERWURZELT IST, ÜBER DAS LETZTENDLICH KEINER VON UNS REDEN KANN.«

Paul Rudolph

FRANK LLOYD WRIGHT, **FALLINGWATER, MILL RUN, PENNSYLVANIA,** 1936–1939

»I AM THE THING THAT MEN DENIED,
THE RIGHT TO BE, THE URGE TO LIVE;
AND I AM THAT WHICH MEN DEFIED, YET I ASK NAUGHT FOR WHAT I GIVE.
MY ARMS ARE FLUNG ACROSS THE DEEP,
INTO THE CLOUDS MY TOWERS SOAR, AND WHERE THE WATERS NEVER SLEEP,
I GUARD THE CALIFORNIA SHORE.«

Joseph B. Strauss

JOSEPH B. STRAUSS, **GOLDEN GATE BRIDGE, SAN FRANCISCO,** 1933–1937

77
JOSEPH B. STRAUSS
GOLDEN GATE BRIDGE, SAN FRANCISCO

San Francisco erlebte durch den Goldrausch Mitte des 19. Jahrhunderts einen explosionsartigen Bevölkerungsanstieg. Gab es 1848 nur 1 000 Einwohner, waren es nur vier Jahre später schon über 30 000. Die Steigerung hielt weiter an und 1930 lebten über 630 000 Menschen in San Francisco. Viele von ihnen besaßen Autos, die inzwischen zu einem Verkehrsproblem geworden waren.

San Francisco wuchs in einer Zeit, als die meisten Güter per Schiff in die Stadt kamen. Durch die neue Mobilität und die Eisenbahn, die in Oakland endete, war die geografische Lage der Stadt zu einem Problem geworden. Im Westen vom Pazifik, im Osten von einer Bucht und im Norden vom Golden Gate begrenzt, gab es nur zwei Möglichkeiten, aus oder in die Stadt zu kommen. Entweder umfuhr man die Bucht Richtung Süden, was damals einer Tagesreise gleichkam oder man nutzte die Fähren. Als diese in den 1920er-Jahren mit an ihre Kapazitätsgrenzen stießen, beschloss man endgültig, eine Brücke für den Autoverkehr zu bauen. Die Idee zu einer Brücke gab es schon in den 1870er-Jahren, aber die technischen Probleme waren noch unüberwindbar. Im Westen entstand nun die Bay Bridge (1933–1936) und Richtung Norden wagte man das schier Unmögliche: Eine Brücke über das Golden Gate. 1921 engagierte man den Brückenbauingenieur Joseph B. Strauss (1870–1938), der sich schon bei anderen wichtigen Projekten einen Namen gemacht hatte. Sein erster Entwurf war ein reiner Ingenieurbau ohne jede Eleganz. Mit Leon S. Moisseiff und Othmar Ammann stießen zwei ausgewiesene Experten für Hängebrücken zu dem Projekt, die wesentlich an der Manhattan und der George Washington Bridge in New York beteiligt waren. Zusammen entwickelten sie den Plan der damals längsten Hängebrücke mit einer Gesamtlänge von 2 740 Metern. Baubeginn war der 5. Januar 1933 und nach nur vier Jahren, am 27. Mai 1937, flanierten über 200 000 Menschen während der Eröffnungsfeier über die Brücke, die der *San Francisco Chronicle* eine »35 Millionen Dollar Stahlharfe« nannte.

Die technischen Daten der Golden Gate Bridge sind beeindruckend. Mit einer Spannweite von 1 280 Metern zwischen den Pylonen war sie bis zum Bau der Verrazano Narrow Bridge in New York 1964 die längste Hängebrücke der Welt. Die beiden Pylonen haben eine Höhe von je 227 Metern, ein Gewicht von je 22 000 Tonnen und tragen je eine Zuglast von 61 500 Tonnen. Die 2 332 Meter langen Kabel, die über die Pylonen laufen, haben eine Stärke von 92 Zentimeter und bestehen aus je 27 572 galvanisierten Drähten, die alle einzeln über die Stützen gezogen werden mussten, um hinterher zu Bündeln zusammengefasst zu werden. Die Fahrbahn hat eine Breite von 19 Metern und verläuft 75 Meter über dem Wasserspiegel.

Die **SICHERHEIT** wurde beim gefährlichen Bau der Golden Gate Bridge das erste Mal zu einem wichtigen Thema. Die Arbeiter mussten Schutzhelme tragen und es wurde ein Sicherheitsnetz unter der Brücke gespannt, das 19 Arbeitern das Leben rettete. Nach der Eröffnung gab es keine Netze mehr, weswegen die Brücke ein beliebtes, finales Reiseziel für Lebensmüde wurde. Über 1 500 Menschen stürzten sich bisher über das nur 1,2 Meter hohe Geländer. Laut einem Beschluss vom Juni 2014 soll ein Stahlnetz gespannt werden, das die Menschen vom Sturz abhalten soll. Dazu der Brückenmanager D. Mulligan: »Es würde wehtun, sieben Meter tief in dem Stahlnetz zu landen. Lebensmüde wollen sterben, nicht aber sich verletzen.«

»ICH BETRACHTE MEIN **EIGENES HAUS WENIGER ALS EIN ZUHAUSE** (OBWOHL ES DAS FÜR MICH IST), DENN ALS RAUM [›CLEARING HOUSE‹] FÜR IDEEN, DIE SICH SPÄTER HERAUSKRISTALLISIEREN KÖNNEN, IN MEINEM EIGENEN WERK ODER DEM VON ANDEREN.«

Philip Johnson

PHILIP JOHNSON, **GLASS HOUSE, NEW CANAAN, CONNECTICUT**, 1945–1949

78
PHILIP JOHNSON
GLASS HOUSE, CONNECTICUT

Er selbst könne in seinem eigenen Haus nicht gut arbeiten, bekannte der Architekt Philip Johnson. Und lieferte eine etwas irritierende Erklärung: »Draußen rennen zu viele Eichhörnchen herum.« Wie das zusammenhängt, wird klar, wenn man einen Blick auf das Domizil wirft, das der Amerikaner für sich entworfen hat.

Auf den ersten Blick hat das Gebäude mit einem Wohnhaus nicht viel gemeinsam, es sieht überhaupt weniger nach einem Haus als nach einem Rahmen für die Landschaft aus, die es umgibt. Auf einer weiten Rasenfläche, auf der sich einzelne hohe Bäume verteilen, steht ein gläserner Karton. Dass dieser auch Wände hat, fällt erst auf den zweiten Blick auf, denn sämtliche ›Mauerflächen‹ bestehen aus Glas. Die Natur selbst sei als Raum genutzt worden, beschrieb der Architekturkritiker Arthur Drexler den Entwurf. Dessen natürliche Grenzen änderten sich zwar mit den Jahreszeiten, aber sie seien dennoch feste Mauern. Optisch fallen sie jedoch weniger als Begrenzungen ins Gewicht – genauso wenig wie der Stahlrahmen, der die Konstruktion trägt. Das einzige nicht durchsichtige Element ist ein gemauerter Backsteinkörper. Darin sind die technischen Installationen und das Badezimmer untergebracht. Der dunkelrote Zylinder ragt ein Stück über das Flachdach hinaus und ist der einzige Farbklecks des Einraumhauses, das sonst ganz in seiner Umgebung aufgeht.

Indem er Stahl und Glas verwendete, konnte Johnson seinen Entwurf so weit vorantreiben, dass er kaum noch als geschlossener Raum wahrgenommen wird. Mit dem Konzept der fließenden Räume ohne tragende Mauern hatte sich wenige Jahre zuvor bereits der Architekt Ludwig Mies van der Rohe befasst. Dessen gläsernes Farnsworth House in Illinois diente Johnson wohl als Vorbild für den Bau seines eigenen Wohnhauses, das den Beginn seiner Karriere als Architekt markiert. Zuvor hatte sich Johnson als Theoretiker einen Namen gemacht: Er hatte die Architekturabteilung des New Yorker Museum of Modern Art geleitet und Ausstellungen über das zeitgenössische Bauen konzipiert. Nachdem er Mitte der 1940er-Jahre sein eigenes Wohnhaus ganz in Glas realisiert hatte, experimentierte er für die Nachbarbauten auch mit anderen Materialien. Nach und nach erweiterte er sein Anwesen in Connecticut um ein Gästehaus und einen Pavillon am See und baute Galeriegebäude für seine Gemälde und Skulpturen an. Um dann doch konzentriert arbeiten zu können, entschied sich der Architekt schließlich für eine pragmatische Lösung: 1980 baute er sich auf dem grünen Grundstück ein eigenes Steinhäuschen für sein separates Arbeitszimmer – mit nur einem einzigen kleinen Fenster.

PHILIP JOHNSON wurde 1906 in Cleveland, Ohio, geboren. Nach dem Philologiestudium in Harvard gründete er 1930 eine Architektur- und Designabteilung am New Yorker Museum of Modern Art, die er später auch leitete. 1932 publizierte Johnson den einflussreichen Ausstellungskatalog *The International Style. Architecture Since 1922* zusammen mit Henry-Russell Hitchcock. Sein Architekturstudium begann Johnson als Mittdreißiger und studierte unter anderem bei Walter Gropius und Marcel Breuer. 1942 machte er sich als Architekt selbstständig. Zusammen mit Mies van der Rohe baute er 1954–1958 das Seagram Building in New York. Johnson realisierte viele Museumsbauten, bei denen er auch historisierende Elemente aufgriff. In Zusammenarbeit mit John Burgee baute der Architekt unter anderem 1979–1984 das AT&T Building (heute Sony Building) in New York. 1979 gewann Johnson als erster Preisträger den Pritzker-Preis. Er starb 2005 in New Canaan, Connecticut.

79
LE CORBUSIER
NOTRE-DAME DU HAUT, RONCHAMP

Ganz spontan war diese Begeisterung des Architekten für seinen neuesten Auftrag nicht entstanden. Erst nach eindringlicher Überzeugungsarbeit seitens der Bauherren erklärte sich Le Corbusier bereit, den Neubau der kleinen Kirche Notre-Dame du Haut in Angriff zu nehmen und sagte: »Eine Wallfahrtskapelle? Das interessiert mich, das ist eine Rechenaufgabe mit Volumen und Mengen!«

Der gefeierte Architekt sollte an der Stelle des im Krieg zerstörten Vorgängerbaus eine Kapelle errichten – und zwar ganz nach seinem Geschmack, denn man sicherte ihm gestalterisch völlig freie Hand zu. Le Corbusier gefiel die Aufgabe, bei der er die Harmonie von Architektur und Landschaft erreichen wollte. Mit der isolierten Hügellage des Baus auf einem Ausläufer der Vogesen war die räumliche Kulisse festgelegt. In puncto Größe musste der Baumeister sich mit komplexen Anforderungen arrangieren: Die Kirche in der Gemeinde Belfort kam mit Platz für rund zweihundert Gläubige aus. Allerdings wurde sie zwei Mal im Jahr zu einer Wallfahrtsstätte, wenn Tausende zu den Marienfesten in die Kapelle oberhalb des Dorfes Ronchamp pilgerten. Auch dafür sollte Notre-Dame du Haut gerüstet sein.
1954 wurde der Bau begonnen, im Jahr darauf eingeweiht. Die Optik bestimmt Beton – Le Corbusiers klarer Favorit, wie er bekannte: »Beton ist ein Material, das nichts anderes vorgibt […], der Sichtbeton sagt: ›Ich bin Beton.‹« In Ronchamp kontrastiert die teils geweißte Betonfassade mit der grünen, sanft geschwungenen Landschaft, die den Bau umgibt. Die Kapelle liegt auf einem Gipfelplateau, dem sich die Pilger von Süden nähern. Das schwere, nach oben gewölbte Dach, das wie ein geblähtes Segel wirkt, bestimmt den ersten Eindruck. Die Gestalt der dicken Mauer darunter ist im Süden gekrümmt, verschieden große Öffnungen mit bunten Scheiben sind unregelmäßig verteilt, was die Fassade wie durchlöchert wirken lässt. An der Südostecke läuft die Mauer zu einem bugartigen Zipfel aus und geht dann wieder in die Gerade über. Die Ostwand ist konkav eingezogen, vor ihr befindet sich ein Außenaltar für Messen im Freien, beschirmt vom weit hervorspringenden Dach. An der Nordmauer dominieren rechte Winkel, die Westwand ist eine nach innen gerundete, fensterlose Fläche. Der Hauptturm steht an der Südwestecke. Die eigenwillige Kapelle hatte beileibe nicht nur Fürsprecher: Als »Geistliche Garage« und »Pantoffel« wurde Le Corbusiers gebaute Skulptur von der lokalen Presse abgekanzelt. Doch längst hat sich Notre-Dame-du-Haut vom »Betonhaufen« zur Architekturikone gemausert – wenn nicht sogar zur bekanntesten Kirche des 20. Jahrhunderts.

Charles-Édouard Jeanneret, der sich später **LE CORBUSIER** nannte, kam 1887 in La-Chaux-de-Fonds in der französischen Schweiz zur Welt. 1908/09 war er im Atelier der Brüder Perret in Paris tätig, im Jahr darauf arbeitete er bei Peter Behrens in Berlin. 1914 präsentierte er sein ›Domino‹-System für ein zweigeschossiges Haus, das nur von einem Stahlbetonskelett getragen wird. In der Folge schuf er radikal moderne Bauten wie die Villa Savoy bei Paris (1929–1931). Mit der Wohnsiedlung Unité d'Habitation in Marseille konnte Le Corbusier zur Jahrhundertmitte ein erstes städtebauliches Projekt realisieren. Wenig später entstanden in der nordindischen Stadt Chandigarh die Regierungsbauten des Bundesstaates Punjab nach seinen Plänen. Le Corbusier starb 1965 in Rocquebrune-Cap-Martin an der Côte d'Azur.

»DIES IST DAS REVOLUTIONÄRSTE ARCHITEKTONISCHE WERK, DAS SEIT LANGEM GESCHAFFEN WURDE.«

Le Corbusier

LE CORBUSIER, **NOTRE-DAME DU HAUT, RONCHAMP**, 1954/55

80
FRANK LLOYD WRIGHT
SOLOMON R. GUGGENHEIM MUSEUM, NEW YORK

Frank Lloyd Wrights Machtwort zum Neubau des Guggenheim Museum mitten in Manhattan lautete folgendermaßen: »Es ist mir verdammt egal, wozu es benutzt wird; ich wollte ein Gebäude wie dieses bauen.« Seine revolutionäre Bauskulptur hatte die Kunstwelt seit den ersten Entwürfen gespalten: Überzeugte Anhänger mussten sich gegen Kritiker durchsetzen, die im neuen Guggenheim alles Mögliche, aber kein Museum erkennen konnten.

Mit dem New Yorker Guggenheim Museum brach für die Bauaufgabe Museum ein neues Zeitalter an: Architektur inszenierte dort zunächst einmal sich selbst, bevor sie sich der Kunst in ihren Räumen zuwandte. Dabei bildete die Sammlung abstrakter Malerei, die der Industrielle Solomon R. Guggenheim zusammengetragen hatte, den Ausgangspunkt für einen Neubau. Die Kuratorin Hilla Rebay wandte sich 1943 an den Architekten Frank Lloyd Wright: »Ich möchte einen Tempel des Geistes, ein Monument«, fasste sie ihre Pläne zusammen. Wright präsentierte in den nächsten anderthalb Jahrzehnten etliche Entwürfe für ein Museum in Manhattan. Ab 1956 nahm der Bau schließlich Gestalt an: Aus der Flucht der New Yorker Häuserblöcke an der Fifth Avenue ragt seither eine elfenbeinfarbene Skulptur heraus. Sie besteht aus einem Unterbau, auf dem sich runde Scheiben mit nach oben zunehmendem Durchmesser stapeln. Der Bau bedeutete architektonisches Neuland jenseits aller Traditionen – die Kritik ließ da nicht auf sich warten. Ein auf dem Kopf stehender Cupcake sei das Gebäude, brachte ein Kritiker an; ein anderer fühlte sich an eine Waschmaschine erinnert. Das Museum gleiche einer riesigen Garage, notierte die Sammlerin und Nichte des Gründers, Peggy Guggenheim, die sich vor allem an der beengten Lage des Hauses störte. Und, wie die überwiegende Mehrzahl der ersten Besucher, an der Nebenrolle, die der Kunst darin zugewiesen war.

Schließlich eignet sich der Bau nur sehr bedingt für die Präsentation von Kunstwerken. Im Inneren windet sich eine lange Rampe entlang der Wand vom Erdgeschoss ins obere Stockwerk. Der große zentrale Raum, den diese Spirale umkreist, wird durch ein Oberlicht beleuchtet. Was den Weg des Besuchers anging, hatte Wright detaillierte Pläne: Im Aufzug sollte es zunächst nach oben gehen, von dort aus konnte er sich die Kunst Schritt für Schritt erwandern. Doch wie präsentiert man Bilder an gekrümmten Wänden? Ihre Kunst, für die das Museum doch schließlich gebaut worden war, käme zu kurz, fürchteten auch die Künstler selbst. Und der Architekt Philip Johnson bezeichnete den Bau drastisch als Architektur, die jeder Kunst trotze. Wright blieb unbeeindruckt und baute weiter an seiner »ununterbrochenen schönen Symphonie«. Die Eröffnung des Museums erlebte der Architekt nicht mehr, er starb wenige Monate vor der Fertigstellung 1959. Somit konnte er auch die rasante Karriere des Guggenheim nicht mehr miterleben, das in kürzester Zeit zu einem der Wahrzeichen New Yorks wurde.

»DIE WÄNDE TRETEN IMMER WEITER ZURÜCK, EINE PLATTFORM AUS BETON ZWINGT DEN BESUCHER, RESPEKTVOLLEN ABSTAND ZU DEN BILDERN ZU HALTEN.«

Peggy Guggenheim

FRANK LLOYD WRIGHT, **SOLOMON R. GUGGENGHEIM MUSEUM, NEW YORK,** 1957–1959

An der New Yorker 5th Avenue windet sich seit 1959 Wrights gebaute Spirale empor. Dass die Kunst in der Rotunde zur Nebensache werden könnte, befürchteten viele Kritiker. Sogar von einem Krieg zwischen Malerei und Architektur war die Rede, »aus dem beide verletzt hervorgehen«.

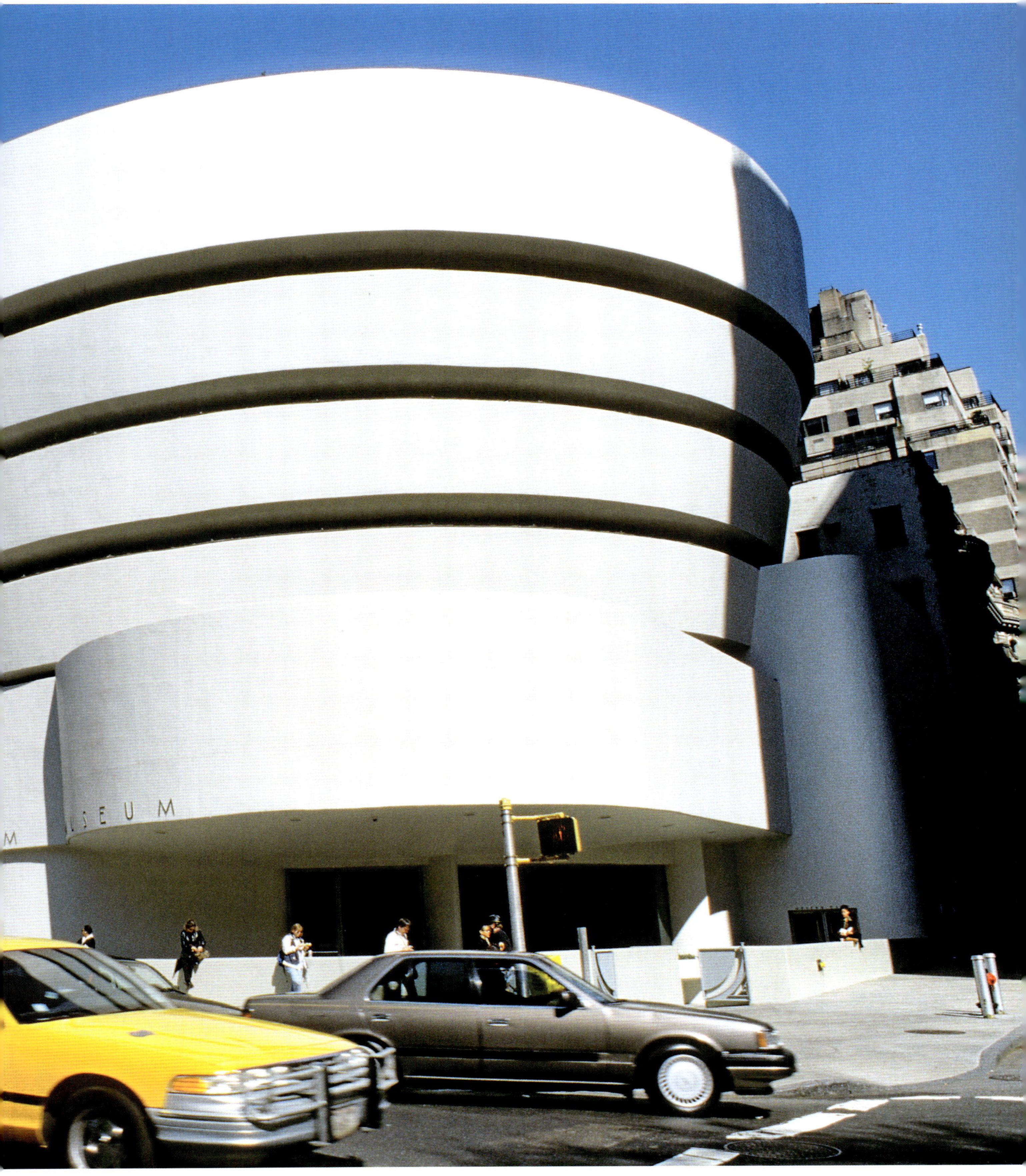

»WENIGER IST MEHR.«

Ludwig Mies van der Rohe

LUDWIG MIES VAN DER ROHE, **SEAGRAM BUILDING,** NEW YORK, 1958

81
LUDWIG MIES VAN DER ROHE
SEAGRAM BUILDING, NEW YORK

Alkohol hat durchaus sein Gutes, vor allem, wenn eine Firma und ihr Inhaber so viel Geld damit verdienen, dass beim Neubau der Firmenzentrale an der New Yorker Park Avenue, einer der teuersten Straßen der 1950er-Jahre in New York, auf 60 Prozent der bebaubaren Fläche verzichtet werden kann. Und das nur, damit ein Architekt seine Vision eines idealen Wolkenkratzers erschaffen kann.

Die Firma war der kanadische Spirituosenkonzern Seagram Company Ltd., der Inhaber war Samuel Bronfman und der Architekt Ludwig Mies van der Rohe. 1954 war es so weit, es gab nur einen Haken: Eine New Yorker Bauvorschrift von 1916, die bei Hochhäusern ab einer bestimmten Höhe Rücksprünge vorschrieb, damit genug Licht und Luft in die Straßenschluchten der Stadt gelangen kann. Mies wollte seinen Wolkenkratzer jedoch ohne Sprünge, als stufenlosen Block bauen. Also machte er den scheinbar unmöglichen Vorschlag, das Gebäude von der Straßenschlucht zurückzuziehen und nur 40 Prozent des möglichen Baugrunds zu nutzen. Der freibleibende Platz sollte zu einer öffentlich zugänglichen ›Plaza‹ vor dem Wolkenkratzer werden. Wenn aber in der Park Avenue schon ein Grundstück frei wird, gilt es eigentlich, jeden Quadratmeter Baugrund zu nutzen. Das führte zu einem Spalier von Wolkenkratzern und Hochhäusern, deren Fassaden direkt bis zu den Gehsteigen reichen. Bronfman und seine Tochter Phillys Lambert, die Mies überhaupt vorschlug, gingen glücklicherweise auf den Vorschlag ein und machten so den Weg frei zum Bau des architekturhistorisch wahrscheinlich wichtigsten Wolkenkratzers des 20. Jahrhunderts. Auch hier bewahrheitete sich Mies van der Rohes Diktum »Weniger ist mehr«: Architektur wird auch durch das, was man nicht baut, zu etwas Besonderem.

Mies van der Rohes 1958 vollendetes Seagram Building war und ist in allem eine architektonische Ausnahmeerscheinung. Selten wurde ein Bürohochhaus, übrigens Mies' erstes, mit einer solchen Schlichtheit, Klarheit und Eleganz entworfen. Es ist ein Stahlskelettbau mit einer Vorhangfassade, wie sie Gropius schon 1911 beim Fagus-Werk eingesetzt hatte (siehe Seite 172). Hier sind es allerdings nicht 3, sondern 39 Stockwerke. Wie er schon 1922 formuliert hatte, war es Mies wichtig, die eigentlich unsichtbare Konstruktion offenzulegen. Hier ist sie durch die Doppel-T-Profile, die eigens aus Bronze gegossen wurden, sichtbar gemacht.

Mies war ein großer Bewunderer der griechischen Antike. Durch die Schlichtheit und die Perfektion in Verbindung mit den edlen Materialien bekommt sein Bauwerk den Charakter einer in die Neuzeit übertragenen Skulptur, die durch die ›Plaza‹ einen gebührenden Auftritt erhält.

LUDWIG MIES VAN DER ROHE, geboren 1886 in Aachen, zog 1905 nach Berlin und arbeitete bis 1912 bei Bruno Paul und Peter Behrens. 1907 baute er sein erstes Haus. 1921/22 machte er erste Entwürfe für ein visionäres Glashochhaus, das jedoch nicht realisiert wurde. 1927 plante er die Stuttgarter Weißenhofsiedlung, 1929 den Barcelona-Pavillon und 1928–1930 realisierte er die Villa Tugendhat in Brünn. 1930 wurde er Direktor am Bauhaus in Dessau, das 1933 von den Nazis geschlossen wurde. 1937 emigrierte Mies in die USA, wurde Professor in Chicago und gründete 1939 sein eigenes Büro. Es folgten Bauten für das Illinois Institute of Technology und Apartmenthäuser in Chicago. Sein letzter großer Bau war 1967 die Neue Nationalgalerie in Berlin. Mies starb 1969 in Chicago.

82
OSCAR NIEMEYER
KONGRESSGEBÄUDE UND KATHEDRALE, BRASÍLIA

Ein »Gefühl von Überraschung und Bewegtheit« wollte Oscar Niemeyer den Besuchern der neuen Hauptstadt Brasiliens geben. Seine Bauten in der Planstadt Brasília sollten ganz anders sein als alles bisher Dagewesene, der architektonischen Routine seiner Zeit wollte der Baumeister unbedingt entkommen.

Brasília war dafür ein perfektes Pflaster: Präsident Juscelino Kubitschek de Oliveira rief das Projekt ins Leben, überließ seinen Planern aber völlig freie Hand: Die Gestaltung der Repräsentationsbauten übernahm Oscar Niemeyer, mit der städtebaulichen Planung wurde Lúcio Costa beauftragt. Für die Anlage der Stadt und ihre Architektur machte Kubitschek keinerlei Vorgaben. Bis auf diese: Die neue Hauptstadt, gelegen in der geografischen Mitte des Landes, sollte nach drei Jahren fertig sein.

Im Niemandsland weitab der Großstädte entstand so ab 1957 eine moderne Planstadt. Aus dem Nichts schufen 80 000 Arbeiter sie in Rekordzeit. Costa entwarf ein Kreuz aus zwei Achsen: eine für die Wohnviertel, die andere als Monumentalachse mit öffentlichen Bauten. Sie gipfelt im Platz der Drei Gewalten: Dort stehen der Oberste Gerichtshof, das Kongressgebäude und der Palast des Präsidenten. Für Brasília hat Niemeyer eine ureigene Formensprache kreiert: Der Kongress ist ein Flachbau, den zwei Hochhäuser mit den Büros der Abgeordneten überragen. Auf dem Dach des Kongresses, in dem das Abgeordnetenhaus und der Senat tagen, sitzen zwei Schalen aus Beton. Die Schüsselform über dem Abgeordnetenbereich ist geöffnet, über den Senatsbereich ist ihre Umkehrform gestülpt. Eine Rampe und vier Brücken führen auf das mit weißen Marmorplatten belegte, begehbare Dach.

Etwas abseits des Platzes, aber ebenfalls an der Monumentalachse, steht die Kathedrale. Zweifellos, fand Niemeyer, »eines der reizvollsten Themen für jeden Architekten. Dank der Einfachheit des Vorwurfes, was die heilige Handlung betrifft, gestattet es größte Freiheit der Konzeption.« Niemeyer nutzte den gestalterischen Spielraum für eine Rundform – und was für eine: Sichelförmige Rippen aus Beton laufen zu einem Bündel zusammen, dazwischen sind Milchglasplatten eingesetzt. Dass der Architekt sich in der Wahl seiner Formensprache für Brasília so frei entscheiden konnte, verdankte er auch dem gewählten Material – mit Stahl verstärktem Beton. »Wir probierten aus, was man mit Stahlbeton machen kann«, erinnerte sich Niemeyer später. »Für meine Generation eröffnete der Stahlbeton Möglichkeiten, die vorher nicht existiert hatten […].«

OSCAR NIEMEYER wurde 1907 in Rio de Janeiro geboren. Nach seinem Studium an der Escola Nacional de Belas Artes in Rio entwarf er öffentliche Gebäude und Privathäuser in Brasilien und betätigte sich als Stadtplaner. Der Brasilianer lernte den Architekten Le Corbusier kennen, mit dem er gemeinsam 1947 den Sitz der Vereinten Nationen in New York entwarf. Niemeyers bevorzugtes Baumaterial war Beton, dem er zunehmend skulpturale Formen gab. Von 1956 bis 1961 war er Chefarchitekt der neuen Hauptstadt Brasília. Während der Militärdiktatur in seinem Heimatland lebte Niemeyer zeitweise im Exil in Frankreich; auch in Europa realisierte er zahlreiche Bauten, darunter den Hauptsitz des Mondadori-Verlags in Mailand. 1988 erhielt er den Pritzker-Preis. Oscar Niemeyer starb 2012 in Rio.

»WIR SAHEN DIE STADT
WIE EINE BLUME
IN DER WILDNIS WACHSEN.«

Oscar Niemeyer

OSCAR NIEMEYER, **KONGRESSGEBÄUDE, BRASÍLIA**, 1958–1960

»DIE SONNE WUSSTE NIE,
WIE GROSSARTIG SIE WAR,
BIS SIE AUF DIE WAND EINES GEBÄUDES TRAF.«

Louis I. Kahn

LOUIS I. KAHN, **SALK INSTITUTE FOR BIOLOGICAL STUDIES, KALIFORNIEN,** 1959–1965

83
LOUIS I. KAHN
SALK INSTITUTE FOR BIOLOGICAL STUDIES, KALIFORNIEN

Der Begriff ›Brutalismus‹ für eine Richtung der Architektur in den 1950er- und 1960er-Jahren ist mitunter etwas irreführend. Denn obwohl man beim flüchtigen Betrachten entsprechender Gebäude mit ihren grauen, rohen Wänden durchaus Assoziationen von Gewalt und Brutalität haben kann, hat er damit gar nichts zu tun. Der Begriff kommt von dem französischen ›béton brut‹ für Sichtbeton.

Als Sichtbeton bezeichnet man den unverputzten Beton, wie er nach Abbau der entsprechenden Verschalung zutage tritt. Geprägt hat den Begriff der schwedische Architekt Hans Asplund um 1950. Das erste Bauwerk, das er unter Brutalismus subsumiert, ist die Schule im britischen Hunstanton, die das Ehepaar Smithson von 1949 bis 1954 erbaute. Aber schon Le Corbusier hatte zum Beispiel bei seiner Unité d'Habitation in Marseille (1945–1952) mit Sichtbeton gearbeitet.

Einer der bedeutendsten Vertreter dieser Richtung ist Louis I. Kahn und eines seiner bekanntesten Bauwerke ist das Salk Institute for Biological Studies, das er von 1959 bis 1965 in La Jolla in Kalifornien schuf. Die Forschungseinrichtung wurde von dem Arzt und Immunologen Jonas Salk gegründet, der den Polio-Impfstoff gegen Kinderlähmung entwickelt hat. Er wollte ein Forschungszentrum schaffen, in dem die besten Wissenschaftler arbeiten sollten. Um sie zu überzeugen, waren neben den fachlichen Gründen auch die attraktive Lage und die überzeugende Architektur wichtig beziehungsweise ausschlaggebend. Architektur als Verführung.

Es sollte Campuscharakter herrschen. Dafür schuf Kahn einen zentralen Hof mit zwei Flügelbauten, in denen die Büros und Labore untergebracht sind. Vor jedem der Funktionsräume gibt es kleine Rückzugsräume zum Nachdenken, zum Diskutieren oder einfach nur zur Kontemplation und Entspannung. Alle diese Räume bieten einen Blick auf den Pazifik.

Der Campus selbst sollte dem Zusammentreffen und dem Austausch der Wissenschaftler unter freiem Himmel dienen. Der bewusste Einsatz von Licht und Schatten und die strenge Symmetrie sind, wie der Sichtbeton, auch eine Art Markenzeichen Kahns. In der Mittelachse des Hofes ist ein kleiner Wasserlauf in den Boden eingelassen, der dem asketisch wirkenden Bau eine etwas klösterliche Atmosphäre verleiht. Vorherrschend sind zwei Baustoffe, Mahagoniholz, das für die Fensterrahmen und die Sichtblenden verwendet wurde, und Sichtbeton.

Kahns Bauten haben immer etwas Großartiges, aber auch immer etwas Martialisches, ja Monumentales an sich, das von der Strenge und Majestät der elementaren Formen herrührt. Insofern scheint der Begriff Brutalismus auch so zu passen. Letztlich gilt aber: Beton – es kommt drauf an, was man draus macht.

Der 1901 in Estland geborene **LOUIS ISADORE KAHN** kam 1906 mit seiner Familie in die USA. Er studierte Architektur an der Universität von Philadelphia. 1934 eröffnete er sein erstes Büro und wurde 1947 auch Professor. Erste internationale Anerkennung fand er mit dem Bau der Yale University Art Gallery in New Haven (1952–1954). Nach dem Salk Institute schuf er von 1962 bis 1974 das beeindruckende Indian Institute of Management in Ahmedabad, Indien, und baute von 1963 bis zu seinem Tod das Jatiya Sangsad Bhaban, das Haus der Nationalversammlung in Bangladeschs Hauptstadt Dhaka. Kahn starb 1974 an einem Herzinfarkt an einem New Yorker Bahnhof. Wegen fehlender Papiere erfuhr seine Familie erst Tage später, dass er gestorben war.

»EIN MENSCH IM ANGESICHT EINES ANDERN,
GEREICHT IN KREISE, IN MÄCHTIG SCHWINGENDEM BOGEN
UM STREBENDE KRISTALL-PYRAMIDE.«

Hans Scharoun

HANS SCHAROUN, **PHILHARMONIE, BERLIN,** 1957 (PLANUNG), 1960–1963

84

HANS SCHAROUN
PHILHARMONIE, BERLIN

Reine Konzerthäuser, die speziell für musikalische Aufführungen gebaut werden, entstanden im 17. und 18. Jahrhundert, als die Musik sich langsam von den Bindungen an Herrscherhäuser und Kirchen emanzipierte. Es bildeten sich professionelle Orchester und Konzertvereinigungen, die entsprechend geeignete Aufführungssäle benötigten.

Anders als Theater- und Opernbauten benötigen Konzertsäle keine Bühnenhäuser und so entwickelte sich der kastenförmige Rechteckraum als klassischer Konzertbau-Typus heraus. An der Stirnseite befinden sich das Podium und davor ein längsrechteckiger Zuschauerraum, der mit Emporen an den Seiten und der Rückwand ausgestattet sein kann. Der Konzertsaal des Wiener Musikvereins von 1868 setzte für diesen Bautypus Maßstäbe. Um die Akustik zu optimieren, entstehen als weitere Entwicklung Konzertsäle mit schrägen Decken und ansteigenden Zuschauerrum. Der Konzertsaal wird dabei unabhängig vom eigentlichen Konzertgebäude entwickelt. Er wird zum ›Ei in der Schachtel‹, ein perfekt auf die Musik ausgerichteter Binnenraum. Ein Beispiel hierfür ist die Londoner Royal Festival Hall von 1951.

Als nach der Zerstörung im Zweiten Weltkrieg in Berlin ein neuer Konzertsaal für die 1882 gegründeten Berliner Philharmoniker gebaut werden sollte, gewann Hans Scharoun 1957 den Wettbewerb mit einem revolutionären Konzept. Er setzte das Orchester in die Mitte des Saales und das Publikum rundherum. Der Grundriss des annähernd sechseckigen Saales beruht auf drei ineinander verschränkten Pentagonen, denen Scharoun die Bedeutungen ›Raum‹, ›Musik‹ und ›Mensch‹ verliehen hat und die bis heute das Logo der Berliner Philharmoniker zieren. Vom Zentrum steigen asymmetrisch Logenterrassen auf, die von allen Seiten einen Blick auf das Orchester bieten. Scharouns Beschreibung fällt poetischer aus. Er spricht vom »Tal, auf dessen Sohle sich das Orchester befindet, umringt von den ansteigenden Weinbergen«.

Das Orchesterpodium ist leicht dezentriert, das eigentliche Zentrum ist das Dirigentenpult. Scharoun hebt mit seinem Konzept nicht nur die klassische Trennung von Musikern und Zuhörern weitgehend auf, sondern auch die Struktur des Publikums: Die Sitze sind kein Block von 2 250 Plätzen, sondern eine Summe aus kleineren intimen Blöcken von bis zu 100 Plätzen.

Dass der von 1960 bis 1963 gebaute Konzertsaal mit seinem zeltförmigen Aussehen verkehrt herum zu stehen scheint, also mit dem Rücken zum Potsdamer Platz, hat historische Gründe. Zur Planungszeit verlief hier die Sektorengrenze, die 1961 durch die Berliner Mauer unüberwindbar wurde.

Oft waren es junge Architekten, die revolutionäre Bauten schufen. Im Fall der Berliner Philharmonie war es der über 60-jährige **HANS SCHAROUN** (geb. 1893 in Bremen), der zwar schon zur Zeit des Expressionismus zur Avantgarde gehörte, aber nach dem Siegeszug des Funktionalismus etwas in Vergessenheit geriet. Erst nach dem Zweiten Weltkrieg erhielt er wieder größere Aufträge und wurde mit der Philharmonie erneut zum Avantgardisten. Von 1956 bis 1968 war er Präsident der Akademie der Künste in Berlin und schuf 1963–1971 mit der Deutschen Botschaft in Brasília und ab 1964 mit der Staatsbibliothek in Berlin weitere Meisterwerke. Scharoun starb 1972 in Berlin.

»DAS MENSCHLICHE LEBEN IST EINE KOMBINATION VON TRAGÖDIE UND KOMÖDIE. DIE FORMEN UND MUSTER, DIE UNS UMGEBEN, SIND DIE MUSIK, DIE DIESE TRAGÖDIE UND DIESE KOMÖDIE BEGLEITEN.«

Alvar Aalto

ALVAR AALTO, **FINLANDIA-HALLE, HELSINKI,** 1962–1971

85

ALVAR AALTO
FINLANDIA-HALLE, HELSINKI

Finnland war in den ersten beiden Jahrzehnten des 20. Jahrhunderts von den neuesten Entwicklungen der Architektur relativ wenig beeinflusst. Das lag einerseits natürlich an der Randlage in Europa und andererseits an den bäuerlichen Strukturen der sehr dünn besiedelten Gegenden. In den Städten beherrschte der nordische Neoklassizismus weitgehend das Bild.

Das änderte sich erst mit Architekten wie Gunnar Asplund und Alvar Aalto, die den internationalen Funktionalismus für sich und die skandinavische Architektur entdeckten. Bei Reisen durch das restliche Europa wurde Aalto nachhaltig beeinflusst, verband die Ideen des Funktionalismus aber mit den Traditionen der finnischen Architektur, in der viel mit Holz gebaut wird.

Sein erstes großes Werk, das ihm internationale Anerkennung einbrachte, war das Sanatorium in Paimio, das er von 1929 bis 1933 schuf. Aaltos Werk wird oft mit dem Begriff ›organische Architektur‹ verbunden, der etwas missverständlich sein kann. Er hat nichts mit Organen zu tun, sondern unter anderem damit, dass sich die Form aus der Notwendigkeit ergeben soll, kurz: »form follows function«. Aaltos Sanatorium für Tuberkulosekranke funktioniert nach diesem Prinzip. Das Gebäude erstreckt sich fächerförmig in die Landschaft und nimmt auf die besonderen Belange der Patienten Rücksicht. Ihre Räume sind alle in dem südlich ausgerichteten Trakt untergebracht, damit sie viel Licht, Luft und Wärme bekommen. Zentral sind die Gemeinschaftsräume und nördlich die Funktionsräume wie Küche und Wäscherei.

In den 1930er-Jahren entstehen Werke, in denen geschwungene Formen eine große Rolle spielen. Vielleicht liegt das auch in seinem Namen begründet, denn Aalto ist das finnische Wort für Welle. »Eine architektonische Lösung soll immer eine humane Zielsetzung haben«, so Aalto. Die Menschen müssen sich wohlfühlen. Er verwendet für seine Bauten häufig Holz als Material, das in Finnland allgegenwärtig ist und eine wohnliche Atmosphäre schafft. Dazu gestaltet er in der Regel Möbel und alle Details gemeinsam mit seiner Frau, mit der er zu diesem Zweck 1935 auch die eigene Möbelfirma Artek gründet. Seine Stühle und Vasen sind Designklassiker geworden.

Nach dem Zweiten Weltkrieg beschäftigt Aalto sich viel mit städtebaulichen Problemen wie der Umgestaltung Helsinkis ab 1960. Der Bau der Finlandia-Halle ab 1962 ist Teil dieses groß angelegten Projektes. Als Konzert- und Kongresshalle liegt sie an der Töölö-Bucht und zeigt typische Merkmale Aaltos später Schaffenszeit, wie beispielsweise den Turm mit dem Schrägdach. Im Fokus stehen nicht die Form, sondern das Publikum und die Künstler, an die sich der Bau anzupassen hat.

ALVAR AALTO (geb. 1898 in Kuortane, Finnland) ist der wahrscheinlich bedeutendste Architekt und Designer Skandinaviens. 1924 heiratete er seine Frau Aino. Seine Überzeugung war, dass es die Aufgabe der Architektur und des Designs sei, den Menschen ein besseres Wohn- und damit Lebensgefühl zu vermitteln. 1939 gestaltete er den Finnischen Pavillon auf der Weltausstellung in New York, der Frank Lloyd Wright dazu brachte, Aalto Genialität zu attestieren. Ab 1940 war er Professor für Architektur am Massachusetts Institute of Technology. Er baute hauptsächlich in Finnland, aber auch in Deutschland (Kulturhaus in Wolfsburg, 1962). Aalto starb 1976 in Helsinki.

86
GÜNTER BEHNISCH
OLYMPIAPARK, MÜNCHEN

Die Olympischen Spiele in München 1972 sollten das demokratische, aufgeschlossene Gesicht der neuen Bundesrepublik zeigen. Ein Sportfest für alle sollten die Spiele werden – und eine Sommer-Olympiade im Grünen. Die Bauherren wollten alle wuchtigen Großbauten vermeiden und stattdessen eine Parklandschaft gestalten.

Damit sollte vor allem ein klarer Gegenpol zu den Olympischen Spielen in Berlin 1936 geschaffen werden: Jeden Eindruck von einschüchternder Monumentalität und Machtdemonstration wollte man unbedingt vermeiden. Das gelang mit dem Entwurf des Architekten Günter Behnisch, der den Wettbewerb für die Gestaltung des Olympiageländes 1967 gewann. Das vorgesehene Areal am Nordrand der Münchner Innenstadt war nach dem Zweiten Weltkrieg ein Abladeplatz für Trümmerschutt, der zu künstlichen Hügeln aufgetürmt wurde. Behnisch formte das 3 Quadratkilometer große Gelände zu einer Parklandschaft mit Seen um, die auf klare Achsen verzichtet und die vor allem unter der Erde wuchs: Nur ein Drittel des Olympiastadions ist als Hochbauwerk errichtet, der Rest – die riesigen Tribünen zum Beispiel und die Versorgungsbereiche – sind in die Hänge eingefügt oder verschwinden unter einer grünen Decke. Die großen Arenen sind locker über das Gelände verteilt, zusammengehalten werden sie von einer licht und leicht wirkenden Dachkonstruktion: Über eine Fläche von fast 75 000 Quadratmetern zieht sich ein Netz aus lichtdurchlässigen Acrylglasplatten und Stahlseilen, das Landschaft und Bauten, einen Teil des Stadions sowie die Olympia- und Schwimmhalle überspannt. Nur zwölf große Pylone, bis zu 81 Meter hoch, sowie 36 kleinere Rundstützen halten das Dach, die Hauptlasten tragen im Erdreich versteckte Betonblöcke. Diese avantgardistische Netzkonstruktion, mit der große Spannweiten überdeckt werden konnten, war erst in den 1950er-Jahren entwickelt worden. Der Ingenieur Frei Otto trieb die Membranstruktur zu immer größeren Spannweiten. Unter Fachleuten war sein Entwurf für das Münchner Olympiagelände umstritten, das Dach war schließlich größer als alle bisher ausgeführten Seilnetzkonstruktionen. Doch sein Plan ging auf, wenn auch nicht ohne eine Kostenexplosion: Die zeltähnliche Dachlandschaft kostete ein Vielfaches der ursprünglich geplanten Summe. Zwischen Behnisch und der Olympia Baugesellschaft (OBG) aus Bund, Land und Kommune flogen die Bälle hin und her: »Ich habe einen Volkswagen geplant und die OBG hat einen Cadillac daraus gemacht«, so der Architekt. – »Behnisch hat einen Cadillac geplant und geglaubt, er könne ihn mit einem Volkswagen-Motor betreiben«, war die Antwort. Ob Cadillac oder VW – der Münchner Olympiapark ist bis heute ein beliebtes Ausflugsziel – und ein Meilenstein der High-Tech-Architektur.

GÜNTER BEHNISCH wurde 1922 in Lockwitz bei Dresden geboren. Nach englischer Kriegsgefangenschaft studierte Behnisch an der Technischen Hochschule Stuttgart Architektur. Unter seinen ersten Aufträgen war auch der für die Staatliche Fachhochschule für Technik (heute Hochschule Ulm). Seine Anlage für die Olympischen Sommerspiele in München entstand ab 1968. Offenheit und Transparenz waren Kennzeichen seiner Bauten, die unterschiedlichste Bauaufgaben erfüllten: Behnisch schuf Kindergärten, Schulen und Museen, den Neuen Plenarsaal in Bonn und die Akademie der Künste in Berlin, übernahm aber auch die Neugestaltung des Stuttgarter Schlossplatzes. Behnisch starb 2010 in Stuttgart.

GÜNTER BEHNISCH, **OLYMPIAPARK, MÜNCHEN**, 1968–1972

Für die Olympischen Spiele in München gestaltete Otto Behnisch eine Parklandschaft aus Hügeln und Seen, in die er die verschiedenen Sportstätten hineinsetzte. Deren avantgardistische, zeltähnliche Dachkonstruktionen sorgten für Furore.

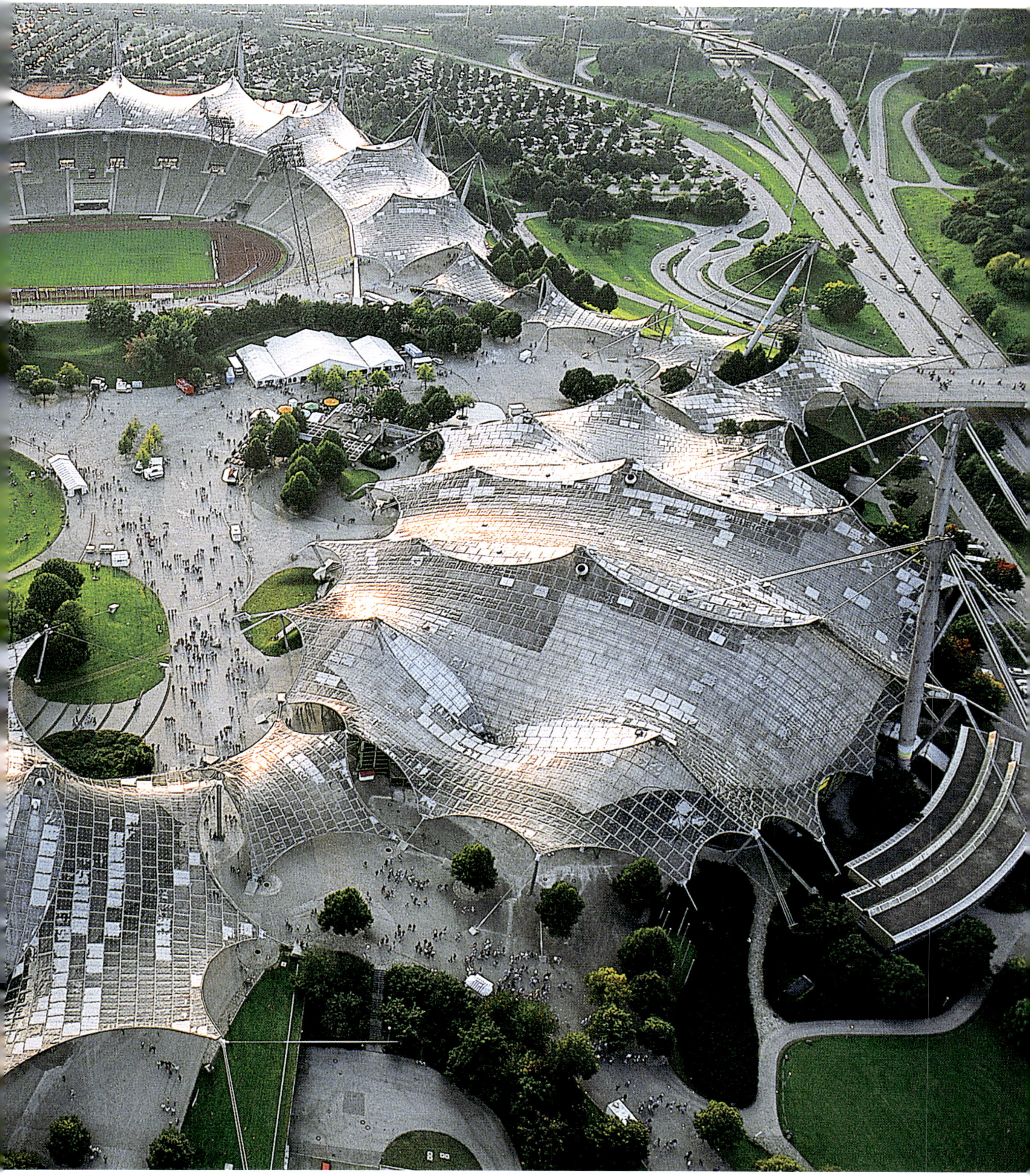

87

JØRN UTZON
OPERNHAUS, SYDNEY

Die Jury konnte sicher sein, dass ihre Entscheidung polarisieren würde. Aber der Wettbewerb um den Neubau war entschieden: Der dänische Architekt Jørn Utzon würde Sydney ein Opernhaus bauen. »Seiner Originalität wegen ist es sicherlich ein umstrittener Entwurf. Allerdings sind wir von seinen Vorzügen vollkommen überzeugt.«

Eine kleine Landzunge im Hafen der Stadt, der Bennelong Point, war als Standort für das neue Haus der Kultur bestimmt. Der Architekt stellte die Oper auf ein 15 Meter hohes Plateau, zu dem eine weite Treppenanlage führt. In einem schlichten Unterbau platzierte er die eigentlichen ›Hauptdarsteller‹, die größere Opernhalle und einen kleineren Konzertsaal. Von außen sind die beiden Auditorien nicht zu erahnen, das einzige, was ins Auge sticht, sind die schalenartigen Dachformen, die wie riesenhafte Muscheln oder Segel auf die direkte Nachbarschaft Bezug nehmen: Schließlich ist die Oper auf drei Seiten von Wasser umgeben. Die geschwungenen Flächen sind mit weiß glasierten Keramikziegeln verkleidet, die mit dem Blau des Wassers kontrastieren und das Sonnenlicht reflektieren.

Noch bevor sie begonnen war, spaltete Utzons Dachskulptur das Land in zwei Lager: Euphorische Befürworter sprachen von einem »Stück Poesie«, entschiedene Gegner sahen darin nichts weiter als »Danish pastry« – Plundergebäck. 1959 wurde der Grundstein für den Neubau gelegt. Doch die technische Umsetzung der Pläne war eine Herausforderung. Für die Statik und damit auch für die innovativen Dachformen war das Büro des Ingenieurs Ove Arup zuständig: Allein in die Entwicklung der Schalenstrukturen flossen 375 000 Arbeitsstunden. Während die Baukosten explodierten, rückte die Fertigstellung in die Ferne und die Kritik an Utzon wurde lauter. Nach einem Regierungswechsel verlor der Architekt auch den politischen Rückhalt für sein Bauvorhaben. Schließlich gab er sein Projekt nach langem Ringen auf und verließ 1966 Australien. Eine Welle der Entrüstung ging durch die internationale Architekturszene, die sich mit Utzon solidarisierte. Doch die australische Regierung bestimmte umgehend Nachfolger, die das Opernhaus zu Ende führen sollten. 1973 wurde die Oper schließlich eröffnet – ohne Utzon. Erst anlässlich der Olympischen Sommerspiele in Sydney im Jahr 2000 wandte sich die australische Regierung an den Architekten und bat ihn, seine Entwurfsprinzipien für das Opernhaus zu Papier zu bringen. So arbeitete Utzon mehr als dreißig Jahre nach seiner Abreise weiter an seinem Meisterwerk, das längst zum Wahrzeichen der Stadt geworden war.

JØRN UTZON wurde 1918 in Kopenhagen geboren. Nach dem Architekturstudium arbeitete er für kurze Zeit als Assistent im Büro von Alvar Aalto in Helsinki. Utzon reiste durch Europa, nach Marokko und Mexiko, aber auch in die USA, unter anderem zu Frank Lloyd Wright und Ludwig Mies van der Rohe. 1950 machte der Architekt sich selbstständig. Mit dem preisgekrönten Entwurf für das Opernhaus in Sydney gelang ihm der internationale Durchbruch. Nach dem Scheitern des Projektes zog Utzon sich zwar aus der Öffentlichkeit zurück, realisierte aber noch einige weitere große Projekte, darunter zusammen mit seinem Sohn Jan das Parlamentsgebäude in Kuwait. 2003 erhielt er den Pritzker-Preis. Utzon starb 2008 bei Kopenhagen.

»DAS IST KEIN OPERNHAUS,
SONDERN NUR EINE MUSCHEL.«

Frank Lloyd Wright

JØRN UTZON, **OPERNHAUS, SYDNEY,** 1959–1973

»WIR BAUEN EINE HALLE,
EINE GROSSE HALLE
UND DANN SEHEN WIR WEITER.«

Renzo Piano

RENZO PIANO UND RICHARD ROGERS, **CENTRE GEORGES POMPIDOU, PARIS**, 1970–1977

88
RENZO PIANO UND RICHARD ROGERS
CENTRE GEORGES POMPIDOU, PARIS

Die Franzosen, zumindest die Kunstinteressierten, sind ein glückliches Volk oder waren es jedenfalls, als Georges Pompidou Präsident der Grande Nation wurde. Denn einer seiner ersten Beschlüsse lautete, dass Paris mit einem modernen und einzigartigen Kulturzentrum beglückt werden sollte. Also wurde 1970 ein Wettbewerb ausgeschrieben. Und zum ersten Mal wurden dazu ausländische Architekten zugelassen.

Insgesamt wurden 681 Entwürfe eingereicht und die Jury, die unter anderem aus aus Philip Johnson, Oscar Niemeyer und Jean Prouvé bestand, wählte Entwurf 439 aus. Und prompt stammte der von zwei Ausländern: dem Briten Richard Rogers und dem Italiener Renzo Piano.
Die Herausforderung war, einen Raum zu schaffen für ein Museum für moderne Kunst, eine Bibliothek, ein Zentrum für Design und ein Institut für zeitgenössische Musik. Und was macht man, wenn man für vier komplett unterschiedliche kulturelle Institutionen mit völlig unterschiedlichen (räumlichen) Bedürfnissen in einem Gebäude Raum schaffen muss? Man baut eine ›Fabrik‹, deren einziges Produkt Raum ist. Dafür aber in riesigen Mengen. Da die beiden jungen Architekten Rogers und Piano mit dem Bau von Hallen angefangen hatten, war ihr Plan, auch hier eine Halle zu bauen, aber eben eine sehr große. Allerdings nicht so groß, wie es der riesige Bauplatz in Beaubourg mitten in Paris eigentlich zugelassen hätte. Ähnlich wie es Ludwig Mies van der Rohe beim Seagram Building in New York machte (siehe Seite 208), ließen die Architekten auch in Paris die Hälfte des Baugrunds als urbanen Raum unbebaut. Und wie bei Mies ist auch hier der Platz nicht einfach ein Platz, sondern ein nicht gebauter, aber trotzdem enorm wichtiger Teil des Bauwerks.
Piano und Rogers sahen eine außergewöhnliche Konstruktion vor: Wie bei einem riesigen Baukastensystem errichteten sie ein von allen Seiten sichtbares Stahlgestell aus Fachwerkträgern und brachten sämtliche Zugänge und Funktionen des Baus außerhalb dieses Skeletts an, sodass sie innerhalb das schufen, was sie brauchten: Raum. In der Tat sieht das Gebäude mit seinen Stahlröhren und seinem Gestänge aus wie eine Fabrik, denn alles, was normalerweise innen und versteckt ist, ist hier außen und betont. Die Versorgung mit Wasser in grünen Rohren, Luft in blauen, Strom in gelben und für den Transport ist die Farbe Rot vorgesehen. Jedes der sechs Stockwerke bekommt dadurch eine stützenfreie Fläche von über 7 000 Quadratmetern, die frei unterteilbar ist, je nach Bedürfnis der einzelnen Abteilungen.
Die offene Konstruktion mit den Wänden aus Glas konnte leider nicht für jede Abteilung durchgehalten werden. Aus konservatorischen Gründen wurde die Kunstsammlung ab 1985 in einem Museum im Museum untergebracht. Und das Institut für zeitgenössische Musik benötigte schalldichte Räume, also wurden diese Räume unter die Erde verlegt und sind jetzt im Nebenbau und unter den Brunnen von Jean Tinguely und Niki de Saint Phalle verlegt.
Im Erdgeschoss geht der Außenraum, der eine Reminiszenz an die italienische Piazza ist, in den Innenraum über, der eigentlich offen geplant war, aber wegen der Witterungsbedingungen geschlossen wurde. Die Galerien an der platzseitigen Fassade sind öffentlich zugänglich und erweitern so die Piazza vor dem Gebäude sozusagen in die dritte Dimension.
Der Präsident Georges Pompidou wollte ein einzigartiges modernes Kulturzentrum. Das hat er bekommen.

89
JAMES STIRLING
NEUE STAATSGALERIE, STUTTGART

Auch im 20. Jahrhundert wechseln sich die Architekturstile in einer Folge von Aktion und Reaktion ab, wie sie es in den vergangenen Jahrhunderten auch schon immer getan haben. Mit dem Unterschied, dass im 20. Jahrhundert die Stile, auch durch die neuen technischen Möglichkeiten, vielfältiger sind und der Austausch und der Wechsel schneller als in früheren Jahrhunderten vonstattengeht.

Der strenge Funktionalismus der Bauten eines Martin Gropius, die scheinbare Kälte der Bauten eines Le Corbusier und die monumentale ›Nacktheit‹ des Brutalismus von Louis I. Kahn erzwang geradezu eine Reaktion, eine stilistische Gegenbewegung, die sich in der sogenannten Postmoderne Bahn brach. Es war der Versuch, die moderne Architektur mit den historischen Begebenheiten der Städte in Einklang zu bringen. Und es war vielleicht auch der Versuch, der dogmatischen Strenge der Vorgänger mit einem Augenzwinkern zu begegnen und ihr nicht doktrinär, sondern eher mit einem »alles ist möglich« zu antworten. Der Schotte James Stirling hat mit der Neuen Staatsgalerie, die er ab 1974 konzipierte, einen dafür geradezu programmatischen Bau geschaffen, der all das enthält, was die eigentlich diffizil zu definierende Postmoderne ausmacht.

Der damalige Direktor der Staatsgemäldesammlung wollte offensichtlich definierte Raumstrukturen, vielleicht als direkte Antwort auf das gerade fertiggestellte Centre Pompidou (siehe Seite 224). Es sollte keine »Struktur einer Containerarchitektur, die das Prinzip totaler Funktionalität unreflektiert auf den gesamten Museumskomplex überträgt«, entstehen. Stattdessen baute Stirling von 1977 bis 1984 ein fast klassisches Gebäude mit festen Strukturen, die außen deutlich kenntlich gemacht werden. Die Handläufe werden zu bunten Wülsten und die Glaswände des Eingangs zu grün geschwungenen Wellen. Dazu kommt die massive Steinplattenverkleidung, die die Festigkeit zusätzlich betont. Im Inneren wird eine feste Raumfolge vorgegeben, die an eine barocke Raumflucht, eine Enfilade, erinnern soll.

Den Höhepunkt bildet ein ›Ehrenhof‹ mit einer Rotunde, die an das Alte Museum in Berlin erinnern soll, einen Klassiker der Museumsarchitektur (siehe Seite 142). In der Rotunde finden sich einige Anspielungen an die Architekturgeschichte, wie ein Säulenpaar, gotische Spitzbogen, antike Arkaden und weitere Zitate von Ägypten bis De Stijl und Bauhaus – kurz: eine Architekturcollage.

So bringt der Architekt in der Neue Staatsgalerie auch gleichzeigt eine Auseinandersetzung mit seinem eigenen Genre, der Architektur, mit ein – allerdings durchaus mit einem Augenzwinkern.

SIR JAMES STIRLING (geb. 1926 in Glasgow) war einer der bedeutendsten Architekten Großbritanniens. Er studierte von 1945–1950 in Liverpool und eröffnete 1956 mit James Gowan sein eigenes Büro. In den 1960er-Jahren schuf er viele Bauten für britische Universitäten. Stilistisch hat er als Funktionalist begonnen, änderte jedoch seinen Stil und wurde zu einem Hauptvertreter der Postmoderne. Ab 1980 entstand die Clore Gallery in der Tate Britain in London und 1984 entwarf Stirling das Arthur M. Sackler Museum der Harvard University, womit er sein Ansehen als internationaler Stararchitekt gefestigt hat. Stirling erhielt viele Auszeichnungen, unter anderem wurde er 1992 zum Ritter geschlagen. Er starb im gleichen Jahr.

»MACHWERK KINDLICHER BURGROMANTIK«

Kritik an der Neuen Staatsgalerie

JAMES STIRLING, **NEUE STAATSGALERIE, STUTTGART,** 1977–1984

90
IEOH MING PEI
PYRAMIDE, MUSÉE DU LOUVRE, PARIS

Eisberge sind dafür bekannt, dass der größte Teil ihrer Masse nicht zu sehen ist. Pyramiden eigentlich nicht. Die Pyramide im Cour Napoléon des Pariser Louvre ist zwar in ihrer ganzen Pracht zu sehen, aber tatsächlich ist sie nur der von außen sichtbare Teil einer riesigen unterirdischen Anlage, die Spitze des Eisberges. Schon vor der Eröffnung heftig angefeindet, ist sie heute ein Wahrzeichen von Paris.

Der Louvre (siehe Seite 110) war seit dem 13. Jahrhundert die Residenz der französischen Herrscher. Im 16. Jahrhundert im Renaissancestil umgebaut, wurde er zum Hauptwohnsitz der französischen Könige. Als der Hof unter Ludwig XIV. nach Versailles umzog, übernahm die Stadt Paris das Gebäude und es wurde Sitz der Académie Française, aber auch Künstlerateliers, Cabarets und kleine Läden zogen hier ein. Nach der Französischen Revolution wurde der Louvre zum ersten öffentlichen Museum Frankreichs, bis Napoleon ihn wieder als Herrschersitz nutzte. 1873 schließlich zog der Präsident der Republik in den Élysée-Palast und der Louvre wurde endgültig zum Museum. Und zwar zum meistbesuchten der Welt. Dieser Erfolg brachte allerdings Probleme mit sich, denn mit den alten Strukturen konnte man der Menge der Besucher nicht mehr Herr werden. Der französische Staatspräsident François Mitterrand beschloss 1981 einen umfassenden Um- und Ausbau, in den auch der bisher vom französischen Finanzministerium genutzte Nordflügel integriert werden sollte. Das Projekt Grand Louvre begann. Mitterrand beauftragte den chinesisch-amerikanischen Architekt Ieoh Ming Pei, der fast den gesamten Cour d'Honneur, den Innenhof des Louvre, unterkellerte und damit eine neue Möglichkeit schuf, die Besuchermassen zu kanalisieren. 1989 war der erste Teil der Umbauten abgeschlossen und die Kritiker, die im Vorfeld befürchteten, der Louvre würde durch eine Pyramide komplett verdeckt, wurden von ihrer transparenten, 21 Meter hohen Konstruktion eines Besseren belehrt. Pei, der der Auffassung ist, ein Museum sollte einen angemessenen Eingang haben, schuf mit der Pyramide und dem 9 Meter tiefen Untergeschoss ein Volumen, einen Raum, der dem Museum durchaus angemessen ist. Die Pyramide ist also nur ein diskreter Hinweis darauf, was hier im Untergrund geschieht. 1993 wurde in einer zweiten Phase das unterirdische System noch erweitert und Pei baute als ›folie‹, als Spaß, eine umgedrehte Pyramide in den Untergrund.

Die Pyramide als Form ist natürlich kein Zufall. Pei nimmt damit Bezug zu den Antikensammlungen im Louvre und verbindet sie so mit der Moderne. Zusätzlich ist es ein städtebaulicher Fixpunkt, der den Start der Achse über die Tuilerien, den Champs-Elysée über den Arc de Triomphe bis hin zu La Defense bildet.

Der 1917 in Schanghai geborene **IEOH MING PEI** kam 1935 in die USA und studierte Architektur am MIT in Boston. Sein großes Vorbild war Le Corbusier. Nach dem Zweiten Weltkrieg studierte Pei an der Graduate School of Design in Harvard, die von Walter Gropius geleitet wurde. 1955 gründete er sein eigenes Büro. Der Neubau des National Center for Atmospheric Research bei Boulder, Colorado, im Jahr 1961 war sein erster großer Erfolg. 1968–1978 schuf er den Erweiterungsbau der National Gallery of Art in Washington. 1983 erhielt Pei den renommierten Pritzker-Preis und 1989 den Praemium Imperiale. Nach dem Erfolg beim Louvre folgte 1998–2003 der Ausstellungsbau des Deutschen Historischen Museums in Berlin.

»ALS ICH 1951 DAS ERSTE MAL IN DEN
LOUVRE KAM, GAB ES NUR ZWEI TOILETTEN
IN DIESEM RIESIGEN MUSEUM,
UND DIE KONNTE MAN NICHT FINDEN.«

Ieoh Ming Pei

IEOH MING PEI, **PYRAMIDE, MUSÉE DU LOUVRE, PARIS,** 1982–1989

»DAS GEBÄUDE HAT HERAUSRAGENDE, INTERESSANTE, GROSSZÜGIGE UND FUTURISTISCHE SEITEN. ABER ES HAT AUCH KLAUSTROPHOBISCHE, SCHWIERIGE UND DUNKLE SEITEN. DIESE MISCHUNG IST TEIL DER ERFAHRUNG, DIE MAN IN DIESEM MUSEUM MACHT.«

Daniel Libeskind

DANIEL LIBESKIND, **JÜDISCHES MUSEUM, BERLIN**, 1989–1998

91
DANIEL LIBESKIND
JÜDISCHES MUSEUM, BERLIN

Im Berliner Stadtteil Kreuzberg verwirklichte der amerikanische Architekt Daniel Libeskind seinen ersten großen Entwurf. 1989 gewann er den Wettbewerb um die Erweiterung des Jüdischen Museums, seine spektakuläre Bauidee behauptete sich unter 165 Vorschlägen. Der Barockbau an der Lindenstraße sollte einen Anbau erhalten – Libeskind sorgte dafür, dass ein Besuchermagnet daraus wurde.

Der historische Teil des Gebäudeensembles ist eine barocke Dreiflügelanlage, die Johann Philipp Gerlach um 1730 errichtet hat. Darin ist das Forschungs- und Dokumentationszentrum zur jüdischen Geschichte zu Hause. Die Dauerausstellung des Museums hingegen ist im Libeskind-Bau untergebracht. Von außen sind die beiden Bauteile getrennt, verbunden sind sie nur über eine unterirdische Schiefertreppe. Der Anbau steht auf einem asymmetrischen und zickzackförmigen Grundriss. Schlitzförmige Fensterbahnen zerschneiden seine silbrig schimmernde Haut aus Zinkblech. Undurchschaubare Raumfolgen in asymmetrischen Geschossen, dunkle Nischen und tote Winkel bestimmen diesen Bauteil des Museums. Eine gerade Linie zieht sich durch die gewundenen Grundrissformen: »Der offizielle Name des Projekts lautet ›Jüdisches Museum‹, aber ich habe es ›Between the Lines‹ genannt, weil es sich für mich dabei um zwei Linien, zwei Strömungen des Denkens, der Organisation und Beziehungen handelt. Die eine Linie ist gerade, aber in viele Fragmente zersplittert, die andere windet sich, setzt sich jedoch unendlich fort«, so der Architekt. Fünf leere Räume mit Sichtbetonwänden bilden die Schnittstellen dieser beiden Linien. In diesen ›Voids‹, so der Architekt, manifestiere »das Nicht-Sichtbare sich als Leere, als das Unsichtbare«. Bis auf eine Ausnahme sind diese Räume nicht zugänglich, sie symbolisieren die nach dem Holocaust gebliebene Leere. Auf drei Achsen mit teilweise geneigten Böden gelangen Besucher zu den verschiedenen Ausstellungsschwerpunkten. Die erste und längste der drei ist die »Achse der Kontinuität«: Sie verbindet den Altbau mit einer Treppe, die steil nach oben in die Dauerausstellung führt. Die »Achse der Emigration« folgt einem immer enger werdenden Gang, den schräge Wände eingrenzen, ins Freie. Dort stehen in einem Garten auf quadratischer Fläche 49 hohe, mit Erde gefüllte Betonstelen, aus denen Ölbäume wachsen. Die dritte Achse führt den Besucher zu einer Stahltür. Das Ende der Achse markiert der 24 Meter hohe »Holocaust-Turm«, ein kalter, dunkler und völlig leerer Gedenkraum zur Erinnerung an die Opfer des Holocaust.

DANIEL LIBESKIND wurde 1946 im polnischen Łódź geboren und übersiedelte als 14-Jähriger in die USA. Libeskind studierte Musik und Architektur. 1989 gewann er den Wettbewerb um den Bau des Jüdischen Museums in Berlin, ein Projekt, für das er zehn Jahre später den Deutschen Architekturpreis gewann. Im Jahr 2003 konnte Libeskind den Wettbewerb für den Freedom Tower auf dem Gelände des zerstörten World Trade Center in New York für sich entscheiden. Neben seiner Tätigkeit als Architekt lehrt Libeskind an zahlreichen Universitäten weltweit. Seine Projekte umfassen Museen, Geschäfts- und Freizeitzentren, aber auch Landschafts- und Stadtplanungen.

oben Über der steilen Haupttreppe des Jüdischen Museums ragen schräge Balken in die Höhe. Durch schmale Mauerspalten und einen Fensterstreifen fällt Licht in das Treppenhaus.

rechts Zwei Linien bestimmen den Grundriss, die Bereiche, in denen sie sich treffen, ließ der Architekt leer. In einem dieser ›Voids‹ ist die Dauerausstellung mit der Installation *Gefallenes Laub* von Menashe Kadishman zu Hause.

DANIEL LIBESKIND, **JÜDISCHES MUSEUM, BERLIN,** 1989–1998

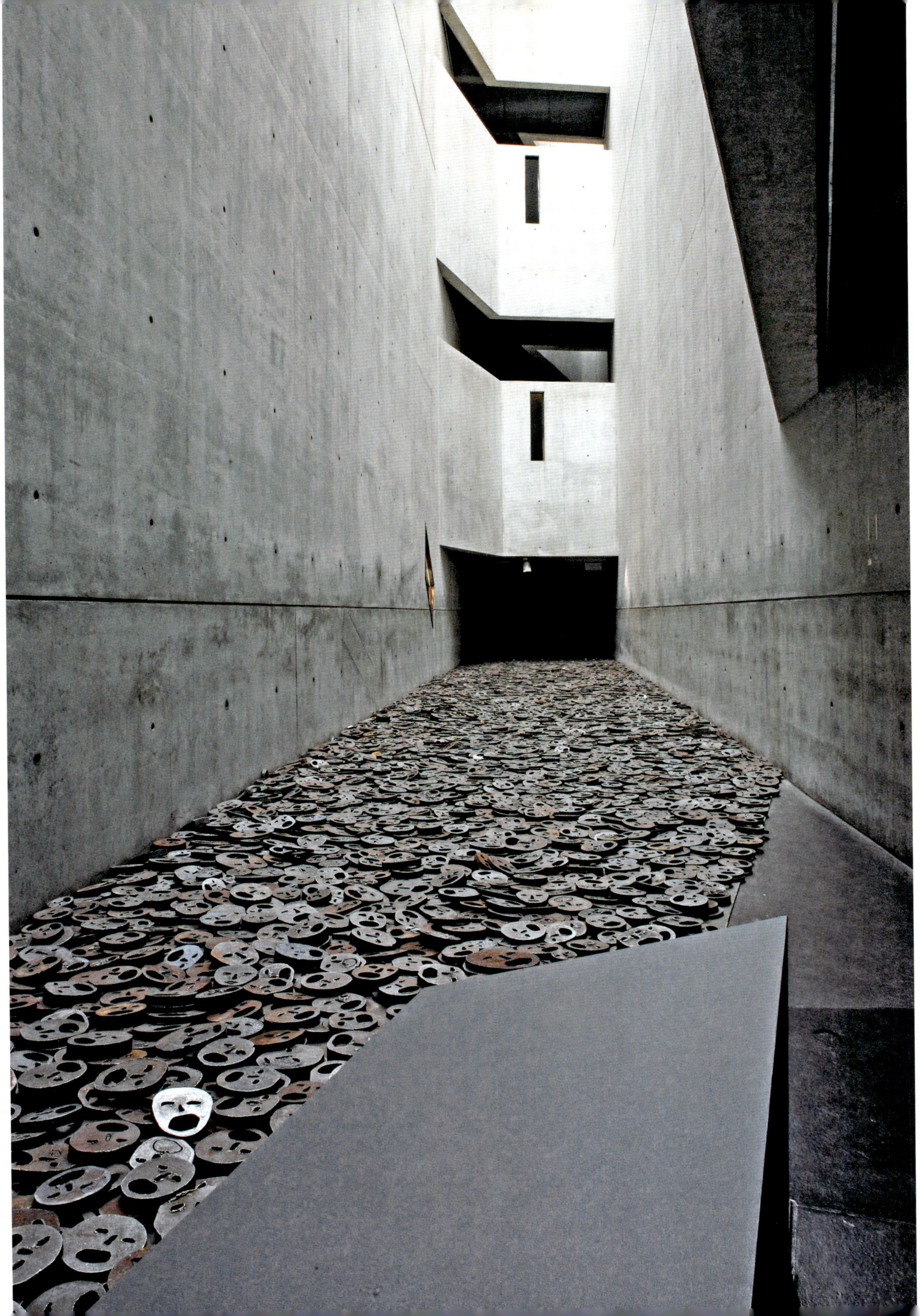

»EINIGE LEUTE SAGTEN MIR, DIESE [AUSSENKONSTRUKTION] ERINNERE SIE AN BOOTSSEGEL. ICH WIDERSPRECHE DEM ZWAR NICHT, ABER BEI DER ENTWURFSPLANUNG HAT DIESE VORSTELLUNG KEINE ROLLE GESPIELT.«

Álvaro Siza Vieira

ÁLVARO SIZA VIEIRA, **PORTUGIESISCHER PAVILLON, EXPO, LISSABON**, 1998

92
ÁLVARO SIZA VIEIRA
PORTUGIESISCHER PAVILLON, EXPO, LISSABON

Das Motto der Expo 98, die in Lissabon stattfand, lautete »Die Ozeane – Ein Erbe für die Zukunft«. Von Mai bis September besuchten über zehn Millionen Menschen den Park der Nationen, der sich ein paar Kilometer nördlich der Altstadt befindet. Neben dem Torre Vasco da Gama und der gleichnamigen Brücke, die längste Brücke Europas, war der Portugiesische Pavillon das architektonische Highlight.

Álvaro Siza Vieira bekam 1995 den Auftrag, den Portugiesischen Pavillon zu bauen. Die Vorgabe war ein Hauptbau, der möglichst flexibel für Ausstellungen und Veranstaltungen aller Art genutzt werden konnte. Nach der Expo sollte er Sitz des portugiesischen Ministerrates werden. Momentan wird er jedoch für wechselnde Ausstellungen genutzt. Zusätzlich sollte Siza einen Freiplatz für offizielle Anlässe schaffen.

Die meisten Pavillons der anderen Nationen waren als hoch aufragende Gebäude geplant oder sollten »zumindest Turmfrisuren« bekommen. Also entschied sich Siza für einen horizontal gelagerten Bau, der sich parallel zum Ufer des Tejo entwickelt. Um einen zentralen Patio entstand ein schlichter Bau aus Sichtbeton, in dem Ausstellungsräume, ein Restaurant und die VIP-Räume im Obergeschoss Platz finden. Die innere Struktur ist flexibel, damit man auf alle möglichen Nutzungen reagieren kann. Die Innenarchitektur der Ausstellungsräume stammt von seinem Kollegen Eduardo Souto de Moura. Für alle anderen gestalterischen Details bis hin zu den Möbeln und den Zeichnungen an den Wänden und sogar für Teile des Geschirrs war Siza verantwortlich.

Der Clou des Pavillons ist jedoch die geforderte Freifläche für die offiziellen Anlässe, die sich südlich anschließt. Zwischen zwei 14 Meter hohen Kopfbauten hängt eine nur 20 Zentimeter dünne Betonplatte ohne jegliche Stütze über eine Länge von 68 Metern. Sie hat eine Fläche von über 3 700 Quadratmetern. Es ist ein seltsames Gefühl, wenn man die Biegung dieses weiten Segels sieht und das erste Mal darunter spaziert. Es ist mit Stahlseilen verstärkt, an denen es an den Kopfbauten auch aufgehängt ist. Dadurch entsteht ein kleiner Spalt, der dem Lichteinfall dient. Die Innenwände der Kopfbauten sind mit Fliesen, den traditionellen Azulejos, belegt. Sie sind in Rot und Grün gehalten, den Nationalfarben Portugals.

Der Pavillon mit seiner beeindruckend hängenden Decke und der eleganten Schlichtheit hat fast ikonische Kraft. Nicht umsonst wurde er schon 2010 als Monument des öffentlichen Interesses unter Denkmalschutz gestellt. Vielleicht passiert das Álvaro Siza Vieira als bedeutendstem Architekten Portugals auch noch irgendwann.

ÁLVARO SIZA VIEIRA wurde 1933 in Matosinhos bei Porto geboren, wo er sich und ein paar Kollegen von 1993–1997 ein Bürohaus baute. Siza studierte in Porto, wo er später Gebäude für die Architekturfakultät errichtete. Seine ersten eigenständigen Bauten waren das Teehaus Boa Nova und das Strandbad in Leça da Palmeira (1958–1963). Sizas Stil ist der der klassischen Moderne, den er aber nach Bedarf variiert. Er wird schnell bekannt und baut international, auch in Deutschland. 1989 entwirft er nach einem verheerenden Brand den Gesamtplan zur Wiederherstellung des Lissaboner Altstadtviertels Chiado. Er erhält die wichtigsten Auszeichnungen, darunter der Pritzker-Preis (1992) und der Praemium Imperiale (1998).

»DAS GROSSARTIGSTE GEBÄUDE UNSERER ZEIT«

Philip Johnson

FRANK GEHRY, **GUGGENHEIM MUSEUM, BILBAO**, 1993–1997

93
FRANK GEHRY
GUGGENHEIM MUSEUM, BILBAO

Mit seinem spektakulären Museum für moderne Kunst hat sich Bilbao in Rekordzeit aus dem touristischen Niemandsland auf die Route der Kunst- und Architekturpilger katapultiert. Seit der Eröffnung von Frank Gehrys Guggenheim Museum haben rund zehn Millionen Besucher die größte Stadt im Baskenland besucht. Beschrieben wird diese Aufwertung einer Stadt durch ein prominentes Gebäude als ›Bilbao-Effekt‹.

Und dahinter steht besagter Neubau: Am Ufer des Flusses Nervión, in der einstigen Hafengegend der Stadt, ist Frank Gehrys Museumsskulptur gestrandet wie ein riesiger Fisch. Seine glänzenden Schuppen ändern ihre Farbe mit dem Tageslicht und spiegeln sich dabei im Wasser. Nicht nur die Fassade, das ganze Museum scheint sich in Wellen und Kurven zu bewegen, keine Seite gleicht der anderen. Gehry zerlegte den Baukörper in einzelne Formen, die wirken, als wären sie zufällig arrangiert. Titan und spanischer Kalkstein sind die Hauptzutaten für den Solitär, der nach vier Jahren Bauzeit 1997 fertiggestellt war. Diese Materialkombination, bemerkte der Architekt, stelle auch unsere Vorstellungen von Beständigkeit auf die Probe: »Es ist eine Ironie, dass die Stabilität von Stein eine nur scheinbare ist, weil er bei der Verschmutzung unserer Städte zerfällt, während Titan von einem Drittel Millimeter Stärke eine hundertjährige Garantie gegen die Luftverschmutzung in der Stadt bietet.« Titan? Metallische Oberflächen sind zwar keine Seltenheit in Gehrys Werk, aber das Guggenheim Museum Bilbao ist sein erstes Gebäude mit einer Haut aus Titan. Es sei dünn und dabei kissenartig gewölbt, beschrieb der Architekt das Material seiner Wahl, »[…] es liegt nicht flach, und bei starkem Wind flattert seine Oberfläche«. Um die plastischen Formen mit ihrer metallenen Haut zu entwerfen, nutzte der Architekt ein Computerprogramm, das ursprünglich für die Raumfahrtindustrie entwickelt worden war. Die baskische Guggenheim-Dependance war der erste größere Entwurf, der mit dieser Technik entstanden ist.

Für den unbedingt erwünschten Dialog des an Land gegangenen Fisches mit seiner Umgebung sorgen Vorhangwände aus Glas und eine große fensterartige Öffnung entlang der Flussseite. Der skulpturale Bau beansprucht viel Aufmerksamkeit für sich, bietet aber auch spektakuläre Räume für die Kunst: Unter anderem glänzt das Haus mit einem riesigen Saal für Richard Serras monumentale *Ellipsen* und seine 172 Tonnen schwere Stahlskulptur *Snake*. Gehry wollte auch das 50 Meter hohe Atrium als Ausstellungsraum nutzen, doch die Bauherren überzeugten ihn, den lichtdurchfluteten Zentralraum für sich wirken zu lassen – als spektakuläre Architektur.

FRANK GEHRY wurde 1929 in Toronto geboren und ist seit seinem 18. Lebensjahr in Los Angeles zu Hause. Dort und in Harvard studierte er Architektur und Stadtplanung. Seit 1962 entwirft er mit seinem eigenen Büro Projekte in Europa, Asien und den USA – unter anderem Privathäuser und Museen, Restaurants und Bibliotheken, Konzerthallen, Bürogebäude und Geschäfte. Seire Bauten bewegen sich im Spannungsfeld zwischen Architektur und Skulptur und bez ehen häufig neue Materialien mit ein wie Kupfer, Zink oder, wie beim Guggenheim Museum in Bilbao, Titan. Gehry hat zahlreiche Preise und Auszeichnungen erhalten, erwähnt sei hier nur der Pritzker-Preis, den er 1989 gewann.

94
SHIGERU BAN
JAPANISCHER PAVILLON, EXPO, HANNOVER

Eines der ersten Projekte, das der junge Architekt Shigeru Ban im Jahr 1986 verwirklichte, war das Design einer Ausstellung über sein großes Vorbild, den finnischen Architekten Alvar Aalto (1898–1976). Da dieser viel mit Holz gearbeitet hat, wollte Ban das Design entsprechend aus Holz gestalten, wofür jedoch das Budget nicht ausreichte. Also überlegte er eine Alternative und kam auf die Idee, Papprollen zu verwenden.

Diese wurden zu seinem Markenzeichen. Ban machte sich mit eleganten Villen und überraschenden Konstruktionen einen Namen, während ihn die Idee der Pappröhren nicht losließ und er weiter damit und anderen recycelbaren Materialien experimentierte. 2000 schuf er den Japanischen Pavillon auf der Expo in Hannover. Das Thema war »Mensch, Natur und Technik« und so baute Ban eine spektakuläre Halle aus Pappröhren und Papier, die ihm internationales Ansehen beschert hat.

Ban entwarf eine 16 Meter hohe, geschwungene Hallenkonstruktion, die 3 600 Quadratmeter Ausstellungsfläche überdeckte. Sie bestand aus 440 Pappröhren aus recyceltem Altpapier. Sie hatten eine Länge von bis zu 40 Metern bei einem Durchmesser von 12 Zentimeter. Die Verbindungen wurden mit schlichtem Klebeband umwickelt und das Ganze mit einem feuer- und wasserfesten Papier überspannt. Anders als die anderen Architekten, die für derartige Ausstellungen temporäre Gebäude errichten, die nach der Nutzung meist zu Industriemüll werden, wurde Bans Materialien wiederverwertet.

Die inzwischen ausgereifte Idee, mit Pappe und Karton zu bauen, hat Shigeru Ban vorher auch schon häufig für humanitäre Zwecke eingesetzt. So begann er ab 1994, damit Flüchtlingsunterkünfte zu errichten, die wesentlich stabiler und zweckdienlicher waren, als die bisherigen UN-Konstruktionen. Der Anlass war das Flüchtlingsdrama im Bürgerkrieg in Ruanda. Es folgten provisorischen Bauten für Erdbebenopfer im japanischen Kobe 1995, wo Ban auch eine temporäre Kirche aus Pappröhren errichtete, 2001 in Indien, nach dem Tsunami 2004 in Sri Lanka und 2009 nach dem großen Erdbeben im italienischen L'Aquila. Auch bei den Katastrophen in Haiti 2012 und dem Tsunami bei Fukushima 2011 hat Shigeru Ban mit seinen Pro-Bono-Aktivitäten den Menschen in ihren Notlagen mit seiner Architektur geholfen.

Lange schon hatte er ein ungutes Gefühl in seinem Beruf. Architekten bauen meist für die Reichen und Privilegierten: »Wir werden angeheuert, weil man die Macht des Geldes nicht sehen kann. Wir sollen Macht und Geld durch monumentale Architektur sichtbar machen.« Für Ban ist das zu wenig, weswegen er sich immer wieder mit seinen Ideen und seinem Einfluss für die Menschen in Not engagiert.

Der 1957 in Tokio geborene **SHIGERU BAN** studierte in den USA. Zurück in Tokio baute er Privatvillen und Geschäftshäuser, bis er mit seiner Idee, recycelbare Materialien wie Pappe, Papier und Karton zu verwenden, Furore machte. Auch die allseits bekannten Frachtcontainer funktionierte er für provisorische Bauten um. Als er den Wettbewerb für den Bau der Filiale des Centre Pompidou in Metz gewann, errichtete er sein temporäres Büro auf dem Dach des Pariser Centre Pompidou auch aus Pappe und Papier. Zu der Dachkonstruktion des 2010 eröffneten Museums wurde Ban von einem chinesischem Strohhut inspiriert. 2014 erhielt er den Pritzker-Preis auch für die Entwicklung und den Bau von Notunterkünften in Krisengebieten.

»MENSCHEN STERBEN NICHT DURCH ERDBEBEN,
SIE STERBEN, WEIL IHRE HÄUSER DABEI EINSTÜRZEN.
DAS IST DIE VERANTWORTUNG VON UNS ARCHITEKTEN.«

Shigeru Ban

SHIGERU BAN, JAPANISCHER PAVILLON, EXPO, HANNOVER, 2000

95
Santiago Calatrava
AUDITORIO, SANTA CRUZ DE TENERIFE

Die Bauten des spanischen Architekten Santiago Calatrava sind spektakulär. Aus der Ferne wirken sie eher wie Skulpturen denn wie Gebäude. »Architektur und Skulptur sind zwei Flüsse, in denen dasselbe Wasser fließt«, drückte der Valencianer das Zusammenspiel der beiden Künste aus. Seine Fans sprechen gerne von »Archiskulpturen«.

Calatrava baut dabei als Architekt und als Ingenieur. Nach seinem Architekturstudium spürte er das »Bedürfnis, wieder ganz von vorne anzufangen«: Er nahm den Impuls ernst und ließ sich zum Ingenieur ausbilden. Seitdem gestaltet der Spanier auf der halben Welt architektonische Formen, die zuvor unvorstellbar waren. Eine davon steht auf der Kanareninsel Teneriffa. 1991 gab die dortige Verwaltung das Auditorio in Auftrag, in dem sich eine Konzerthalle mit gut 1500 Plätzen und ein Kammermusiksaal befinden. Das 2003 eröffnete Gebäude steht im Hafen der Inselhauptstadt Santa Cruz. Sein spektakuläres Betonschalendach beeindruckt schon von Weitem. Es schwingt sich als gebogene Dreiecksform fast 60 Meter weit über den rechteckigen Unterbau: Vom Meer aus betrachtet, wirkt es wie eine weitere Welle, die sich über den Baukörper ergießt und mitten im Schwung innehält. Die gewölbten Betonstrukturen lassen ein Spiel mit Licht und Schatten zu, die Beleuchtung inszeniert die geschwungenen Linien zusätzlich. Die eigentliche Konzerthalle steht auf einem abgetreppten Sockel, in dem die technischen Einrichtungen untergebracht sind. Für die richtige Akustik im gewölbten Innenraum des Konzertsaals sorgt eine weiße Holzverkleidung, die sich strahlenförmig über den Raum ausbreitet. Anstelle von Bühnenvorhängen setzte Calatrava Klangreflektoren aus Aluminiumlamellen ein. Eine 50 Meter hohe Kuppel überwölbt den Hauptsaal, von außen sticht sie als Spitze aus dem Bau heraus. Fensterbahnen laufen seitlich an ihr entlang und erinnern dabei an menschliche Augenlider. Die Kuppel und der Unterbau sind mit weißen Kacheln verkleidet: Während der Blick auf das Meer und den Himmel immer wieder freigegeben wird, entstehen so kräftige Farbkontraste. Nicht nur die Nähe zum Meer ist prägend für die Insel, auch mit der Verwendung von heimischem Vulkanstein am Sockel des Baus drückte der Architekt die Verbundenheit mit den Kanarischen Inseln aus.

Die Bauherren wünschten sich »ein dynamisches, monumentales Bauwerk, das nicht nur ein Ort für Musik und Kultur sein sollte, sondern auch ein Wahrzeichen für die Gegend«. Mission erfüllt, kann man sagen.

SANTIAGO CALATRAVA wurde 1951 in Benimàmet bei Valencia geboren. Sein Architekturstudium absolvierte der Spanier in Valencia. Anschließend studierte er an der ETH Zürich Bauingenieurwesen und promovierte dort 1981 mit einer Arbeit über die Faltbarkeit von Tragwerken. Seinem ersten Büro in Zürich folgten Dependancen in Paris und Valencia. Calatrava entwickelte viele Verkehrsbauten, die zwar ihre Konstruktionen offenlegen, aber dennoch eine skulpturale Wirkung entfalten. Häufig greift er organische Formen auf, wie Insekten, Muscheln oder Blattwerk. Zu seinen Werken gehören zahlreiche Brücken, spektakuläre Bahnhöfe wie in Zürich oder Lyon, aber auch viele andere Bauaufgaben – von Kultur- und Ausstellungsbauten bis zu Hochhäusern wie dem Turning Torso in Malmö.

SANTIAGO CALATRAVA, **AUDITORIO**, SANTA CRUZ DE TENERIFE, 1991–2003

»ICH WERDE IMMER WIEDER GEFRAGT, OB EINE FRAU ANDERS ARBEITE ALS EIN MANN. ICH KANN DA NUR SAGEN, ICH WEISS ES NICHT, ICH BIN NIE EIN MANN GEWESEN.«

Zaha Hadid

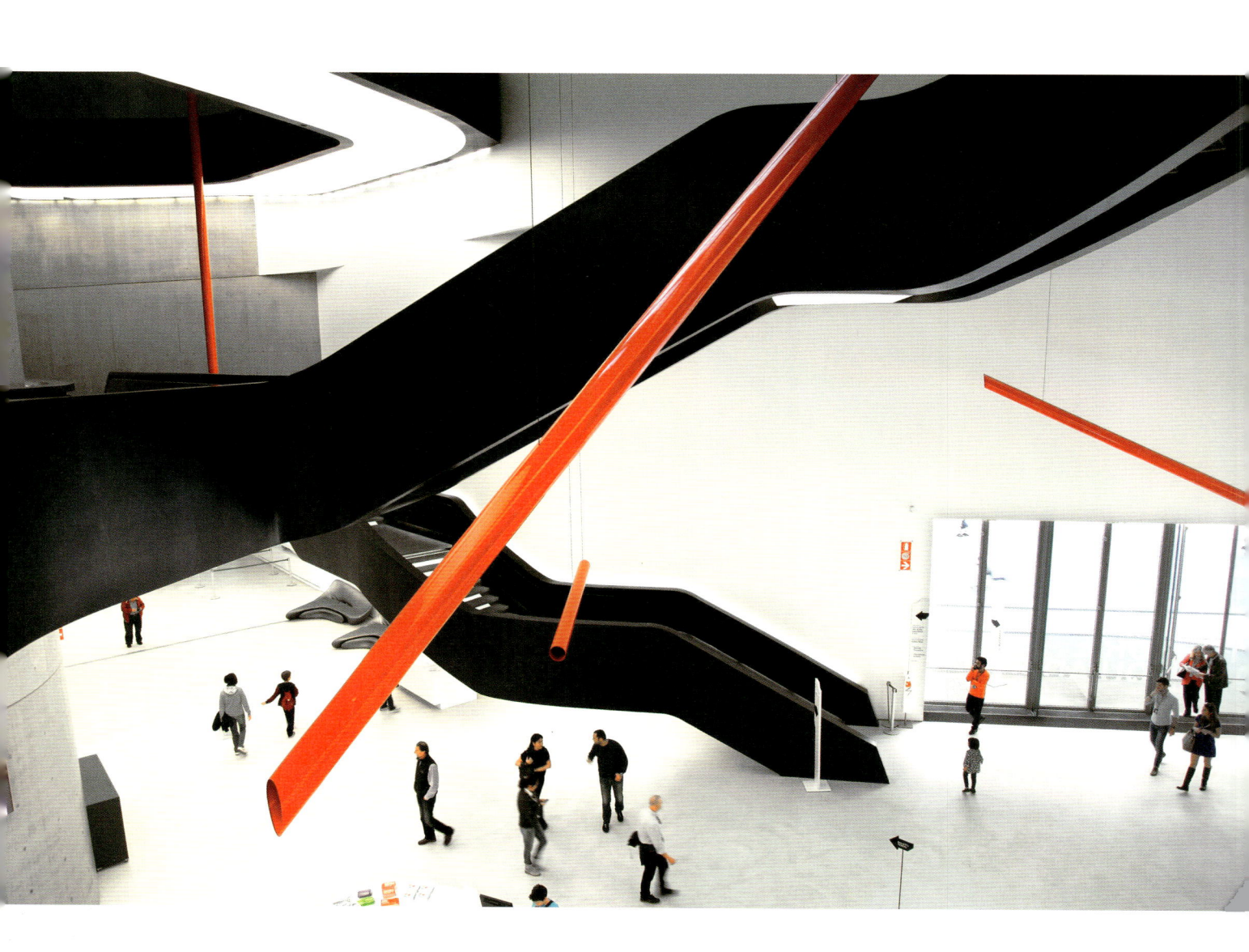

ZAHA HADID, **MAXXI – MUSEO NAZIONALE DELLE ARTI DEL XXI SECOLO, ROM,** 1998–2009

96
ZAHA HADID
MAXXI, ROM

Das Guggenheim Museum in Bilbao (siehe Seite 236) hat einen wahren Boom unter den Städten ausgelöst. Jede Stadt, die etwas auf sich hält, will ein modernes Museum bauen lassen, das das Image der Stadt aufpolieren und den Tourismus ankurbeln soll. Städte wie Paris, London oder New York brauchen das weniger als die mittelgroßen Städte, die durch einen ›Bilbao-Effekt‹ eine größere Aufmerksamkeit bekommen sollen.

Rom ist zwar beileibe keine mittelgroße Stadt, aber was die moderne Kunst betrifft, hat sie den Anschluss lange Zeit verpasst. Das änderte sich, als das italienische Kulturministerium vom Verteidigungsministerium das Gelände einer ehemaligen Kaserne erhielt. Die Lage ist im architektonischen Sinne geschichtsträchtig, da in der Nähe Pier Luigi Nervi 1960 mit dem berühmten Palazzetto dello Sport eines der letzten wichtigen modernen Gebäude in Rom errichtet hat.

Also lautete der Beschluss der römischen Stadtväter, dass ein Museum für moderne Kunst gebaut werden sollte. Bei einem Wettbewerb setzte sich Zaha Hadid knapp gegen ihre Konkurrenten durch. Was dann entstand, macht dem Begriff eines modernen Museum in einer antiken Stadt alle Ehre.

Das Nationale Museum der Künste des 21. Jahrhunderts ist das erste öffentliche Museum für zeitgenössische Kunst in Rom. Eigentlich sind es zwei Museen, eines für moderne Kunst und eines für zeitgenössische Architektur. Diese Zweiteilung ist zugleich auch das Grundthema des Gebäudes, beziehungsweise nicht die Zweiteilung, sondern die Zusammenführung der beiden Teile. Dafür hat sich Zaha Hadid und ihr Team ein komplexes Gebilde aus verschiedenen Gebäudeteilen ausgedacht, die wie Flüsse zusammenfließen und sich wieder trennen. Dabei war ihr wichtig, nicht ein Gebäude, sondern ein Ensemble zu kreieren, das sich mit seinen über- und untereinander verschlungenen Formen in die Umgebung ›einschmiegt‹. Dadurch entsteht eine Art Campus, der für alle zugänglich sein und die starren Grenzen von innen und außen aufheben soll.

Im Inneren wird der Gedanke vom Zusammenfließen der einzelnen Teile greifbar. Die verschiedenen Wege, Brücken und sonstigen Verbindungen ziehen sich labyrinthartig durch das ganz Museum und verschränken die einzelnen Teile und die verschiedenen Etagen auf einzigartige Weise.

Die immer wiederkehrende Kritik, dass die neuen Museumsbauten der Kunst nicht dienen, sondern ihr mit ihrer Architektur die Schau stehlen, sie quasi an die Wand drücken, sieht Hadid entspannt. Für sie lenkt der Bau nicht ab, sondern wird gemeinsam mit den ausgestellten Kunstwerken zu einem Gesamtkunstwerk.

ZAHA HADID (geb. 1950 in Bagdad) gehört zu den wenigen Frauen, die in dem Zirkus der global agierenden Architekturstars mitspielt. Sie hat mit einem Feuerwehrhaus begonnen, das sie 1993 für die Firma Vitra in Weil am Rhein gebaut hat. Bis dahin hatte sie zwar schon seit 1980 ein eigenes Büro und einige bedeutende Architekturwettbewerbe gewonnen, aber umgesetzt wurde bis dahin noch nichts. Aber sie war durch ihre Entwürfe und ihre Lehrtätigkeit durchaus ein Begriff in der Welt der Architektur. Der Erfolg war nur eine Frage der Zeit. 1999–2002 baute sie die Skisprungschanze in Innsbruck und 2002–2005 das Wissenschaftsmuseum Phaeno in Wolfsburg. Als erste Frau erhielt sie 2004 den Pritzker-Preis.

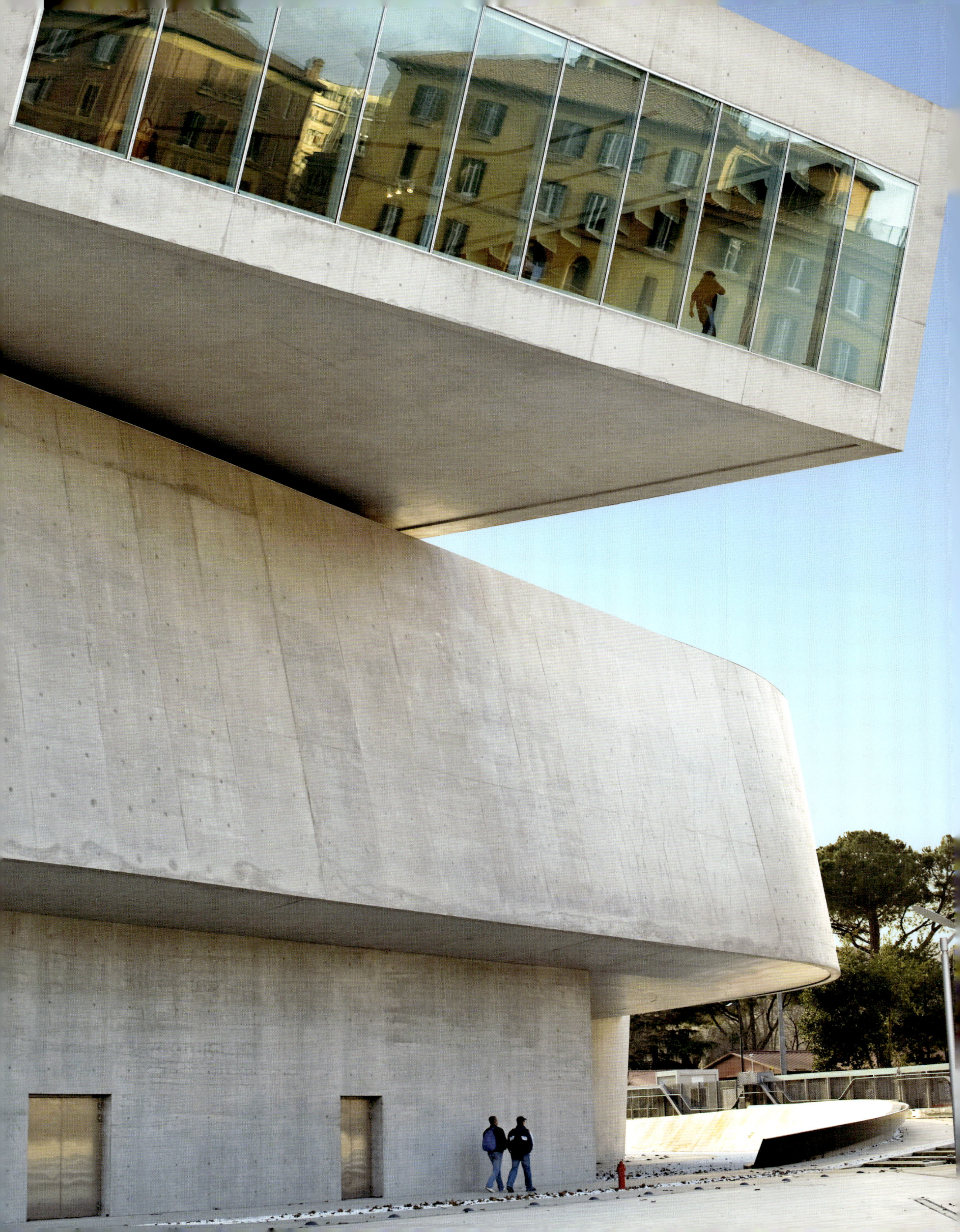

links In dem Stadtviertel, dessen Bausubstanz hauptsächlich aus ehemalige Kasernen und Mietshäusern des ausgehenden 19. Jahrhunderts besteht, wirkt das MAXXI wie ein Raumschiff, das versucht, unerkannt zu bleiben.

oben Zaha Hadid sorgt mit dem Spiel mit Proportionen dafür, dass dem Besucher die eigentliche Größe des Baus kaum klar wird. Ähnlich wie im Petersdom braucht man den Menschen als Maß, um die tatsächlichen Dimensionen richtig einschätzen zu können.

ZAHA HADID, **MAXXI – MUSEO NAZIONALE DELLE ARTI DEL XXI SECOLO, ROM**, 1998–2009

»ICH SEHE IN DIESEM LAND GROSSE UMWÄLZUNGEN, GROSSE VERÄNDERUNGEN UND EIN GROSSES KREATIVES POTENZIAL. UND ICH MUSS SAGEN, DIES SCHAFFT AUF MANCHE ART MEHR FREIHEIT IN DER ARBEIT ALS IM WESTEN.«

Ole Scheeren

OLE SCHEEREN UND REM KOOLHAAS, **ZENTRALE VON CHINA CENTRAL TELEVISION (CCTV), PEKING,** 2002–2013

97
OLE SCHEEREN UND REM KOOLHAAS
ZENTRALE VON CHINA CENTRAL TELEVISION (CCTV), PEKING

Chinas wirtschaftlicher Wandel hat berauschende Züge angenommen. Mit dem Beitritt zur WTO im Jahr 2001 hat der Wandel von der Plan- zur Marktwirtschaft einen Höhepunkt erreicht. Im ganzen Land wurden und werden Fabriken und Wolkenkratzer und sogar ganze Städte aus dem Boden gestampft. Das Zentrum der Entwicklung ist Peking, und hier der Stadtteil Dongsanhuan, ein Geschäftsviertel im Osten der Stadt.

Hier sollte die neue Zentrale des Chinesischen Staatsfernsehens entstehen. Die Aufgabe bestand darin, Platz für Nachrichtenstudios, Sendezentrale, Programmproduktion und Verwaltung mit Büros für die bis zu 10 000 Mitarbeiter zu schaffen. Sieger eines langen Wettbewerbsverfahrens war das Büro von Rem Koolhaas, das mit dem einzigartigen Entwurf von Ole Scheeren das Rennen machte.

Die Architekten überlegten sich, wie sie sich mit ihrem Gebäude von der Menge an anspruchsvollen Wolkenkratzern in diesem Viertel abheben konnten. Wohl nicht mit einem weiteren, höheren Wolkenkratzer. Ole Scheeren kam auf die Idee der gefalteten Schleife, oder wie er es ausdrückt: »Es ist wie ein Käfig oder eine Röhre, die im Raum gefaltet ist.« Diese Röhre ist nach dem Pentagon das zweitgrößte Bürogebäude der Welt und hätte, in die Vertikale entfaltet, eine Höhe von rund 750 Metern.

Die Auftraggeber waren zwar begeistert, aber es war ihnen auch nicht ganz geheuer. Über ein Jahr lang haben dreizehn der erfahrensten Statiker des Landes die Pläne geprüft, ehe schließlich grünes Licht gegeben wurde. Es entstand ein Bau, der die »Typologie des Hochhauses nicht nur infrage gestellt, sondern eine radikale Neudefinition der grundsätzlichen Eigenschaften des Wolkenkratzers vollzogen« hat. Über der Basis von 9 bis 13 Stockwerken erheben sich zwei zueinander geneigte Türme, die nach dem 36. Stockwerk (in 160 Meter Höhe) in weiteren 9 bis 13 Stockwerken übereck verbunden werden. Erst die neuesten Computer-Analyse-Methoden haben dieses unvergleichbare Gebilde möglich gemacht. Die Hauptstruktur ist ein außenliegendes Stahlskelett mit Diagonalverstrebungen, das die die Kräfte verteilt und ableitet. Diese Kräfte sind an dem Gittermuster abzulesen: Je enger die diagonalen Muster, desto größer die Last.

Der Baubeginn war 2002. Der Außenbau war 2008 vollendet, die Innenarbeiten mit sämtlichen Studios wurden 2012 abgeschlossen. 2013 wurde die CCTV-Zentrale vom Rat für Hochhäuser und urbanes Wohnen (CTBUH) in Chicago zum besten Hochhaus der Welt gekürt. Ob CCTV auch der beste Sender ist? Ole Scheeren sagt darüber: »Es gibt eine neue Generation bei CCTV […] Sie sprechen von Vorbildern wie BBC und CNN.« Man darf skeptisch bleiben.

OLE SCHEEREN (geb. 1971 in Karlsruhe) ist der junge Shootingstar unter den Architekten. Als der Bau der CCTV-Zentrale 2002 begann, war gerade mal 31 Jahre alt. Er hat schon früh im Architekturbüro seines Vaters mitgearbeitet. Nach seinem Studium begann er 1995 bei **REM KOOLHAAS** in dessen Office for Metropolitan Architecture (OMA) in Rotterdam. 2002 wurde er Partner und gründete 2010 sein eigenes Büro. Rem Koolhaas (geb. 1944 in Rotterdam) ist einer der führenden Architekten unserer Zeit. Neben internationalen Großprojekten betätigt er sich auch als Theoretiker und nimmt dadurch großen Einfluss auf die niederländische und internationale Architekturszene.

98
HERZOG & DE MEURON
NATIONALSTADION, PEKING

Die Allianz-Arena in München, die Erweiterung der Tate Modern in London, die Elbphilharmonie in Hamburg, die Sammlung Goetz in München und das Nationalstadion in Peking haben scheinbar nichts gemeinsam. Es gibt keinen einheitlichen Stil, keine Signatur, nach der so viele Künstler und Architekten streben. Sie sind im besten Sinne ›stillos‹. Was sie verbindet, sind die Architekten, die diese Bauten schufen.

Es gibt wohl wenige Architekten, die jedes Projekt so von Neuem denken, wie es Jacques Herzog und Pierre de Meuron tun. Sogar wenn die Schweizer Architekten ein Stadion planen, hat es nichts mit den anderen zu tun, die sie schon gebaut haben, außer, dass es ein Stadion ist. Ihr Stil ist es vielmehr, jedes Gebäude komplett anders aussehen zu lassen.

Ein Stadion hat eine klar definiere Aufgabe und dadurch festgelegte Komponenten. Das Wichtigste sind die Sportflächen und die Plätze für die Zuschauer. Herzog & de Meuron haben beim Nationalstadion in Peking eine scheinbar chaotische Struktur geschaffen, die keine klare hierarchische Form hat und rundherum offen ist. Es soll die Menschen einladen. Schnell machte die Assoziation eines Vogelnestes die Runde und der Spitzname war geboren. Das kommt jedoch nicht von ungefähr, denn die Schweizer Architekten setzen sich sehr ausführlich mit den Begebenheiten und der Kultur des jeweiligen Ortes auseinander. Für das Stadion in Peking haben sie den chinesischen Künstler Ai Weiwei als »kulturellen Dolmetscher« in ihr Team geholt, um auf diesen Gebiet keine Fehler zu machen. »Die Vogelnestform hat in China eine besondere Bedeutung. Vogelnester sind eine Delikatesse in unseren Restaurants und gelten als Glücksbringer«, so Ai Weiwei. Das wurde vor allem von den chinesischen Besuchern der Olympischen Spiele angenommen und das Stadion mauserte sich zum Publikumsliebling. Konstruktiv besteht das Stadion aus einer Betonschüssel mit drei Tribünenrängen für 91 000 Zuschauer und einer 42 500 Tonnen schweren Stahlkonstruktion drum herum. Tausende von unterschiedlichen Vierkant-Hohlkörpern, die ein Gewicht von bis zu 350 Tonnen haben, wurden wie ein 3-D-Puzzle ohne Schrauben und Nieten lediglich verschweißt. Wegen der Erdbebengefahr und der möglichen Ausdehnung des Stahls bei Hitze gibt es keinerlei Verbindung zwischen Schüssel und Nest. Das eigentlich geplante enorme Schiebedach über dem Stadion wurde aus Kostengründen gestrichen, was dem Bau durchaus gutgetan hat. Zwischen den Stahlbändern befindet sich eine transparente Membran für den Wetterschutz und die Akustik, auch dies ähnlich wie bei Vogelnestern, in denen weiches Material zum Abdichten des Zweiggeflechts genutzt wird.

JACQUES HERZOG UND PIERRE DE MEURON (beide geb. 1950 in Basel) kennen sich schon seit Kindertagen. Nach dem Studium eröffneten sie 1978 ein gemeinsames Büro in Basel, das heute noch Hauptsitz ihres internationalen Architektur-Unternehmens mit über 300 Beschäftigten ist. Es gibt Zweigstellen in London, München, Barcelona, San Francisco und Tokio. Lange Zeit als architektonischer Geheimtipp gehandelt, gelang ihnen 2000 der internationale Durchbruch mit der Erweiterung der Tate Modern in London. Vor Peking bauten sie schon das Stadion St. Jakob-Park in Basel 2001 und 2002–2005 die vielbeachtete Allianz-Arena in München. Zudem lehren die beiden in an den Universitäten in Zürich und Harvard.

»OBWOHL AM SCHLUSS IMMER ALLES SO ENDGÜLTIG UND ABGESCHLOSSEN WIRKT, WISSEN WIR OFT ZU BEGINN NICHT GENAU, WAS WIR TUN UND WOHIN UNS DAS FÜHRT ...«

Jacques Herzog

HERZOG & DE MEURON, **NATIONALSTADION, PEKING,** 2003–2008

99
ADRIAN SMITH
BURJ KHALIFA, DUBAI

Wenn man manche Bergsteiger fragt, warum sie einen Berg besteigen, antworten sie: Weil er da ist. Wenn man manche Architekten und Ingenieure fragt, warum sie immer höher bauen, kommt die Antwort: Weil es geht. Die Frage nach dem Sinn dahinter ist interessant, aber letztlich nutzlos, denn das eine wird ebenso immer weiter gemacht werden wie das andere.

Natürlich sind die technischen Herausforderungen bei einem Projekt wie dem Burj Khalifa extrem, aber das Ergebnis, eine spektakuläre Aussicht, neu geschaffener Wohn- und Büroraum und Exklusivität, ist letztlich wohl weniger wichtig als die Demonstration der wirtschaftlichen Potenz der Auftraggeber, in diesem Fall Dubai beziehungsweise Mohammed bin Rashid Al Maktoum. Schon immer war in der Geschichte der Architektur die Machtdemonstration ein wichtiger Anstoß, ein Gebäude in einer bestimmten Art zu errichten. Da sind die Bauherren der Wolkenkratzer nicht anders als die der Kirchen, Schlösser und Pyramiden.

Das höchste Bauwerk der Welt entstand fast klassisch in Stahlbeton mit Vorhangfassade. Alles natürlich in etwas anderen Dimensionen als man es bis dahin gewohnt war. Der Beton war eine neuartige Spezialmischung, die wegen der großen Hitze in Dubai nur nachts und unter Beimischung von kaltem Wasser und Eis nach oben gepumpt werden konnte. Der stolze Verweis auf die ökologische Nachhaltigkeit des Turmes ist angesichts einer solchen Tatsache fast schon ironisch, wenn nicht gar zynisch.

Das Ziel war es, den 508 Meter hohen Turm Taipeh 101 in Taiwan zu überbieten. Der eigentliche Entwurf sah nur 10 Meter mehr vor. Wie hoch der Burj (das arabische Wort für Turm) am Ende werden sollte, stand bei Baubeginn aber noch nicht fest. Da die Planungen auch während des laufenden Baus weitergingen, berechnete man, dass man ihn mit seinem Fundament nicht nur 10 Meter höher bauen konnte, sondern kam in Schritten schließlich auf 828 Meter.

Der Wolkenkratzerbau auf diesem Niveau ist eine eigene Kategorie. Er ist beeindruckend und faszinierend, aber man erkennt kaum mehr die Handschrift eines Architekten. In diesem Fall war es übrigens Adrian Smith, der für die bekannte Hochhausfirma Skidmore, Owings & Merrill in Chicago arbeitete. Natürlich ist beispielsweise das Guggenheim Museum in Bilbao auch ein technisches Meisterwerk, aber man erkennt den Architekten und seine Idee. Bei extremen Wolkenkratzern wie dem Burj Khalifa geht es um anderes, nämlich, wie es William Baker, der Chefingenieur ausdrückte: »Den Burj kann man mit einem Lamborghini oder Ferrari vergleichen: Leistung steht an erster Stelle. Und mehr Leistung geht nicht.«

Das **HÖCHSTE GEBÄUDE DER WELT** sollte eigentlich Burj Dubai heißen, aber während eines finanziellen Engpasses sprang der Herrscher von Abu Dhabi und Präsident der Vereinigten Arabischen Emirate, Scheich Khalifa bin Sajid Al Nahajan, helfend ein und nun heißt es nach ihm Burj Khalifa. Der 828 Meter hohe Turm ist ein Bau der Superlative. 160 Stockwerke, 57 Aufzüge, der höchstgelegene Swimmingpool, und ein Wasserverbrauch von 946 Kubikmetern pro Tag. Am Bau des etwa 1,5 Milliarden Dollar teuren Gebäudes waren bis zu 12 000 Menschen beschäftigt, die jedoch teilweise nur ein Gehalt von 4–8 Dollar pro Tag erhielten. Bisher gab es einen (offiziellen) Suizid durch einen Sprung aus dem 147. Stockwerk. Auch ein Rekord.

»DAS WORT ›UNMÖGLICH‹ KOMMT IM WORTSCHATZ VON FÜHRERN NICHT VOR. EGAL WIE GROSS DIE HERAUSFORDERUNG SEIN MAG, STARKER GLAUBE, ENTSCHLUSSKRAFT UND ENTSCHLOSSENHEIT WIRD SIE BEWÄLTIGEN.«

Scheich Mohammed bin Rashid Al Maktoum

ADRIAN SMITH, **BURJ KHALIFA, DUBAI,** 2004–2010

»DER GROSSARTIGE, FUNKELNDE, RUNDUM STABILE WOLKENKRATZER, DER SICH NEBEN DEM DENKMAL FÜR DIE ERMORDETEN IN DIE HÖHE RECKT – DAS IST DER MITTELFINGER, DEN AMERIKA DEN TERRORISTEN UND IHREN SYMPATHISANTEN ZEIGT.«

Hannes Stein

DAVID CHILDS, **ONE WORLD TRADE CENTER, NEW YORK,** 2006–2014

100
DAVID CHILDS
ONE WORLD TRADE CENTER, NEW YORK

Eigentlich sollte der neue Turm im Gedenken an die Anschläge auf das World Trade Center vom 11. September 2001 Freedom Tower heißen. Aber bei der Unterzeichnung des ersten Mietvertrags mit dem chinesischen Industrie- und Bankenkonzern Vantone Industrial überwog dann doch der Kommerz über das Gedenken und so wurde der Turm in One World Trade Center umbenannt – weil er sich so besser vermieten lässt.

Der Architekt ist David Childs von Skidmore, Owings & Merrill, der gleichen Firma, die den Burj Khalifa (siehe Seite 252) gebaut hat. Der Turm steht nicht alleine, sondern in einem Ensemble mit vier weiteren Gebäuden des World Trade Center und der Gedenkstätte am Ground Zero. Der städtebauliche Entwurf stammt von Daniel Libeskind, der damit 2002 den Architekturwettbewerb gewann. Auch der ursprüngliche Entwurf des Turms stammt von Libeskind, wurde allerdings von Childs stark verändert. Der quadratische Sockel reicht bis zum 20. Stockwerk. Darüber ist der Grundriss ein Quadrat, dem ein kleineres, um 45 Grad gedrehtes Quadrat eingeschrieben ist, wodurch die komplett verglasten Seitenflächen des Turmes wie acht lang gestreckte Dreiecke wirken. Insgesamt erreicht One World Trade Center eine Höhe von symbolischen 1776 Fuß (541,32 Meter). Damit ist es das höchste Gebäude der USA und das vierthöchste der Welt.

Und obwohl er fast 300 Meter kleiner ist als sein ›Kollege‹ in der Wüste, der Burj Khalifa, kostete der Turm mit fast 4 Milliarden Dollar mehr als doppelt so viel. Der Grund liegt nicht nur an den unterschiedlichen Gehältern der Arbeiter, sondern vor allem auch an dem erhöhten Sicherheitsaufwand, der bei dem New Yorker Turm betrieben wurde. Childs wollte den sichersten Wolkenkratzer der Welt bauen. Anders als seine beiden Vorgänger hat er einen Betonkern, der bei extremer Hitze nicht nachgibt wie die Stahlkonstruktion der alten Türme. Dazu kommt Spezialstahl mit einer extra Brandschutzschicht zum Einsatz. Nach der Grundsteinlegung am 4. Juli 2004 wurde der 20 Tonnen schwere Grundstein wieder ausgegraben und versetzt, weil man aus Angst vor Autobombenanschlägen den Turm mindestens acht Meter weit weg von der Straße errichten wollte. Spezialbeton als Kern des Gebäudes, Stahlträger von Beton umhüllt, Panzerglas und eine 20 Meter hohe Eingangshalle, die wiederum von Betonwänden ummantelt ist, machen das One World Trade Center zu einem Bunker in Wolkenkratzerform. Für den Fall eines Anschlages wurden noch weitere bauliche Maßnahmen ergriffen: Die Treppen wurden breiter, Filteranlagen wurden eingebaut, die auch bei chemischen und biologischen Angriffen schützen und sogar an Leuchtstreifen auf dem Boden wurde gedacht.

An der Stelle, an der die **TWIN TOWERS** standen, befindet sich jetzt eine Gedenkstätte, mit deren Bau 2006 begonnen wurde. Der Plan dazu stammt ebenfalls von Daniel Libeskind und wurde von Michael Arad und Peter Walker weiterentwickelt und ausgeführt. Auf dem riesigen Areal, das mit über 400 Bäumen bepflanzt ist, sind zwei 9 Meter tiefe Becken eingelassen, die wie Fußstapfen die Lage und die Größe (je fast ein Hektar) der zerstörten Türme anzeigen. Es sind die größten künstlichen Wasserfälle der USA. Sie sind mit Kupferplatten umrandet, auf denen die Namen der 2983 Opfer der Anschläge von 2001 und 1993 eingefräst sind. Das Mahnmal wurde am 12. September 2011 eröffnet.

GLOSSAR

Art déco
Exposition Internationale des Arts Décoratifs et Industriels Modernes war der Titel für eine kunstgewerbliche Ausstellung in Paris 1925, aus der der Stilbegriff des Art déco hervorging. Dem Art déco lassen sich keine klaren äußerlichen Stilmerkmale zuordnen, vielmehr steht er für eine geradezu atmosphärische Verbindung von kostbaren Materialien, sinnlichen Themen und eleganter Form.

Barock
Der Barock ist das Zeitalter des Absolutismus, und damit der Opulenz, des Reichtums, der Repräsentation. Weltliche und kirchliche Macht sind eng verzahnt, Kirchen und Klöster unterscheiden sich im katholischen Europa in ihrem Prunk nicht von Schlössern und anderen profanen Bauten. Innenausstattung und, je nach Lage, auch die Schaffung eines adäquaten Umfeldes, waren Teil der Vorstellung vom barocken Gesamtkunstwerk. Weitere Phasen des Barockstils, der sich ab etwa 1600 bis zur Mitte des 18. Jahrhunderts in Europa ausbreitet, werden in den verschiedenen Ländern unterschieden. Seine späteste Ausprägung ist auch als Rokoko bekannt.

Basilika
Der Begriff Basilika (griech.: stoá basiliké = »Königshalle«) bezeichnete ursprünglich allgemein hallenartige öffentliche, prachtvolle Gebäude. Als architektonischer Fachbegriff beschreibt er einen länglichen, flach eingedeckten Raum, der in seiner Längsachse durch zwei Säulenreihen in drei Bereiche geteilt wird. Der mittlere, das Hauptschiff, ist dabei breiter und deutlich höher als die beiden (äußeren) Seitenschiffe. Im Sakralbau schließt sich in der Regel an die östliche Schmalseite des Hauptschiffes die Altarnische (Apsis) an. Die Basilika bildet den wichtigsten Grundtypus im frühchristlichen und mittelalterlichen Kirchenbau – neben der einschiffigen Saalkirche und der Hallenkirche mit mehreren Schiffen gleicher Höhe.

Chor
Der Chor (auch Presbyterium) bezeichnet im Kirchenbau den Altarraum, der ursprünglich nur dem Klerus vorbehalten war. Er war anfangs ein lediglich durch die Chorschranken abgeteilter Bereich und erhielt erst im Lauf der Zeit seine weitere architektonische Form und Ausstattung (wie z.B. Chorgestühl). Dazu gehören beispielsweise der Chorumgang (als Fortführung der Seitenschiffe um den Chor herum) und die Chorkapellen.

Fries
Anfangs ein Teil des Gebälks im griechischen Tempelbau, bezeichnet der Fries später allgemeiner einen waagrechten, flachen Wandbereich mit gemalten, geschnitzten oder gemeißelten seriellen Ornamenten oder figürlichen Darstellungen. Er dient der optischen Gliederung und dem Schmuck von Wandflächen.

Gesims
Gesimse sind profilierte waagrechte Begrenzungsleisten eines Gebäudes, die dazu dienen, Trennungen, Übergänge und Funktionen der Gebäudeteile zu betonen. Je nach Lage und Funktion unterscheidet man beispielsweise Sockel- oder Fußgesims an einem Unterbau, Fenstersims unter einem Fenster, Gurt- bzw. Stockwerksgesims und das abschließende Dachgesims (Kranzgesims, Hauptgesims oder Schlussgesims).

Gotik
Aus den Formen der Romanik entwickelte sich um die Mitte des 12. Jahrhunderts Neues: Die Kathedralen wurden immer höher, aus ihren runden Bögen wurden spitze, die Gewölbe zeigten schmale Rippen oder fächerartige Formen. Von außen fällt vor allem das Strebewerk auf. Bögen, die auf Pfeilern ruhen, fingen die Lasten von Dach und Wänden auf, die Mauerfläche konnte deshalb weitgehend in Fenster aufgelöst werden. Ihren Anfang nahm diese Stilrichtung in der Île-de-France, sie breitete sich nach England, Deutschland, die Niederlande, Spanien und auch Italien aus. In einigen Regionen hielt sich die gotische Kunst bis etwa 1500.

Hochhäuser
Hochhäuser entstanden zunächst vor allem in Chicago nach dem großen Brand von 1871. Dort etablierte sich für die Gebäude, deren Höhe den Einbau von Aufzügen erforderlich machte, auch der Begriff ›cloudscraper‹ (Wolkenkratzer), der inzwischen dem ›skyscraper‹ gewichen ist. Von Chicago aus setzte sich die Skelettbauweise für Hochhäuser durch, bei der in ein tragendes Gerüst, bisweilen auch außen erkennbar, die Wände eingezogen werden. Zweiter großer Schauplatz der Hochhausarchitektur wurde New York. Zunächst handelte es sich bei den Wolkenkratzern vor allem um Bürogebäude, Wohnhochhäuser entstanden erst ab den 1930er-Jahren.

Internationaler Stil
Stereometrische Grundformen, asymmetrisch angeordnet, weiß verputzt und von horizontalen Fensterstreifen durchzogen, bestimmen den Eindruck vieler Bauten der 1930er- und 1940er-Jahre. Philip Johnson und Henry-Russell Hitchcock widmeten diesem Phänomen 1932 eine Ausstellung: *The International Style. Architecture Since 1922.* Damit prägten sie den Begriff des Internationalen Stils. Zweckmäßigkeit stand für die Anhänger dieser Richtung im Vordergrund, das Dekorative hingegen geriet ins Hintertreffen. Das kennzeichnet auch die Bauten des Architekten Ludwig Mies van der Rohe, der als Vater des Internationalen Stils gilt. Von den USA breitete sich seine Formensprache über Südamerika und Europa bis nach Japan aus, bekannte Vertreter sind auch Walter Gropius und Le Corbusier.

Klassizismus
Der Klassizismus (ca. 1770–1840) ist eine Reaktion auf die leichten, verspielten, organischen Formen des Rokokos. Er bezeichnet eine Stilepoche, in der die Geradlinigkeit und feierliche Ruhe der Kunst des klassischen Altertums (vorrangig der griechischen Antike) in Geist und Form in geradezu nachahmerischer Strenge zum Programm erhoben wird. Italien, insbesondere Rom, wird Mitte des 18. Jahrhunderts zum unmittelbaren Quell der Inspiration für Künstler, Dichter und Wissenschaftler. In der Architektur zählen das Brandenburger Tor, der Arc de Triomphe in Paris, oder das Kapitol in Washington zu den bekannteren klassizistischen Bauwerken, in der Malerei wird Jacques-Louis David als einer der Hauptvertreter angesehen.

Loggia

Eine Loggia (ital.: »Säulenhalle«) bezeichnet einen mindestens an einer Seite offenen, überdachten Gebäudebereich, der im Gegensatz zum Portikus (der Vorhalle) oder dem Balkon nicht über die Gebäudeflucht hinausragt. Besonderer Beliebtheit erfreute sie sich beispielsweise bei den Palazzi der italienischen Renaissance.

Maßwerk

Das Maßwerk ist eine in der Gotik bei Fenstern und durchbrochenen Bauteilen in Stein ausgeführte ornamentale Verstrebungen in Kreis-, Spitz- und Rosettenform, auch als Dreipass oder Vierblatt usw. bezeichnet. Seine Ausprägung erreichte das Maßwerk in der französischen Hochgotik, im englischen Perpendicular Style seinen Höhepunkt.

Modernisme

Während sich in Europa und Nordamerika um 1900 Wissenschaft und Technik rasant entwickelten, kehrten viele Architekten, Maler und Bildhauer, aber auch Schreiner, Glaskünstler und Juweliere zurück zu Handwerkstraditionen vergangener Jahrhunderte. Sie begeisterten sich für geschwungene Linien und dekorative Ornamente. Je nach Land wird diese Bewegung als Jugendstil, Art nouveau oder eben, wie in Katalonien, Modernisme bezeichnet. In Barcelona veränderten Antoní Gaudí, Lluis Domènech i Montaner und andere das Gesicht der Stadt. Für ihre Wohnhäuser, Parks und öffentlichen Gebäude bedienten sie sich unterschiedlichster Stilzitate, verwendeten Mosaiken und glasierte Keramiken und schufen so asymmetrische, bunte Organismen.

Orangerie

Eine Orangerie bezeichnete ursprünglich eine exotische Sammlung von Zitrusbäumen an europäischen Fürstenhöfen des 16. Jahrhunderts. Zum Schutz der fest verwurzelten Baumbestände bedurfte es eines großflächig durchfensterten separaten Gebäudes (oder auch Gebäudeteiles), das bald auch für repräsentative Zwecke genutzt wurde.

Pantheon

Pantheon (griech.: pan = »alles« und theós = »Gott«) ist ursprünglich die antike Bezeichnung für ein allen Göttern geweihtes Heiligtum. Im Laufe der Zeit erweiterte sich die Bedeutung und bezeichnet heute auch allgemein ein Ehrendenkmal. Ältestes noch erhaltenes Bauwerk dieses Typus ist das unter Kaiser Hadrian errichtete antike Pantheon in Rom.

Pylon

Pylone sind in der ägyptischen Architektur sich nach oben verjüngende Türme als Bestandteile der Toranlagen von Tempelbauten. In der modernen Architektur sind Pylone entweder Stützen- oder Rahmenkonstruktionen, die im Sinne der Statik überwiegend Druckkräfte aufnehmen. Sie sind weit verbreitet im modernen Brückenbau, bei Hängebrücken und Tragseilkonstruktionen, doch auch im modernen Gebäudebau finden sie Verwendung in Form von Tragbügelkonstruktionen.

Querhaus

Bei kreuzförmigem Grundriss ist das Querhaus das Kirchenschiff, welches das Längsschiff quer (in der Regel von Nord nach Süd) durchschneidet.

Relief

Das Relief ist eine dreidimensionale Darstellungsform, in der sich ein plastisch gestalteter ornamentaler oder figürlicher Vordergrund von einem eher flächigen Hintergrund abhebt. Oft zur Gestaltung von Bauwerksflächen wie Wänden, Giebeln und Toren/Türen verwendet. Materialien sind neben Stein auch Holz, Elfenbein und Metall. Besonderer Beliebtheit erfreute sich das Relief in der Antike, doch auch in der Renaissance.

Renaissance

Vgl. Infokasten auf S. 94

Romanik

Vgl. Infokasten auf S. 53

Säule

Die Säule ist eine lotrechte Bauwerksstütze aus Holz, Stein oder Metall. Durch ihre runde Querschnittsform unterscheidet sie sich von funktional verwendeten Bauelementen wie Halbsäule, Pfeiler und Pilaster. Sie muss (im Gegensatz zum Pfeiler) keine statisch tragende Funktion haben, sondern kann lediglich dekoratives Element oder sogar freistehendes Monument (z.B. die Siegessäule in Berlin) sein. Grundlagen ihrer Gestaltung sind die fünf klassischen Säulenordnungen: die toskanische, die dorische, die ionische, die korinthische und die komposite Ordnung.

Schlossbau

Vgl. Infokasten auf S. 108

Spolien

Spolien (lat: spolium = »Beute, Raub, dem Feind Abgenommenes«) bezeichnen in der Architektur einzelne Bauelemente oder Baugruppen, die aus Bauten älterer Kulturen stammen und in neuen Bauwerken wieder verwendet wurden. Spielte anfangs der pragmatische Aspekt der Wiederverwendung bereits vorhandenen Baumaterials die Hauptrolle, traten seit der Romanik mehr und mehr künstlerisch-programmatische Gründe, wie beispielsweise der gezielte Verweis auf ein befindliches Bauwerk, in den Vordergrund. Bei der Spolie hat der Verweis – im Gegensatz zum reinen Formzitat – nicht nur einen formalen, sondern auch einen materiellen Charakter. Es handelt sich dabei meist um Teile von Reliefs oder Skulpturen, um Friese und Architravsteine, Säulen- oder Kapitellreste, doch wurden oft auch ganze Portale wiederverwendet.

Stupa

Der Begriff Stupa kommt aus dem Sanskrit (stup = »aufhäufen, ansammeln«) und bezeichnete anfangs einen halbkugelförmigen Erdhügel, der über den Überresten einer toten Person errichtet wurde. Aus diesem schlichten Grabhügel wurde innerhalb weniger Jahrhunderte die Grundform der heute bekannten buddhistischen Stupas mit einer quadratischen Plattform als Basis, der halbkugelförmigen Kuppel mit Spitze und darauf abschließender Krone. Die ältesten Bauwerke dieser Art befinden sich in Sanchi in Zentralindien und stammen aus dem 3. Jahrhundert v.Chr.

Zentralbau

Vgl. Infokasten auf S. 31

BILDNACHWEIS

akg-images: 21 (Jochen Helle); 24/25, 79 (Manuel Cohen); 48 (James Morris); 56 (Alfons Rath); 65, 132, 151 (Bildarchiv Monheim); 70 (JBE Photo); 71 (De Agostini Picture Lib./C. Sappa); 76, 77 (VIEW Pictures/James Brittain); 87 (Hilbich); 92, 97, 100 (Rabatti-Domingie); 95 (ANA); 102, 161 (Schütze/Rodemann); 107 (Pirozzi); 110 (Yvan Travert); 124 (De Agostini Picture Lib./G. P. Cavallero); 133 (Bildarchiv Steffens); 146, 175, 156 (Doris Poklekowski); 168/169 (Gerard Degeorge); 227 (Jürgen Raible); Anthony Oliver, London: 165; bpk: 143 (Hans Christian Krass); getty images: 63 (Eye Ubiquitous), 220/221; 223 (View Pictures); 246 (Bloomberg); 252 (Ozgur Donmaz); laif: 8 (Francis Leroy/hemis.fr); 11; 13 (Rene Mattes/hemis.fr); 15, 158 (Bertrand Gardel/hemis.fr); 16 (Dagmar Schwelle); 18 (Domenico Tondini/hemis.fr); 23; 242; 152/153 (Dorothea Schmid); 26 (Arnaud Chicurel/hemis.fr); 28 (Michael Turek/Gallery Stock); 29 (Frank Heuer); 30, 32, 33 (Markus Kirchgessner); 35 (Franck Guiziou/hemis.fr); 36, 90 (Martin/Le Figaro Magazine); 38 (Jacques Gillardi/hemis.fr); 43 (Marc-Oliver Schulz); 41, 46, 203, 206/207 (Hemispheres); 42, 122/123, 121 (Bertrand Rieger/hemis.fr); 44, 47 (Tobias Hauser); 51, 214 (Jan-Peter Boening/Agentur Zenit); 52 (Graeme Peacock/Arcaid); 55 (Colin Dixon/Arcaid); 58 (Glyn Thomas/Loop Images); 60 (Richard Soberka/hemis.fr); 66; 68 (Martin Westlake/Gallery Stock); 73 (Hal Beral/VWPics/Redux); 75 (RABOUAN Jean-Baptiste/hemis.fr); 80/81 (Sylvain Sonnet/hemis.fr); 82 (Frank Tophoven); 84/85 (Marc-Oliver Schulz); 89 (Joerg Modrow); 98 (Plambeck); 104, 144, 205, 229 (Frank Heuer); 105 (David Clapp/Arcaid); 109; 112 (Zoratti/Ambience/Arcaid); 114 (Katharina Hesse); 116 (Rene Mattes/hemis.fr); 117 (Billon/ChinaFotoPress); 119 (Bruno Morandi); 126, 129, 134 (Pierre Adenis/GAFF); 130 (Ralf Brunner); 138 (James O. Davies/Arcaid); 140; 149, 178 (Hollandse Hoogte); 155; 163 (Sasse); 166 (Yann Doelan/hemis.fr); 170 (Berthold Steinhilber); 173 (Bernd Jonkmanns); 175 (Sergi Reboredo/VWPics/Redux); 177 (Marc-Oliver Schulz); 180 (Michael Danner); 183 (Toma Babovic); 184, 185 (VU); 187 (David Clapp/Arcaid); 190, 198 (Christian Heeb); 193; 197 (Justin Merriman The New York Times/NYT/Redux); 200 (Joshua Lutz/Redux); 208 (Matthew Worsnick/Arcaid); 211 (Galit Seligmann/Arcaid); 212 (Henning Bock); 216 (Bungert); 219 (Michael Riehle); 224 (Arnaud Chicurel/hemis.fr); 230, 232 (Pierre Adenis); 233 (Pierre-Olivier Deschamps/VU); 234 (Amin Akhtar); 236 (Miquel Gonzalez); 241 (Burg + Schuh/Palladium); 244 (Antonello Nusca/Polaris); 245 (Michele Palazzi); 249 (Paul Spierenburg); 251; Mark Lyon: 188; mauritius images/Alamy: 239; Saline royale: 137; Matz und Schenk/Dombauhütte Köln: 148

IMPRESSUM

© Prestel Verlag, München · London · New York, 2015
© der abgebildeten Werke bei den Architekten, ihren Erben oder Rechtsnachfolgern, mit Ausnahme von:
Alvar Aalto, Santiago Calatrava, Walter Gropius, Gerrit Rietveld, Hans Scharoun, Ludwig Mies van der Rohe, Frank Lloyd Wright bei © VG Bild-Kunst, Bonn 2014; Louise Bourgeois bei © The Easton Foundation/VG Bild-Kunst, Bonn 2014; Le Corbusier bei © FLC/VG Bild-Kunst, Bonn 2014; Shigeru Ban bei © Shigeru Ban Architects; Günter Behnisch bei © BEHNISCH ARCHITEKTEN, Stuttgart; David Childs bei © Skidmore, Owings & Merrill LLP; Frank Gehry bei © Gehry Partners, LLP; Zaha Hadid bei © Zaha Hadid Architects; Herzog & de Meuron bei © Herzog & de Meuron; Louis Kahn bei © Architectural Archives of the University of Pennsylvania; Daniel Libeskind bei © Studio Daniel Libeskind; Oscar Niemeyer bei © Oscar Niemeyer Foundation; I. M. Pei bei © Pyramide du Louvre, arch. I. M. Pei, musée du Louvre; Renzo Piano und Richard Rogers bei © Renzo Piano Building Workshop und Rogers Stirk Harbour + Partners LLP; Gerhard Richter bei © Gerhard Richter, Köln; Alvaro Siza Vieira bei © AlvaroSizaVieira.com 2014

Die Deutsche Nationalbibliothek verzeichnet diese Publikation in der Deutschen Nationalbibliografie; detaillierte bibliografische Daten sind im Internet über http://www.dnb.de abrufbar.

Details auf Umschlag Vorderseite (v.l.n.r.):
Pantheon, Rom, s. S. 22; Frank Gehry, *Guggenheim Museum*, Bilbao, s. S. 236; *Großer Felsentempel*, Abu Simbel, s. S. 10; Jørn Utzon, *Opernhaus*, Sydney, s. S. 222; *Taj Mahal*, Agra, Indien, s. S. 118; Gustave Eiffel, *Eiffelturm*, Paris, s. S. 158; *Westminster Abbey*, London, s. S. 74; Oscar Niemeyer, *Kongressgebäude*, Brasília, s. S. 210; George Bähr, *Frauenkirche*, Dresden, s. S. 128; William Van Alen, *Chrysler Building*, New York, s. S. 190; *Dom Santa Maria Del Fiore*, Florenz, s. S. 94; *Kolosseum*, Rom, s. S. 20
Umschlag-Rückseite (v.o.n.u.): *Borobudur*, Java, Indonesien (Detail), s. S. 46; *Santa Maria Assunta* und *Campanile*, Pisa, S. S. 60; *Hagia Sophia*, Istanbul, s. S. 26; *Westminster Abbey*, London, s. S. 74; *Guggenheim Museum*, New York, s. S. 206/207
Umschlag-Rücken: *Pyramiden von Gizeh*, s. S. 8
Frontispiz: *Taj Mahal*, Agra, Indien, s. S. 118
Seite 6: Frank Gehry, *Guggenheim Museum*, Bilbao, s. S. 236

Prestel Verlag, München
in der Verlagsgruppe Random House GmbH
Neumarkter Straße 28
81673 München
Tel. +49 (0)89 4136-0
Fax +49 (0)89 4136-2335
www.prestel.de

Textbeiträge (die Zahlen verweisen auf die Kapitelnummern):
Isabel Kuhl: 1, 4, 6, 7, 9, 10, 11, 13, 14, 15, 18, 25, 26, 27, 29, 30, 31, 32, 34, 36, 37, 38, 40, 41, 42, 43, 44, 45, 46, 47, 53, 55, 57, 59, 60, 62, 64, 68, 71, 74, 76, 78, 79, 80, 82, 86, 87, 91, 93, 95
Florian Heine: 2, 3, 5, 8, 12, 16, 17, 19, 20, 21, 22, 23, 24, 28, 33, 35, 39, 48, 49, 50, 51, 52, 54, 56, 58, 61, 63, 65, 66, 67, 69, 70, 72, 73, 75, 77, 81, 83, 84, 85, 88, 89, 90, 92, 94, 96, 97, 98, 99, 100

Projektleitung: Julie Kiefer
Projektmanagement: Dorothea Bethke
Bildredaktion: Dorothea Bethke
Lektorat: Clemens von Lucius, Berlin
Gestaltung und Cover: Wolfram Söll
Layout und Satz: Wolfram Söll
Herstellung: Astrid Wedemeyer
Lithografie: ReproLine Mediateam, München
Druck und Bindung: Print Consult GmbH, München

MIX
Papier aus verantwortungsvollen Quellen
FSC® C084279

Verlagsgruppe Random House FSC®-N001967
Das für dieses Buch verwendete FSC®-zertifizierte
Papier *Profibulk* liefert Igepa.

ISBN 978-3-7913-8125-1